張柳雲著

孔孟與諸子

中華書局印行

毛序

余在昆明西南聯大時，得識湖北張君柳雲於北大老同學毛以亨兄寓所，時以亨兄與張君同任教於空軍軍官學校，講授政治學科，從以亨兄言談中，得悉張君於英法文字，均有相當造詣，譯述不懈，大都偏於政治軍事方面，甚爲心儀，初不知其對國學亦富有研究也。

來臺後，余忝任中華文化復興運動推行委員會委員，而張君亦任該會計劃委員，以是每於會議中，常有接觸，並在中華文化復興月刊，屢閱其所發表有關孔孟荀及其他周秦諸子論文，大抵皆甚精當，且時有爲前人所未發之卓見，如反對瞽瞍謀殺大舜，及墨子兼愛爲無義之說，其尤著者也。近張君輯其所作，顏曰「孔孟與諸子」，由中華書局印行，其在學術思想之價値，有其內容說明，讀者當自得之，固不俟余之稱揚也。

毛子水謹序　民國六十一年三月廿四日

自序

慨自王官失守，私學勃興，九流十家，爭鳴於世，其中出類拔萃，卓爾不羣，對於中國學術思想，分道揚鑣，各有所建樹者，厥惟儒墨名法道五家。戰國之際，儒墨並爲顯學，魏晉之間，莊老亦爲世所重，但儒家學術，因漢有董仲舒建議表彰六經，罷黜諸子於前，唐有韓退之提倡堯舜禹湯文武周孔之道統於後，遂得在中國學術思想史上，因利乘便，定於一尊，益以宋明理學之推波助瀾，諸子之學，更晦而不彰，倘使無董韓之論，各家學說，得有均等發展之機會，則平流互進，中國學術、文化之成就，或可超出於今日之境界矣。

迨至清季，西方哲學科學，政治經濟思想，猛然輸入中國，其間蘊藏精義，往往有與名墨法道諸家之說，不謀而合者，乃引起國人研究先秦諸子之興趣，賴當時諸名儒如汪中、畢沅、孫詒讓、孫星衍、謝墉、章太炎輩爲之倡導，使諸子之學，爲之復振。惟其時仍多以儒家爲諸子學說之所本，故孫星衍云：「儒家通天地人，法陰陽五行，守五帝三王之道，固已兼諸子所貴矣。道家淸虛卑弱，得儒之智，法家信賞必罰，得儒之義，名家名正言順，得儒之禮，墨家貴儉兼愛，得儒之仁，儒者因諸子之長，權時可行，馭之以信，猶土王四季，五經配五常，謂之五學，猶五行更用事，傳曰：致中和，又曰：中庸不可能，學至儒家止矣！（尸子集本序言）其推崇儒家，固屬盡至，仍不外捍衞道統之藩籬而已！

惟儒家學術，以孔子爲宗，而孔子學術，則並不以儒家爲限，孫氏所謂「儒家……固已兼諸子所貴」者，殆指孔子兼通九流術數之學而言歟？是以劉申叔曰：「孔子學術，古稱儒家，然九流術數之學，孔子亦兼通之，……孔子問禮于老聃，則孔子兼明道家之學，作易以明陰陽，則孔子不廢陰陽家之學，言殊塗同歸，則孔子兼明雜家之學，言審法度，則孔子兼明法家之學，韓昌黎言：孔墨兼用，則孔子兼明墨家之學，故孔學末流，亦多與九流相合，田子方受業于子夏，子方之後，流爲莊周，而孔學雜于道家，禽滑釐爲子夏弟子，治墨家言，而孔學雜于墨家，告子嘗學于孟子，兼治名家之言，而孔學雜于名家，荀卿之徒，流爲韓非、李斯，而孔學雜于法家，陳良悅孔子之道，其徒陳相有爲神農之言，而孔學雜于農家，曾子之徒，流爲吳起，而孔學雜于兵家，由是言之，孔門學術，大而能博，豈儒術一家所能盡哉？」（劉著：國學發微）果如斯言，則以孔子爲承上啓下之道統中心，對諸子之學，應悉囊括于道統之中矣！

後世儒者，藉崇儒尊孔，以排斥諸子學說，固非孔子爲學之本義，而偏激者流，謂「九流繁會，各於其黨，命世哲人，莫若莊氏，消搖任萬物之各適，齊物得彼是之環樞，以視孔墨，猶塵垢也！」（章太炎莊子解故）則又未免過于崇莊而抑孔墨，流于意氣門戶之爭矣！國父孫中山先生，創立三民主義，自稱「其所持之主義，有因襲吾國固有之思想者，有規撫歐洲之學說事蹟者，有吾所獨見而創獲者」，（中國革命史）有人謂「因襲吾國固有之思想」，係專指儒家之思想而言，頗欲將 國父思想，納入儒家之狹隘道統內，然吾人若將 國父主義，作一精深之研究，其所「因襲吾國固有之思想」，有倫理，有法治，有經濟，有科學，有論辯之理則，有人生最高之理想與政治境界，似非一家一人之說所能盡。靜焉思之，倫理思想出于儒家，法治思想來自法家，科學思想與墨家不無關係，經濟思想，實兼儒墨法三家思想而有之，論辯理則，導于名墨兩家，而人生最高理想與政治境界，實爲超脫一切束縛，極端自由之大同世界，其思想實淵源于道家，明眼人自能知之。（宋儒呂東萊、朱元晦、黃震、淸儒姚際恆，民初吳虞諸人，均謂大同之義出于老莊，當代國學大師錢賓四先生亦謂孔子爲魯司寇時，子游年不過六歲，難以論大同小康之義，斷定大同思想融受了道家觀念與墨家觀念。）近人林尹氏于其中國學術思想大綱之結論中云：「晚淸之季，海禁大開，經世之志，復熾于人心，學術之士，亦重趣于謀求致用之途，至中山孫氏承儒家仁義之統，得名法道墨諸家治術之要，集古今中外學術大成」，立論平允，可謂無偏無頗。

今日吾人研究諸子之學，應遠紹孔子爲學精神，大開大闔，無自樹藩籬，「畫地爲獄」，近法 國父偉大思想，兼收並蓄，博採衆長，擇優而從，「能用古人而不爲古人所惑，能役古人而不爲古人所奴」（孫文學說第三章），庶幾中國學術、文化之復興，能向浩浩蕩蕩之途邁進無疆歟？

本集所蒐孔孟與諸子論文八篇，將儒墨名法道五家學說，作提要鉤玄之重點研究，均已先後發表于中華文化復興月刊，茲裒輯成册，造次問世，雖云敝帚自珍，亦不無闡發先聖先賢潛德之意，惟作者學殖荒疏，自慚謭陋，乖誤之處，在所難免，尚祈賢達君子進而教之，則幸甚矣！

書成之後，承毛子水先生賜序，有光篇幅，至爲感謝。

中華民國六十一年元月于臺灣臺北勝蒼齋

孔孟與諸子　目錄

孔孟的學說與行誼

孔子至聖，孟子亞聖，宋元以來，卽有是稱，孟子雖自謂私淑孔子，（離婁下）但其學說與孔學亦非盡出一轍，二聖行誼，亦各有千秋，深值吾人探究而取法之。

壹、孔孟的時代背景

人是歷史和環境的產物，其思想行動，均難擺脫這時空兩大因素的影響，縱然聰明睿知，超凡入聖的哲人，能對歷史與環境，有其獨樹一幟的創意與範式，但也只能在特定的時空領域中，暢抒所見，發展其個人的理想與行誼而已。以是吾人對于孔孟兩聖的言行，也當作如是觀。

先言孔子。據史記孔子世家及十二諸侯年表，他名丘字仲尼，生于魯襄公二十二年，卒于魯哀公十六年（西紀前五五一年——四七九年），時值春秋（西紀前七二二——四八四年）末季，周公所建制之宗法的封建社會，正在急劇的崩潰瓦解中。就社會的職業言，以前的「士農工商，鄉別州異。」（淮南子齊俗訓），各安其居，各樂其業，「水處者漁，山處者木，谷處者牧，陸處者農，」（同上註）故「士之子恒爲士」，「農之子恒爲農」「工之子恒爲工」，「商之子恒爲商」（國語齊語管仲答桓公問），至孔子時，此種世襲職業，已非復舊觀，卽以論語爲證，士人有業工者，如以「鄙哉硜硜乎，莫己知也，斯已而已矣」譏孔子之荷蕢，（憲問）有業農者，如「植其杖而芸」之丈人，「耦而耕」之長沮桀溺，（微子）皆爲士人之改行，孔子弟子端木賜，更爲人所共知之商業鉅子，夫子亦訓而美之曰：「賜不受命，而貨殖焉，億則屢中。」（先進）左傳載：「魯昭公二十三年，王室亂，單子盟百工于平宮，百工叛，伐單氏之宮，敗焉，反伐之東圉」，杜預注東圉「爲百工所在地，洛陽東南有圉鄉，故知工商皆居國中，世襲」。所謂「百工叛」者，大概爲不安于其業而自求營生之途徑，其時孔子已三十三歲，目擊當時社會之變質，讀書已非士人之專業，故「有教無類」（衞靈公），所謂「自行束修以上，吾未嘗無誨焉」（述而）。

就宗族紐帶言，嫡庶有別，長幼有序，而後大宗小宗，方各得其所，春秋之際，蕩檢逾閑之事，層出不窮，晉獻公以驪姬之寵，殺太子申生而立庶子奚齊，衞宣公以齊女之愛，殺太子伋而立庶子朔，至兄弟相殘，弟弒其兄者幾無國無之，齊魯素稱禮義之邦，封建諸侯之上國，亦不能免于此禍，公孫無知之弒齊襄公，桓公之弒魯隱公，其尤著者也。齊桓始覇，除尊王攘夷而外，亦欲挽救宗法社會之體制，故葵丘之會，有「無易樹子，無以妾爲妻，無使婦人與國事」之盟辭。（可參閱孟子告子下）

就經濟情況言，古者「公田」制度，漸形轉變，孔子出生前四十一年，魯宣公十五年，「初稅畝」，爲「私田」發展之端倪，子產當政，對鄭國衣冠，田畝制度，大事改革，鄭人初感不便，相率傳語：「取我衣冠而褚之，取我田疇而伍之，孰殺子產，吾其與之」！殆後行之有效，鄭人又歌頌之曰：「我有子弟，子產誨之，我有田疇，子產殖之，子產而死，誰其殖之」？蓋公田改為私田後，生產增殖，農人子弟，亦不必世襲農業，而得受士人教育，故有「誨之」、「殖之」之感。但公田廢，私田興，貧富之距離日大，故「鄭國多盜，取人于萑苻之澤」（左傳昭公二十年），魯國亦然。論語顏淵篇載「季康子患盜」，此乃私有制度發達後無可避免之現象也。

就政治嬗遞言，平王東遷而後，王綱解紐，壤地狹小，由西周王畿千里，已淪為王畿五六百里，其地位亦與諸侯相若，周鄭交質（王子狐為質于鄭，鄭公子忽為質于周）自貶身價，甚且參與諸侯侵伐，更喪尊嚴。（簡王出兵參加晉齊魯邾四國之師伐鄭，時在西紀前五七五年），其後諸侯日強，王室日卑，諸侯境內之大夫亦視其君若「王室」，而交相凌逼，大夫之陪臣，更尤而效之，以竊政柄。故子曰：「天下有道，則禮樂征伐，自天子出，天下無道，則禮樂征伐，自諸侯出，自諸侯出，蓋十世希不失矣，自大夫出，五世希不失矣，陪臣執國命，三世希不失矣。」（論語季氏）。魯之三桓，魯之大夫也，魯之陽虎則大夫之陪臣也，公然執季桓子以犯上作亂，紀綱蕩然矣。魯國如此，齊晉更有過之而無不及矣。

再言孟子。名軻，字子輿，其生卒年月，尚無定論，有謂生於周烈王四年，卒於赧王二十六年者（註一）；有謂生於周安王十七年，卒於赧王十二年或十三年者（註二）；惟錢賓四先生謂「孟子生年，最早當在安王之十三年，最晚當作安王二十年」（註三），但卒於何年，則未言及，但謂孟子見梁惠王時：「其年歲殆及七十，或已過之，至是去齊，又踰七八年，孟子已老，此後遂不復見於世矣。」（註四）。惟據史記六國年表，孟子於周顯王三十三年（梁惠王三十五年）見梁惠王，王稱曰叟，錢氏謂「其年歲殆及七十」，卽假定孟子最早生於周安王之十三年（安王在位二十六年，烈王七年，傳至顯王），其見梁惠王時，不過五十四歲，惠王似難以叟稱之，如其見梁惠王時爲年近七十，則孟子生年恐在威烈王時，亦未可知。生年旣難考證，卒年當更難確切言之矣。按戰國始於周威烈王二十三年韓趙魏三國受命爲侯之時（西紀前四〇三年），安王元年爲西紀前四〇一年，烈王元年爲西紀前三七五年，故不論孟子生於安王、烈王甚或威烈王時，正值戰國初期，實可斷言也。

其時王室衰弱，七雄（秦、魏、韓、趙、楚、燕、齊）併立，七雄中有自立爲王者（楚），有自東周後始列爲諸侯者（秦），有竊國世卿，自封自建，王室不得不承認既成事實，而追認爲諸侯者（如齊，魏韓趙），西周以來之老牌封國，僅一燕而已！他如鄒魯滕薛宋衞，雖爲舊邦，然已危如纍卵，朝不保夕，如衞由公而自貶稱侯，由侯而自貶稱君，徒唯大國之馬首是瞻，看其稱王稱帝，問鼎中原；故以周初建國之整個社會秩序的標準言，戰國時代，實較春秋爲更惡劣，以是孟子曰：「五覇者，三王之罪人也，今之諸侯，五覇之罪人也」。（告子下）其所目擊的政治現象，爲「上無道揆，下無法守」（離婁上），「爭地以戰，殺人盈野，爭城以戰，殺人盈城」（同上註）；從經濟方看面：「今也制民之產，仰不足以事父母，俯不足以畜妻子，樂歲終身苦，凶年不免于死亡」（梁惠上），「老弱轉乎溝壑，壯者散而之四方」（梁惠下），蓋以強凌弱、衆暴寡的侵略戰爭，無時或息，而古昔的公田或井田制度，又已破壞無遺，征調旣繁，稅斂亦重，人民生活，眞是如水益深，如火益熱，除轉徙流離外，尙有何術以避禍而求倖存歟？是可知孟子所處之時代，實顧亭林所謂「文武之道，不待始皇併天下，早已盡矣」之際，舊有秩序，決難恢復，而新秩序之必須重建，更較孔子所處之時代爲急迫也。

貳、孔子的學說與行誼

一、學　說

孔子學說，大致可分爲倫理，教育、政治，經濟四端。他是「述而不作，信而好古」（論語述而）的，故其思想多淵源於古代學術，雖有創見，亦不過針對當時社會情形，斟酌損益而發揮之，所謂「我非生而知之者，好古敏以求之者也」（述而）。

（一）倫理思想

尚書堯典載「克明俊德，以親九族，九族既睦，平章百姓，協和萬邦」。舜時命夔教冑子：「直而溫，寬而栗，剛而無虐，簡而不傲」，皐陶言九德：「寬而栗，柔而立，愿而恭，亂而敬，擾而毅，直而溫，簡而廉，剛而塞，彊而義」，根據舜命夔直，寬、剛、簡之教，而有所增益。至周禮載大司徒掌邦教：「一曰六德：智、仁、聖、義、忠、和」，「二曰六行：孝、友、睦、婣、任、恤。」乃繼承堯舜皐陶之遺教所訂之德行準則。然「道德仁義，非禮不成」(註五)，蓋以「禮也者，因人之情而爲之節文以爲民坊者也」(註六)，亦「理之不可易者也。」(註七)，「義之實也」(註八)。是以孔子曰：「君予博學於文，約之以禮」(論語雍也)，因「不知禮，無以立也」(堯曰)。

孔子的倫理思想，以歷史的傳統道德爲依據，發而爲修身的，齊家的，治國的，處世的倫理，僅就論語一書加以探究，其中心思想，爲「仁」與「禮」，仁者爲人格之最高修養，各德之所從出，禮者爲行爲之最高範式，各德之所表現，莫非禮也，若徒拘泥于禮儀之形式，方名之曰禮，則未免小視「禮」之價値矣。試分而言之。

1. 修身的倫理

修身的倫理之德目，重在「恭」，「恕」。

子張問仁，孔子首告以「恭則不侮」(陽貨)，問行，子曰：「言忠信，行篤敬」(衞靈公)樊遲問仁：子曰：「居處恭，執事敬，與人忠，雖之夷狄，不可棄也。」(子路)。

孔子稱子產有君子之道四，首爲「其行己也恭」（公冶），有子與子夏爲孔子高足，一曰：「恭近于禮，遠恥辱也」（學而），一曰：「君子敬而無失，與人恭而有禮」。（顏淵）

子貢問曰：「有一言可以終身行之者乎？」子曰：其恕乎。己所不欲，無施于人」（衞靈公）。子曰：「躬自厚而薄責於人，則遠怨矣」。（同上註）亦恕道也。門人深知夫子一貫之道在「忠恕」（里仁），故子貢竭力而行，常曰：「我不欲人之加諸我也，吾亦欲無加諸人。子曰：賜也、非爾所及也」（公冶）。足見恕道之難。

但孔子則恒以此勵其門徒，仲弓門仁，子曰：「出門如見大賓，使民如承大祭，己所不欲，勿施于人」（顏淵），此殆以恭與恕二德併舉以告，勉其爲德行科中之高材生也。

2. 齊家的倫理

齊家的倫理之德目，以孝弟爲主。

子曰：「弟子入則孝，出則弟」（學而），有子曰：「君子務本，本立而道生，孝弟也者，其爲仁之本與？」（註同上）。孝弟何以爲「爲仁」之本，蓋「教以孝，所以敬天下之爲人父者也，教以悌，所以敬天下之爲人兄者也（註九）。「教民親愛莫善于孝，教民禮順莫善于悌」。（註十）故孝弟意義，小之在事親敬兄，大之則可擴而充之至于整個社會，「爲仁」之道，尚有甚于此者乎？曲禮曰：「年長以倍，則父事之，十年以長，則兄事之，五年以長，則肩隨之」，如人人能行斯數語，則社會雍睦和協，可臻極治矣。

顧孝自親始，孔門弟子問孝者多矣，所答則異辭，蓋孔子因材施教，視其家庭情況與學生個性而然也。惟其共同準則，則在孝經，「子曰：孝子之事親也，居則致其敬，養則致其樂，病則致其憂，喪則致其哀，祭則致其嚴。五者備矣，然後能事親。事親者，居上不驕，爲下不亂，在醜不爭。居上而驕則亡，爲下而亂則刑，在醜而爭則兵，三者不除，雖日用三牲之養，猶爲不孝也。」（註十一）

書云：「孝乎，惟孝友于兄弟」，孝友相因，人之能孝者，必能友，而不友于兄弟者，卽是不孝于父母也，吾身爲父母所愛，兄弟獨非父母所愛乎？吾知愛吾之子，父母獨不愛其子乎？」（註十二）推孝親之心以事兄，則無不悌矣。能身行孝弟之道者，則爲父必慈，爲兄必友，爲夫必義，爲婦必順，可斷言矣！

3.治國的倫理

治國的倫理，在朝廷爲君臣，朝野爲官民，而其德目則以「忠」，「愛」爲重點。

「定公問君使臣，臣事君如之何？孔子對曰：君使臣以禮，臣事君以忠」（里仁）。忠者，盡己之謂，其涵義甚廣，事君以義，進退有禮，忠也，「責難于君」，「陳善閉邪」，（孟子離婁上）忠也，臨陣以勇，「見危授命」（憲問）亦忠也。惟最大之忠，爲維持國家紀綱，制度尊嚴，「先天下之憂而憂」，斯爲至善。如「陳成子弑簡公，孔子沐浴而朝，告于哀公曰：陳恒弑其君，請討之。公曰：告夫三子（按卽三桓）。孔子曰：以吾從大夫之後，不敢不告也。」（憲問）其視齊國之亂臣賊子，亦若其本國亂臣賊子，其防微杜漸，忠君愛國之誠，誰能及之？

忠之意義既明，再言愛之意義。子曰：「道千乘之國，敬事而信，節用而愛人」（學而）。愛民之道，除節儉外，要「居上寬」（八佾），「養民惠」，「使民義」（公冶）。子產爲政，「寬猛相濟」，然孔子稱爲「惠人」（憲問），以其心存愛民，不論寬猛，均在納民于軌物也。故「樊遲問仁，子曰：「愛人」（顏淵），「子張問政，子曰：居之無倦，行之以忠」（顏淵），居者，存諸心也，無倦者，始終如一也，程子曰：「子張少仁，無誠心愛民，則必倦而不盡心，故告之以此」。（註十三）可見愛民之不易。

4. 處世的倫理

處世的倫理，可謂爲社會的倫理，亦可說是「平天下」的倫理，其德目重在「信」與「義」。

子曰：「人而無信，不知其可也，大車無輗，小車無軏，其何以行之哉？」（爲政）人在社會不見信于人，將無一事可爲，在家便不能事親，在國便不能事君，子夏所以將「與朋友交言而有信」，與「事父母能竭其力，事君能致其身」（學而）二者等量齊觀，而讚之曰：「雖曰未學，吾必謂之學矣。」（同上註）有子謂「信近於義，言可復也」，（學而）義者，事之宜也，故子曰：「君子喻于義」，（里仁）又曰：「君子之于天下也，無適也，無莫也，義之與比」(同上註)，無適無莫者，無可無不可也，只求合于義便可爲之。子曰：「君子義以爲質，禮以行之，孫以出之，信以成之，君子哉！」(衞靈公)倘使社會之人，多能遵守信義，不肖者，亦勉能見賢思齊(里仁)，則天下可平，理想國可見矣。

以上修身，齊家，治國，處世諸美德，皆「成名」之道，但「君子去仁，惡乎成名」(里仁)？是以「君子無終食之間違仁，造次必如是，顛沛必如是」也(同上註)。「顏淵問仁，子曰：克己復禮爲仁，一日克己復禮，天下歸仁焉。爲仁由己而由人乎哉？顏淵曰：請問其目。子曰：非禮勿視，非禮勿聽，非禮勿言，非禮勿動。顏淵曰：回雖不敏，請事斯語矣」(顏淵)。吾人能以恭恕修身，孝弟齊家，忠愛治國，信義處世，當內不違于仁，外不失于禮矣。以圖表之于下：

1. 以仁爲核心，發出修身的恭恕之德，齊家的孝弟之德，治國的忠愛之德，處世(平天下)的信義之德。

2. 以上諸德之表現于外者均爲禮之範圍。

（二） 教育思想

我國古代教育，首重人倫，舜命契曰：「百姓不親，五品不遜，汝作司徒，敬敷五教，在寬」（註十四）。五教者，卽「父子有親，君臣有義，夫婦有別，長幼有序，朋友有信」（孟子滕文公上）之教也。其次爲六藝——禮、樂、射、御、書、數。至孔子時，「五教」、「六藝」教育當已有相當發展，孔子秉承古訓，以其天縱之聖，刪詩書，訂禮樂，贊周易，作春秋，教育內容，更加宏富，其於教育上最大之貢獻，厥爲于官式庠序學校之外，開私人講學之風，使學術公開，人才備出，較之禹疏九河，尤有益於生民。玆以論語爲據，將其教育原則，教學態度，教育方法，教育科目與教育目的，分別探究之。

1. 教育原則

孟子言性善，荀子言性惡，孟荀兩人的教育出發點不同，而其導人於善則一。孔子則謂「性相近也，習相遠也。」（陽貨），人類秉性，都差不多，無所謂善惡，因所習不同，則人性質之差異日增，如以「恨」爲出發點的教育，使人習于鬪爭，若以「愛」爲出發點的教育，則可使人習于互助，互助與鬪爭之差別，其間不可以道里計矣。然孔子何以又謂「唯上智與下愚不移」（同上註）？主性善論者，則謂此二句係根據上文「性相近，習相遠」而來，故程子曰：「人性本善，有不可移者何也？語其性則皆善也，語其才則有下愚之不移，所謂下愚有二焉，自暴自棄也，人苟以善自治，則無不可移，雖昏愚之至，皆可漸磨而進也；惟自暴者，拒之以不信，自棄者，絕之以不爲，雖聖人與居，不能化而入也，仲尼之所謂下愚也。然其質非必昏且愚也，往往強戾而才力有過人者，商辛是也。聖人以其自絕于善，謂之下愚，然考其歸，則誠愚也」。(註十五)這一解釋，殊難令人滿意，筆者以爲，「性相近，習相遠」，係就人之氣質而論，「上智與下愚不移」，係就人之資質而論，所謂「生而知之者上也，學而知之者，次也，困而學之，又其次也，困而不學，民斯爲下矣。」(季氏)「生而知之者」，「上智也」，「困而不學」者，「下愚」也，此無可改移之理也。子曰：「中人以上，可以語上也，中人以下，不可以語上也」(雍也)，皆就個人之資質論，非就其氣質論也。如「回也聞一以知十」(公冶)上智也，「賜也聞一以知二」(同上註)，中智也，「柴也愚，參也魯」(先進)，正「又其次也」。

不過孔子教人，不因其稟賦不同而異，亦不因其出身高低而不同，所謂「有教無類」，一視同仁，採平等教育之旨也。

2.教學態度

子曰：「學而不厭，誨人不倦」(述而)，又曰：「爲之不厭，誨人不倦」，(同上註)孔子雖爲當時大學者，大教育家，他是本教學相長的態度，且學且教，且教且學的，故曰：「學而時習之，不亦說乎?」(學而)「溫故而知新，可以爲師矣。」(爲政)而且他之所謂學，不僅爲智識上的學問，道德上的修養，亦包含在內，故曰：「德之不修，學之不講，聞義不能徙，不善不能改，是吾憂也」（述而）。子夏亦曰：「賢賢易色，事父母能竭其力，事君能致其身，與朋友交，言而有信，雖曰未學，吾必謂之學矣」（學而）。

孔子「誨人不倦」的精神，從他學生口中可以領會出來，顏淵說：「夫子循循然善誘人」（子罕）。他與顏淵談話，往往談一整天，故曰：「吾與回言終日，不違如愚，退而省其私，亦足以發，回也不愚」（爲政），又曰：「語之而不惰者，其回也與？」（子罕），其他的弟子，雖賢如冉求，亦沒有這種終天聽教的耐心，他說：「非不說子之道，力不足也」。子曰：「力不足者，中道而廢，今女畫」（雍也）。

宰予更懶，白天睡覺，（按「宰予晝寢」有認爲是「畫寢」之誤者，殊難定。）夫子動了肝火，罵他爲「朽木不可雕也，糞土之牆不可杇也」（公冶）。至于聽了他的教導，而不照着他的話去實行的，他更爲生氣，「季氏富于周公，而求也爲之聚斂而附益之，子曰：非吾徒也，小子鳴鼓而攻之可也」（先進）。

可是對于好的學生，是讚不絕口的，如對顏淵，他說：「回也非助我者也，於吾言無所不說」（先進），「吾見其進也，未見其止也」（子罕），甚至向子貢稱讚顏淵說：「弗如也，吾與女弗如也」（公冶），自謂不如學生的這種愛才態度，求之于中外大教育家中是很少見的。

3.教育方法

近代教育方法，注重啓發式，孔子教人，早用此法，他說：「不憤不啓，不悱不發，舉一隅不以三隅反，則不復也」（述而）。其具體的例證，可于論語顏淵篇見之。「子張問士，何如斯可謂之達矣？子曰：何哉爾所謂達者？子張對曰，在邦必聞，在家必聞。子曰：是聞也，非達也，夫達也者，質直而好義，察言而觀色，慮以下人，在邦必達，在家必達，夫聞也者，色取仁而行違，居之不疑，在邦必聞，在家必聞」。聞者學以「爲人」，達者學以「爲己」，「爲人」者只求虛譽，「爲己」者則務篤實，「達」與「聞」一字之微，而夫子啓發之深若此，無怪顏子有「欲罷不能，既竭吾才，如有所立卓爾，雖欲從之，末由也已」（子罕）之感也。

孔子對學生個性，平時考察認識頗深，常能因材施教，觀論語所載，弟子問孝，問仁，問禮，問政者多矣，而所答異辭，蓋各人資質有異，造詣各殊，時空環境亦復不盡相同，故個別施教，不能以偏概全也。

惟對學生一般要求亦有共同性者，如：

學思並重：子曰：「學而不思則罔，思而不學則殆」（爲政），又曰：「君子有九思：視思明，聽思聰，色思溫，貌思恭，言思忠，事思敬，疑思問，忿思難，見得思義」（季氏），這不僅對就學問而言，要注重思，處世接物，亦要愼思，但依孔子之意，學似乎比思還更重要，他說：「吾嘗終日不食，終夜不寢，以思，無益，不如學也」（衞靈公）。故又曰：「學如不及，猶恐失之」（泰伯）。蓋不好學之蔽甚大：「好仁不好學，其蔽也愚，好知不好學，其蔽也蕩，好信不好學，其蔽也賊，好直不好學，其蔽也絞，好勇不好學，其蔽也亂，好剛不好學，其蔽也狂」（陽貨）。是以孔子對「好學」之顏回，于其死後，亦追念不已，而嘆惜門弟子之不好學也（雍也與先進）。

次爲有恆：子曰：「南人有言曰：人而無恆，不可以作巫醫，善夫！不恆其德，或承之羞」（子路）。子曰：「回也其心三月不違仁，其餘則日月至焉而已」（雍也），卽顏子向學求仁之恆心，過於他人，故孔子稱之。「子夏曰：日知其所亡，月無忘其所能，可謂好學也已」（子張），好學者「博學而篤志，切問而近思」（同上註），「以能問于不能，以多問于寡，有若無，實若虛」（泰伯）；否則，「亡而爲有，虛而爲盈，約而爲泰，難乎有恆矣」（述而），故子曰：「善人吾不得而見之矣，得見有恆者，斯可矣！」（同上註）

再次不苟：不苟之意，卽不武斷，而注重研究方法之意，「子絕四：毋意，毋必，毋固，毋我」（子罕）。意者，意斷其如此，必者，以爲必如此，固者，自以爲必是，我者，只有我之見爲是，人之見皆非也。求學如此，則必難有大進步，故孔子戒其弟子，要杜絕此四者，以爲求學入德之門，其本身亦以身作則，有過則改，並不自以爲是，如「陳司敗問昭公知禮乎？孔子曰：知禮。孔子退，揖巫馬期而進之，曰：吾聞君子不黨，君子亦黨乎？君取于吳爲同姓，謂之吳孟子，君而知禮，孰不知禮？巫馬期以告。子曰：丘也幸，苟有過，人必知之」（述而）。處世固應不自以爲是，求學更當如此，所謂「知之爲知之，不知爲不知，是知也」（爲政）。

此外尚有一種特別的指導學生方法，可名爲「師生座談會」，有一次「顏淵季路侍，子曰：盍各言爾志？子路曰：願車馬，衣輕裘，與朋友共，敝之而無憾。顏淵曰：願無伐善，無施勞。子路曰：願聞子之志。子曰：老者安之，朋友信之，少者懷之。」（公冶）另有一次：「子路，曾晳，冉有，公西華侍坐。子曰：以吾一日長乎爾，毋吾以也，居則曰，不吾知也，如或知爾，則何以哉？」（先進）子路，冉有，公西華各言其有志政治之後，曾晳却「異乎三子者之撰」，而說出他無心政治，愛好自然與歌詠的瀟洒生活，孔子反大加讚許。這種指導學生的方法，好像有點與英國牛津劍橋兩大學著名的導師制度類似，也許是他們竊取了孔子的教學方法，亦未可知，眞令人有「禮失求諸野」之嘆了！

4. 教育科目

孔子是「好古」者，他的倫理德目，多從堯舜的德教及「六德」，「六行」演化而來，古代教育主要科目「六藝」——禮樂射御書數，但爲他所採用，而有創造性的損益，亦未可知，以是研究孔子施教科目，有不同的看法。

有的說：「孔子施教的課程，不超出人文之外，「論語」記載：『子以四教，文、行、忠、信』（述而）；又載：『子所雅言：詩、書、執禮。』（同上註）他特別注重詩和禮，也談到樂，所以說：『興於詩，立於禮，成于樂。』（泰伯）對於詩說得很多。他認爲『小子何莫學夫詩』？（陽貨）當然他也特別注重禮。他說：『不學禮，無以立。』（季氏）在專門方面，分德行，言語，政事，文學四科，詩于四科均有關係。同時，孔子一般地要弟子們，『志於道，據于德，依于仁，游于藝。』（述而）上說一切的普通課程與專門科目與各種修養，無不屬于人文範圍。」（註十六）除了專門科目，認爲是德行，言語，政事，文學四科外，至于普通課程是什麼？也可以說是詩、書、禮、樂，也可以說是文、行、忠、信，也可以說是道、德、仁、藝，而後三種說法中，如忠如信，如仁與道德，也說是屬于「各種修養」的德目，不免令人有籠統、龐雜之感。

有的說：「根據傳統的正道，如是普通教育，則修習禮樂射御書數的六藝；如是高等教育，則學習詩書禮樂。其實，在孔子的學校，因它是高等教育的場所，所以以注重六藝之教育爲前提，再教以詩書禮樂的必修課程。……子曰：『志于道，據于德，依于仁，游于藝』，此「藝」乃六藝，游于藝，似卽愛好六藝……詩，書，禮、樂是孔子晚年之私塾的必修課程，但私塾的必修課程，非祇如此，述而篇云：『子以四教：文、行、忠、信』。……因此，爲方便計，孔子的教科可歸爲三科，卽忠與信是心術修養科，行是道德實踐科，文是高等教育科，文就是學詩，書、禮、樂四種課程，且全部是必修的。……論語先進篇載：『子曰：從我于陳蔡者，皆不及門也，』德行：顏淵，閔子騫，冉伯牛，仲弓。言語：宰我，子貢。政事：冉有，季路。文學：子游，子夏。此德行，言語，政事，文學，普通稱做「孔門四科」，但它非學校的課程，而是表示從孔子學校成立以後，對所有特優之弟子們，依其所長而加以分類的標準。」（註十七）這一看法，較前面一說似爲更可信，但其缺點，太拘泥于門人所記之「文、行、忠、信」一語，強將其歸納爲三科，兩說共同疏忽之點，是未將「教」與「育」分開，「教導」的科目，屬於智識的範圍，「訓育」的科目，屬于德行的範圍，用孔門的術語說，前者名「智」，後者名「仁」，仁智兼修謂之「聖」。

「昔者子貢問于孔子曰：夫子聖矣乎？孔子曰：聖則吾不能，我學不厭而教不倦也。子貢曰：學不厭，智也，教不倦，仁也，仁且智，夫子既聖矣。」（孟子公孫丑上）

然則孔子的教導科目與訓育科目是什麼？

我們根據論語記載，認定其教導科目，學科爲「詩、書、禮、樂」；術科爲「射、御」。訓育科目，爲以「仁」爲最高目標的孝、弟、忠、信及其倫理思想中所有德目。試先就學、術科之科目分論之：

詩教：「鯉趨而過庭，曰：學詩乎？對曰：未也，不學詩。無以言，鯉退而學詩」。（季氏）「子謂伯魚曰：女爲周南召南矣乎？人而不爲周南召南，其猶正牆面而立也與？」

（陽貨）又曰：「小子何莫學夫詩？詩可以興，可以觀，可以羣，可以怨，邇之事父，遠之事君，多識於鳥獸草木之名」。（同上註）「子貢曰：詩云：如切如磋，如琢如磨，其斯之謂與？子曰：賜也始可與言詩已矣，告諸往而知來者。」（學而）「子夏問曰：巧笑倩兮，美目盼兮，素以爲絢兮，何謂也？子曰：繪事後素。曰禮後乎？子曰：起予者，商也，始可與言詩已矣。」（八佾）詩的好處，看來很多，對于求學益智，觀人處世，應對進退，事父事君，抒情遣興，均有助益。詩有多少？子曰：「詩三百，一言以蔽之曰：思無邪」（爲政）。程子曰：「思無邪者，誠也」（註十八）。「誠者，天之道也，誠之者，人之道也。」（中庸）則詩教所關甚鉅矣。惟在古代朝聘宴會之時，多詠詩以折衝尊俎之間，故詩在政事上，尤有其實用價值，故孔子曰：「誦詩三百，授之以政，不達，使于四方，不能專對，雖多亦奚以爲？」（子路）

書教：禮樂射御書之「書」，係指字學或小學而言，孔子書教，則指六經之「書」言也。「或謂孔子曰：子奚不爲政？子曰：書云：孝乎！惟孝友于兄弟，施于有政，是亦爲政，奚其爲爲政」？（爲政）子張曰：「書云：高宗諒陰，三年不言。何謂也？子曰，何必高宗？古之人皆然。君薨，百官總己以聽于冢宰，三年。」（憲問），是古代孝弟之教，與書經有關，所謂「宗族稱孝焉，鄉黨稱弟焉」（子路），亦書教也。

禮教：論語上有「詩云」，「書云」，却無「禮云」，蓋禮在當時爲各種儀節，經歷代口耳相傳，身心相習而來，並無固定的正式記錄，所以「子入太廟，每事問」。（八佾）他說：「夏禮吾能言之，杞不足徵也，殷禮吾能言之，宋不足徵也，文獻不足故也，足則吾能徵之矣」。（同上註）雖然文獻不足，其變革情形，大致可以知道的，「子張問十世可知也？子曰！殷因于夏禮，所損益可知也，周因于殷禮，所損益可知也，其或繼周者，雖百世可知也」。（爲政）他教學生對父母要「生事之以禮，死葬之以禮，祭之以禮」、（爲政）「林放問禮之本，子曰：大哉問：禮與其奢也，寧儉，喪與其易也，寧戚」。（八佾）他教其子伯魚要學禮，「不學禮，無以立」（季氏）。惟禮重在實行，孔子口講之餘，並作「禮」的實習，史記孔子世家載：「魯定公卒，孔子去曹適宋，與弟子習禮大樹下，司馬桓魋欲殺孔子，拔其樹，孔子去」。有人嫌孔子之禮太繁，謂「累世不能殫其學，當年不能究其禮」。（註十九）不過「禮之用，和爲貴，先王之道斯爲美，小大由之。」（學而）固可斟酌其事之大小而可繁可簡也。

樂教：孔子生于魯國，魯國樂教，優于他國，吳季札于魯襄公二十九年聘於魯，「請觀于周樂，使工爲歌周南召南，曰：美哉！始基之矣！猶未也，然勤而不怨矣」。（註二十）繼爲之歌邶、鄘、衞、歌王，歌齊，歌豳，歌秦，歌魏，歌唐，歌陳，歌小雅，大雅，歌頌，又見舞象箾南籥者，舞大武者，舞韶濩者，舞大夏者，皆有適當之批評，至「見舞韶箾者，曰：德至矣哉！大矣，如天之無不幬也，如地之無不載也，雖甚盛德，其蔑以加于此矣。觀止矣，若有他樂，吾不敢請矣！」(同上註) 其時孔子年方八歲，待其長也，其流風餘韻當有存者，故深識音樂之美，他對「魯太師樂曰？:樂其可知也，始作，翕如也，從之，純如也，繹如也，以成。」(八佾)「子謂韶，盡美矣，又盡善也，謂武，盡美矣，未盡善也。」(同上註) 他對韶樂，好像如吳季札一樣，特別感到興味，「在齊聞韶，三月不知肉味，曰：不圖爲樂之至于斯也。」(述而) 此時想在魯國已不能多見韶舞，在齊聞之，乃如此高興，因魯國樂師已紛紛他往，「大師摯適齊，亞飯干適楚，三飯繚適蔡，四飯缺適秦，鼓方叔入于河，播鼗武入于漢，少師陽，擊磬襄，入于海。」(微子) 孔子「自衞反魯，然後樂正雅頌各得其所。」(子罕)「顏淵問爲邦，子曰……樂則韶舞……放鄭聲……鄭聲淫」。(衞靈公) 且「惡鄭聲之亂雅樂也」；(陽貨) 他與其學生多擅音樂，「孺悲欲見孔子，孔子辭以疾，將命者出戶，取瑟而歌，使之聞之。」(同註上)「子擊磬于衞」(憲問)，旅行中亦不忘音樂。由也好勇亦善鼓瑟 (先進)，子游爲武城宰，「子之武城聞弦歌之聲。」(陽貨) 是子游將其所習之音樂，傳播于其治下之人民。他與子路、曾皙、冉有、公西華談話時，曾皙仍在「鼓瑟」，及至輪到問他時，他始放下瑟來對答，「曰莫春者，春服既成，冠者五六人，童子六七人，浴乎沂，風乎舞雩，詠而歸。夫子喟然嘆曰：吾與點也。」(先進) 他簡直贊成學生組織音樂或歌詠隊了。蓋言禮者必言樂，言詩者必言歌，樂歌可以陶冶性情，美化人生的，惜乎樂教之不流傳于後世，腐儒反以理學桎梏人之性靈，以養成行尸走肉之僞君子也。

孔門學科，已如上述，其對術科射御之教導，可於孔子之言論及弟子行事中見之。子曰：「君子無所爭，必也射乎？揖讓而升，下而飲，其爭也君子」。（八佾）又曰：「射不主皮，爲力不同科，古之道也。」（同上註）蓋教射者以中的爲主，不必強行貫革，以比氣力，反失君子身分。子「弋不射宿」。（述而）亦「君子以仁存心」（孟子離婁下）之道也。「達巷黨人曰：大哉孔子，博學而無所成名。子聞之，謂門弟子曰，吾何執？執御乎？執射乎？吾執御矣！」（子罕）這雖是有感而發，亦可見孔子長于射御，故他說：「吾不試，故藝」。（同上註）「藝」雖不專指射御而言，射御當亦在其中。「子適衞，冉有僕」。（子路）在魯時，由「樊遲御」（爲政），弟子三千，「身通六藝者七十二人」（註二一），足見其賢弟子多善射御。

至訓育科目，純屬倫理，可於「倫理思想」中見之，不必重述。

5.教育目的

學術與政治不分，是我國古代的傳統，周公爲大政治家，也爲大學問家，「周公之才之美」（泰伯），孔子是極欽崇他的，常于夢寐中見之，及至晚年，有「久矣吾不復夢見周公」（述而）之嘆。他的教育目的，就在養成學術與政治的人才，學以傳道，政以行道，所謂「士志於道」。（里仁）「士不可以不弘毅，任重而道遠。」（泰伯）「子謂顏淵曰：

用之則行，舍之則藏，唯我與爾有是夫」。（述而）用則從事政治，以道救人，舍則從事學術，以道傳人，仕與學二者，在孔子的教育目的上，是二而一，一而二的，雖然「君子謀道不謀食」，「憂道不憂貧」，然「學也祿在其中」（衛靈公）。子夏說得很坦白：「仕而優則學，學而優則仕」。（子張）「子使漆雕開仕，對曰：吾斯之未能信，子說。」（公冶）因子若自信其學問尚不足以治國經邦，故婉辭之，夫子也高興。至于有才能的弟子，他是贊成其出仕的，「季康子問仲由可使從政也與？子曰：由也果，於從政乎何有？曰：賜也可使從政也與？曰：賜也達，於從政乎何有？曰：求也可使從政也與？曰：求也藝，於從政乎何有？」（雍也）子路，子貢，冉求，都是聖門高徒，孔子都說他們可以從政，仲弓寬洪簡重，有人君之度，子曰：「雍也可使南面」。（同上註）士不僅可以爲臣，也可以爲君，可是聖門之徒，只有以從政聞的子路、子貢，以傳道聞的子夏、曾子，而未見有一人能做「皇帝」，抑或儒者之學，僅能稱爲「臣學」，未進入「君學」之範圍歟？

（三）政治思想

孔子的政治思想，與其倫理思想、教育思想，同條共貫，密切相連，於其個人「好古」甚或愛古的觀念亦有關係。就論語記載，可看出其對政治思想，有下述六種主張。

1.尚德禮　周代社會爲封建的宗法社會，其凝結社會的力量，爲血統與婚媾，同姓之國多兄弟，異姓之國多甥舅，故公私交往，多重倫理性的禮儀，庶民日出而作，日入而息，上下關係，亦多帶自然主義的色彩，和協雍睦，彼此相安無事。迨至東周而後，社會秩序，遽形變遷，國與國相處，以權力相競爭，上與下相維，則以法律為工具，孔子目擊心傷，故曰：「為政以德，譬如北辰，居其所而衆星拱之。」（為政）這種思想，來自西周，王室有若北辰，封建諸侯有若衆星，環繞王室周圍，以拱衞之，孔子似乎希望有這麼一個國家出現，以德服人。又曰：「道之以政，齊之以刑，民免而無恥，道之以德，齊之以禮，有恥且格。」（同上註）這是說政刑只能使民勉強不作惡，不若德與禮之能使民知恥，而格其為非之心，以趨于至善。這一理想，當然很崇高，惜當時環境變易太速，無禮敗德之事，層出不窮，如「季氏八佾舞于庭」，「三家者以雍徹」，（八佾）竟以大夫僭越天子之禮，臣弒其君，子弒其父，弟殺其兄，史不絕書，平王東遷亦有弒父之嫌，人民更多為盜為竊，犯上作亂，德禮雖美，其於不能救治社會病象何？故孔子亦言及「刑罰」也。

2.正名分　「齊景公問政于孔子，孔子對曰：君君，臣臣，父父，子子。曰：善哉！信如君不君，臣不臣，父不父，子不子，雖有粟，吾得而食諸。」（顏淵）君臣、父子、乃「天下之達道」，各盡其道，則名分正，否則，各違其道，則名分亂，衞國出公不父其父，名分已亂，「子路曰，衞君待子而為政，子將奚先？子曰：必也正名乎？子路曰：有是哉，子之迂也，奚其正？子曰：野哉由也，君子於其所不知，蓋闕如也。名不正則言不順，言不順則事不成，事不成，則禮樂不興，禮樂不興，則刑罰不中，刑罰不中，則民無所措手足，故君子名之必可言也，言之必可行也，君子于其言，無所苟而已矣」。（子路）一部春秋，就是正名定分之作，明明是晉文公以霸者地位，召集周襄王與齊宋秦等八國開會于溫，孔子則書曰：「天王狩于河陽」（註二二），以維持天子的尊嚴，於實際雖無補益，然于孔子所持之正統主義，則昭昭然如日月之經天矣！

3. 舉賢才　孔子的從政觀念，是「學優則仕」，無才無學的人，他是反對他從政的，「子路使子羔爲費宰。子曰：賊夫人之賊。子路曰：有民人焉，有社稷焉，何必讀書，然後爲學。子曰：是故惡夫佞者」。（先進）有才有能的從政，能有功于國家民族，他是非常讚美的。子路曰：桓公殺公子糾，召忽死之，管仲不死，曰：未仁乎？子曰：桓公九合諸侯，不以兵車，管仲之力也，如其仁！如其仁！子貢曰：管仲非仁者與？桓公殺公子糾，不能死，又相之。子曰：管仲相桓公，覇諸侯，一匡天下，民到如今受其賜，微管仲，吾其被髮左衽矣！豈若匹夫匹婦之爲諒也，自經于溝瀆而莫之知也」。（憲問）「仲弓爲季氏宰，問政，于曰：……舉賢才。曰：焉知賢才而舉之？曰：舉爾所知，爾所不知，人其舍諸！」（子路）以是舉了賢才的人，他便稱讚，見賢才而不舉的人，就予以攻擊。「公叔文子之臣大夫僎，與文子同升諸公，子聞之曰：可以爲文矣！」（憲問）「子曰：臧文仲其竊位者與？知柳下惠之賢，而不與立也」。（衞靈公）蓋「舉直錯諸枉，能使枉者直，…

∴舜有天下選于衆，舉皐陶，不仁者遠矣。湯有天下，選於衆，舉伊尹，不仁者遠矣！」（顏淵）有一次魯哀公問孔子，「何爲則民服？孔子對曰：舉直錯諸枉，則民服；舉枉錯諸直，則民不服」。（爲政）好人在朝，必行善政，壞人在朝，必行暴政，「方以類聚，物以羣分」，古今皆然，是以人民均望「善人爲邦」也。

4.重專長　政治人才，有通有專，故適于此者未必適於彼，子曰：「孟公綽爲趙魏老則優，不可以爲滕薛大夫」。（憲問）「若藏武仲之知，公綽之不欲，卞莊子之勇，冉求之藝」。（同上註）皆就其專長或特性而言也。衞靈公無道，但能用「仲叔圉治賓客，祝鮀治宗廟，王孫賈治軍旅」，（同上註）便能安于其位，故孔子評之曰：「夫如是，奚其喪！」（同上註）春秋時，鄭國子產當政，政治比較清明，就由於四大夫各盡所長，子曰：「爲命，裨諶草創之，世叔討論之，行人子羽修飾之，東里子產潤色之。」（同上註）說苑政理篇說：「子產之從政也，擇能而使之，馮簡子善斷，子太叔善決，而公孫揮知四國之爲……又善爲辭令，裨諶善謀，于野則獲，于邑則否，有事乃載裨諶與之適野，使謀可否，而告馮簡子斷之，使公孫揮爲之辭令，成，乃授子太叔行之，以應付賓客，是以鮮有敗事也」。孔子認爲君子主政，是重專才的，小人主政，往往「求備于一人」（微子），故曰：「君子易事而難說也，說之不以道，不說也，及其使人也，器之。小人難事而易說也，說之，雖不以道，說也，及其使人也，求備焉」。（子路）他的弟子，「受業身通者，七十有七人，皆異能之士也」。(註二三)但各有所長，或長于德行，或長于政事，或長于言語，或長于文學，孔子每因材施教，亦因長器使，史載「田常欲作亂于齊，憚高國鮑晏，故移其兵欲以伐魯，孔子聞之，謂門弟子曰：夫魯墳墓所處，父母之國，國危如此，二三子何爲莫出？子路請出，孔子止之。子張子石請行，孔子弗許，子貢請行，孔子許之。遂行。」(同註二三)，分至齊、吳、越、晉、四國，鼓其如簧之舌，運其燭照之謀，乃「存魯，亂齊，破吳，彊晉而覇越」(同註二三)「利口巧辯」之長才，亦可爲縱横家之師矣。

5. 愛人民　子曰：「道千乘之國……節用而愛人，使民以時」。(學而)「樊遲問仁，子曰：愛人」。(顏淵)孔子所稱的人，就是人民，如何愛之？根據論語，可以認識孔子愛民之意義：

首須愛護人民的生命：「季康子問政于孔子曰：如殺無道以就有道，何如？孔子對曰子爲政，焉用殺？子欲善而民善矣，君子之德風，小人之德草，草上之風必偃」。(顏淵)爲政者要以善行感化人民去爲善，不要草菅民命，只知道以殺來威嚇人民。故曰：「善人爲邦百年，亦可以勝殘去殺矣」。(子路)卽感化殘暴之人，使不爲惡，當然用不着殺戮了！

當時戰爭頻仍，兵源已由貴族階層，求之人民大衆，主政者爲了侵略或爲了防禦，往往倉卒成軍，把未經訓練的人民，驅之死地，孔子見了此種罔恤民命的戰爭，便痛恨的說

：「以不教民戰，是謂棄之」。（子路）若要打仗，必須予人民以合理的訓練，所以說：「善人教民七年，亦可以即戎矣」。（同上註）你看他對人民的生命是如何的愛護？

次須愛惜人民的勞力：古有「力役之征」（孟子盡心下），但「君子信而後勞其民」；（子張）人民服役要有一定的時間，孔子所謂「使民以時」，就是「不違農時」（孟子梁上），以免妨害人民的耕種收穫，服役的期間，也不可過長，服役的種類，亦不可太多，「其使民也義」，（公治）「擇可勞而勞之」（堯曰），方可使民「勞而不怨」。（同上註）

再次要愛惜人民的財富：為政者必須「節用」尚「儉」，像大禹一樣，「菲飲食」，「惡衣服」，「卑宮室」（泰伯），再進而「因民之所利而利之」，（堯曰）使民「富庶」（子路）而「足食」（顏淵），然後「教之」（子路）以孝弟忠信之道，使「天下之民歸心焉」。（堯曰）

昔者「武王問于太公曰：治國之道若何？太公對曰：治國之道，愛民而已！曰：愛民若何？利之勿害，成之勿敗，生之勿殺，與之勿奪，樂之勿苦，喜之勿怒，此治國之道，使民之誼也，愛之而已矣！民失其所務，則害之也，農失其時，則敗之也，有罪者重其罰，則殺之也，重賦斂者則奪之也，多徭役以罷民力，則苦之也，勞而擾之，則怒之也。故善為國者遇民，如父母之愛子，兄之愛弟，聞其饑寒為之哀，見其勞苦為之悲。」（註二四）孔子愛人民思想，亦若是而已矣。

6.反兼併　上述五點爲孔子在政治上之積極主張，其消極主張，則反兼併。蓋當時「列國內亂，諸侯兼併」，見于春秋國數凡五十餘，若並見左傳者計之，有百七十國，其中百三九國知其所居，三十一國亡其處，然舉其大者，不過十餘。史記十二諸侯年表，爲魯衞齊晉楚宋鄭秦陳蔡曹吳。據顧棟高春秋大事表所載，「楚併國四十二，晉十八，齊十，魯九，宋六，其他不具舉」（註二五）可見兼併之盛。

「季氏將伐顓臾，冉有季路見于孔子曰：季氏將有事于顓臾。孔子曰：求，無乃爾是過與？夫顓臾，昔者先王以爲東蒙主，且在邦域之中矣，是社稷之臣也，何以伐爲？冉有曰：夫子欲之，吾二臣者，皆不欲也。孔子曰：求！周任有言曰：陳力就列，不能者止，危而不持，顛而不扶，則將焉用彼相矣？……冉有曰：今夫顓臾，固而近于費，今不取，後世必爲子孫憂。孔子曰：求！君子疾夫舍曰欲之，而必爲之辭，丘也聞有國有家（按指大夫之家）者，不患寡而患不均，不患貧而患不安，蓋均無貧，和無寡，安無傾。夫如是，故遠人不服，則修文德以來之，既來之，則安之，今由與求也，相夫子，遠人不服而不能來也，邦分離析而不能守也，而謀動干戈于邦內，吾恐季孫之憂，不在顓臾，而在蕭牆之內也」。(季氏)這一段話，孔子把兼併者的觀點，與他反兼併的理由，說得很透澈，當時兼併他國者的觀點，是「患寡」，「患貧」，或因土地寡，或因人口寡，或因土地貧瘠，或因財富貧窮，乃兼併人之土地人民與財富。而孔子反兼併的理論，則是「不患寡而患不均，不患貧而患不安」，即是說你搶了他國他家的土地、人民或財富，則他國他家與你比較起來，你太多，他太少，則是不均，你爲患寡而要興師動衆的去掠奪人家的土地或財富，則會釀成「不安」之局，因強國之外還有大強國，強家之外也許還有更強之家，如此循環往復的兼併下去，天下便會大亂，倒不如各安其舊封，彼此都有土地、人民或財富，和和氣氣，相安無事，大家都無受人兼併的危險，故曰：「均無貧，和無寡，安無傾」，倘季氏要伐顓臾，則季氏之家臣，正待隙而動，要奪其土地、人民與財富矣，豈非「季孫之憂，不在顓臾，而在蕭牆之內」歟？這一正正堂堂的反兼併的理論，往往被人誤會爲孔子的經濟主張，說他「看重分配」「所謂『均』，就是公平分配，使人人都有消費之物，以滿足其生活要求，如此便能『安』了。『均無貧』不僅能『安』，而且能『和』，『和』就『無寡』，『安』就『無傾』。」(註二六)這可以說是斷章取義，把這段文字的上下文都忽視了。

（四）　經濟思想

孔子是大思想家，大道德家，大教育家，大政治家，大概沒有人敢予否認；如果說孔子是大經濟家，恐怕就有問題了？因爲一切經濟家的理論，總是教人如何致富，孔子却教人安貧，他的經濟思想，與其說他是從理財觀點出發，不如說他是從道德上立論，這可以從他對社會、個人與國家，三方面的態度看得出來。

1.從社會方面看：他是主張士農工商，各習一業的，雖然那時世襲的職業制度，早已不存在，但在他的觀念上，人各習一業，比較合理，「樊遲請學稼，子曰：吾不如老農，請學圃，曰：吾不如老圃。樊遲出，子曰：小人哉，樊須也！上好禮，則民莫敢不敬，上好義，則民莫敢不服，上好信，則民莫敢不用情。夫如是，則四方之民，襁負其子而至矣，焉用稼？」（子路）他的意思是士人應以出仕治民為業，只要你能「好禮」，「好義」，「好信」，你就盡到了你職業的本分，何須學稼去與民爭利？士人想「學稼」，那是捨「君子」而不為，甘于做「老農」、「老圃」般的小人了！孟獻子曰：「畜馬乘，不察于雞豚，伐冰之家，不畜牛羊。」（大學）士初試為大夫者，家裏不要養雞豚，卿大夫之家，就不應畜牛羊，因這些家禽家畜，是農民利之所在，官宦之家，就不該與老百姓爭雞豚牛羊之利，這是深得孔子之心的，所以孟獻子稱為魯國的賢大夫。子夏也說：「百工居肆以成其事，君子學以致其道」（子張），百工集中在「肆」分別成就他們的事功，士人就當以學道為業，不但不應從事百工之所為，即是兼營商業，亦非聖人所贊同的，故有「賜不受命」之訓，因為他違反了社會分工的基本經濟原則。

2.從個人方面看：孔子將人分為君子、小人兩類，君子的涵意，有以官為業的貴族君子（仕人），如顏淵篇說的「君子之德風」的「君子」；有以讀書求道為業的君子（學人），如「謀道不謀食」之「君子」（衛靈公），一般有德行的人，不論他的身份，也可以稱爲君子（好人）；如公冶篇說的「君子哉若人」之「君子」。小人的涵意，有以農工商爲業的「細民」，如陽貨篇說的「小人學道則易使」之「小人」；亦有無德行的人，不論他們的身份如何，統稱爲小人（壞人）。孔子是不以人廢言的，他對陽虎所說的「爲仁不富，爲富不仁」（孟子滕文上）的這一觀點大概贊同。認爲求富是一般壞人幹的事情，當然君子（仕人學人）中也有求富的，故他說：「君子而不仁者有矣夫，未有小人（壞人）而仁者也」。（憲問）（按「仁」與「不仁」之意甚廣，就爲富言，亦可作如是之解釋。）至於有德行的君子（好人），他們是「見利思義」的（憲問），不像小人（壞人）唯利是視，故曰：「君子喻于義，小人喻于利」（里仁）。但普通的老百姓，以安居樂業爲本，他們不謀利便無以爲生，故曰：「小人懷土……小人懷惠」（里仁），爲政者更要輔導這些細民，使之富足，以免「小人窮斯濫矣」（衛靈公）。

至于讀書的學人，要「憂道不憂貧」（同上註），不「恥惡衣惡食」（里仁），所謂「君子食無求飽，居無求安」（學而），這種貧窮的生活，要安之若素，毫無怨言（憲問），孔門弟子中，也只有一個顏回能做到，子曰：「回也其庶乎！屢空」（先進），讚稱他「貧而樂」（學而）而曰：「賢哉回也！一簞食，一瓢飲，在陋巷，人不堪其憂，回也不改其樂，賢哉回也！」（雍也）夫子自道曰：「飯疏食，飲水，曲肱而枕之，樂亦在其中矣。不義而富且貴，於我如浮雲」（述而）。孔子固然教人安貧樂道，但並非要讀書的人永遠過「不飽」「不安」的生活，只要「義然後取，人不厭其取」（憲問），故曰：「富與貴，是人之所欲也，不以其道得之，不處也，貧與賤，是人之所惡也，不以其道得之，不去也。」（里仁），何謂「道」？何謂「義」？孔子認爲亂時，讀書人要退隱，以安貧賤，治時便應出仕以求富貴，故曰：「危邦不入，亂邦不居，天下有道則見，無道則隱，邦有道，貧且賤焉，恥也！邦無道，富且貴焉，恥也！」（泰伯），不過貧賤富貴，都不可強求，子曰：「富而可求也，雖執鞭之士，吾亦爲之，如不可求，從吾所好。」（述而）爲什麼不可強求？因「死生有命，富貴在天」，（顏淵）「不知命，無以爲君子也。」（堯曰）

假如學人否極泰來，得有行道之機運，那是「天」「命」攸歸，當可改善個人經濟環境與生活方式，所謂「君子素其位而行……素富貴，行乎富貴，素貧賤，行乎貧賤。」（中庸）爲了國家的體制與禮儀，也不能像過去窮居陋巷時那樣，「出無車」「食無魚」了！故子曰：「以吾從大夫之後，不可徒行也」。（先進）飲食服裝是：「緇衣羔裘，素衣麑裘，黃衣狐裘。」（鄉黨）「食不厭精，膾不厭細，食饐而餲，魚餒而肉敗，不食，色惡不食，臭惡不食，失飪不食，不時不食，割不正不食，不得其醬不食，肉雖多，不使勝食氣，惟酒無量，不及亂。」（同上註）不過士人出仕，生活雖可改善，但不可視此爲求富之途，而忘其行道之志節，以陷于「爲富不仁」之境，因「君子去仁，惡乎成名」也（里仁）？

3.從國家方面看：書曰：「民爲邦本，本固邦寧」，「民以食爲天」，故善謀國者，以富民爲第一要務。「文王問于呂望曰：爲天下若何？對曰：王國富民，霸國富士，僅存之國富大夫，亡道之國富倉府，是謂上溢而下漏。」(註二七)，春秋之時，去王國遠矣，齊國是「民參其力，二入于公，而衣食其一」(註二八)魯早已廢什一之稅，而謂「二，吾猶不足」。(顏淵)，故「魯哀公問政于孔子，對曰：政有使民富，哀公問曰：何謂也？孔子曰：薄稅歛，則民富，無事則遠罪，遠罪則民壽。哀公曰：若是，則寡人貧。孔子曰：詩云，棠棣君子，民之父母，未見其子富而父母貧者也。」(註二九)孔子之意，民富則安居樂業，不會有違法亂紀之事發生，哀公只知近利，惟以「長府」(先進)之貨財爲急務。但貿然增加田賦，又恐輿論責難，故一再請教孔子。左傳載「季孫欲以田賦，使冉有訪于仲尼。仲尼曰：丘不識也。三發，卒曰：子爲國老，待子而行，若之何子不言也，仲尼不對，而私于冉有曰：君子之行也，度于禮，施取其厚，事舉其中，歛從其薄，如是則以丘亦足矣。(按卽初稅畝之稅制)若不度于禮，而貪冒無厭，則雖以田賦，將又不足，且子季孫，若欲行爾法，則周公之典在，若欲苟而行，又何訪焉？弗聽」。(註三〇)故論語先進篇有「季氏富于周公，而求也爲之聚歛而附益之」之記載，孔子教「小子鳴鼓而攻之」。其實哀公與季氏都要加賦，孔子爲了禮貌不好責備哀公，只好拿冉求出氣。他們要加賦的原因，除了因浪費奢侈，日用無度的原因之外，還在致富，致富不得不假手於「聚歛之臣」，「聚」

斂之臣」，便是「盜臣」（大學），「長國家而務財用者，必自小人矣」（同上註）冉求以孔子之徒而爲「小人」之行，其受攻擊也宜矣。

夫子是以「儉」德名的，他的整個經濟思想，無論對社會、個人或國家方面言，都要以儉爲本，戒「奢」爲務，「禮與其奢也寧儉」。（八佾）「奢則不孫，儉則固，與其不孫也，寧固。」（述而）蓋奢則爲外物所役，必孳孳求利以滿足一已之私慾，如不滿足，則惴惴然不安，百計以求利之所在矣。故曰：「君子坦蕩蕩，小人長戚戚。」（述而）亦行義與求利之別而已！

我們已將孔子的主要學說——倫理、教育、政治與經濟的思想，分論于上，玆進而研究有關孔子偉大人格之行誼。

二、行　誼

孟子曰：「伯夷、聖之淸者也，伊尹、聖之任者也，柳下惠，聖之和者也，孔子、聖之時者也」。（萬章下）意爲孔子兼三聖行誼之所長，而集其大成，則孔子行誼之高超，概可知矣。

敢以管蠡之見，就其「抱負」、「處世」、「修養」、「德望」四者窺測其人格偉大之所在。

（一）抱負

子曰：「三軍可奪帥也，匹夫不可奪志也」。（子罕）志者，個人立身行己之抱負也，孔子抱負何如？試略言之。

1.立志行道　孔子周遊列國，奸七十餘君，其志在行道，而且自許天生，以文王自況，一則曰：「天生德于予，桓魋其如予何？」（述而）再則曰：「文王旣沒，文不在茲乎？天之將喪斯文也，後死者不得與於斯文也，天之未喪斯文也，匡人其如予何？」（子罕）他說：「苟有用我者，朞月而已可也，三年有成」。（子路）

2.行道目標　孔子曾說：「如有王者，必世而後仁。」（子路）且言其志在「老者安之，朋友信之，少者懷之」，（公冶）卽是說王者之治，必三十年而後可以仁德教化人民，達到老安少懷，「民信之矣」理想社會，何以竟說「三年有成」？蓋因春秋之時，王政衰靡，不僅「禮樂征伐，自大夫出」，而且「陪臣執國命」矣，若欲懸一最高之政治理想以爲出仕之本，卽求其如西周之初，「禮樂征伐，自天子出」，已無可能，孔子雖有高尙之政治理想，然亦爲一實際的政治家，故不得不退而求其次，將其行道目標，降至恢復周室東遷以後「禮樂征伐，自諸侯出」的政治局面，故曰：「如有用我者，吾其爲東周乎？」「禮樂征伐，自諸侯出」，固爲「無道」之局，但較之「陪臣執國命」之時局，則彼善於此矣。以是「公山弗擾以費畔，召，子欲往」。（陽貨）「佛肸以中牟畔」，「召，子欲往」（註三一）。實欲得一有爲之地，可以極短的時間，轉移當時「陪臣執國命」之政治局勢，惜乎子路不解其意，強加反對，孔子只好中止其行，這眞是「道之將行也與，命也！道之將廢也與，命也！」（憲問）

3.待賈而沽　孟子稱孔子「可以仕則仕，可以止則止」，（公孫丑上）其「進以禮，退以義，得之不得曰有命」（萬章上），故不急于用世，陽貨以是諷之曰：「懷其寶而迷其邦，可謂仁乎？曰，不可。好從事而亟失時，可謂知乎？曰：不可。日月逝矣，歲不我與。孔子曰：諾。吾將仕矣」。（陽貨）子貢見夫子不仕，亦諷諫之曰：「有美玉於斯，韞匵而藏諸，求善賈而沽諸。子曰：沽之哉！沽之哉！我待賈者也。」（子罕）然夫子之待價果何如哉！即「直道而行」，（衞靈公）不「枉道而事人」（微子）而已！但孔子在政治上所持之「正名主義」與「德禮觀念」，到處碰壁，孔子仍「知其不可爲而爲之」（憲問），以是栖栖皇皇，受「晨門」「荷蕢」，「接輿」，「丈人」，「長沮桀溺」等隱者之揶揄，而獨行其是，猶憤然曰：「天下有道，丘不與易也！」（微子）子路知夫子之深，乃明其意曰：「不仕無義，長幼之節，不可廢也，君臣之義，如之何其廢之，欲潔其身，而亂大亂，君子之仕也，行其義也，道之不行，已知之矣！」（同上註）顏回亦曰：「夫子之道至大，故天下莫能容，雖然，夫子推而行之，不容何病！不容然後見君子。夫道之不脩也，是吾醜也，夫道既已大脩而不用，是有國者之醜也，不容何病？不容然後見君子」(註三二)善賈仍不可不待也。

4.沒世聞名　惜乎善價終不可得，而有「莫我知也夫」（憲問）之嘆。子貢曰：「何為其莫知子也？子曰：不怨天，不尤人，下學而上達，知我者其天乎！」(同上註)終而曰：「鳳鳥不至，何不出圖，吾已矣夫！」（子罕），蓋欲「降志辱身」（微子）學「柳下惠少連」(同上註)亦不可得，惟有效「虞仲夷逸，隱居放言，身中清，廢中權」矣(同上註)。「行義以達其道」（季氏）既無可能，就只好「隱居以求其志」(同上註)了！但「君子疾沒世而名不稱焉」。（衞靈公）故子曰：「吾道不行矣，吾何以自見于後世哉？」(註三三)乃因魯史記作春秋，以寓褒貶而別善惡，春秋之義明，天下亂臣賊子懼，故孔子曰：「後世知丘者以春秋，而罪丘者，亦以春秋」(註三四)。至刪詩書，訂禮樂，講學杏壇，傳道後世，猶其餘事也。

（二）處　世

孔子曰：「政者正也，子帥以正，孰敢不正」。（顏淵）又曰：「其身正，不令而行，其身不正，雖令不從」。（子路）為政如此，施教亦然，「以言教者訟，以身教者從」，孔子為一大教育家，言固可以為天下後世法，行更可以為天下後世則，但言而不聽，「從而不改，吾末如之何也已矣」（子罕）。故「予欲無言」（陽貨）。夫子不言，意欲加強身教乎？而諸弟子又以爲夫子之道，有隱而未言，言而未盡者在。夫子乃解釋之曰：「二三子以我爲隱乎？吾無隱乎爾，吾無行而不與二三子者，是丘也」。（述而）卽丘之任何行爲皆在潛移默化之中，與二三子之教誨也，是則夫子「處世」，「修身」之教，更重于諄諄言誨矣，故次第究之。

1. 愼出處　孔子少時，嶄然露頭角，「季氏饗士，孔子與往」（註三五），年方十七，孟釐子臨終時，囑其子孟懿子往仲尼處學禮。稍長，爲救貧計，「嘗爲季氏史，料量平，嘗爲司職吏，而畜蕃息」。（註三六）已而往返魯齊各國，五十尙未仕，時陽虎擅權于魯，屢諷其出仕，因惡陽虎以陪臣當國，嘗避不與見，迨至三桓攻虎出奔，始任中都宰，一年後遷司空至大司寇，相魯定公與齊景公會盟夾谷，以機智屈責齊國，歸還魯之侵地汶陽，由是大信于定公，實行墮三都——郈，費，成，以杜三家之僭竊，而復周禮，不幸功敗垂成，定公仍信任未衰，孔子年五十六以大司寇攝相事，欣然色喜，乃誅亂政大夫少正卯，魯國大治，齊人恐，饋魯君以女樂，季桓子慫魯君受之，終日戲遊，怠于政事，孔子已有行意，益以郊祭時，膰肉不致，而失禮于大夫，孔子遂行，周遊各國，雖屢有出仕之機，均未果，去魯後十四年，季康子以重幣迎孔子返魯，哀公卒不能用之，遂講學著述以終，年七十有三，哀公誄之曰：尼父！子貢猶責之曰：「生不能用，死而誄之，非禮也！」（註三七）

2.明大義　孔子周遊列國，以道奸君時，頗不利于人口，老一輩的人責備他，同時代的人奚落他，如「微生畝謂孔子曰：丘何爲是栖栖者與？無乃爲佞乎？孔子曰：非敢爲佞也，疾固也」。(憲問)，孔子說他奔走各國，並不是爲了取悅時君，而是深惡痛絕那些不知君臣大義的頑固份子，只知潔身自好，而忘却個人對國家、對社會的責任，因爲人不僅爲社會的動物，而且爲政治的動物，如只知有父子、兄弟、夫婦、朋友，而忽視或無視于君臣之一倫，那與無組織的野蠻人何異？故孔子不惜破口大罵「辟世之士」(微子) 如長沮桀溺等者，爲「鳥獸不可與同羣」也。(同上註)

由于明大義之故，亦爭辯是非，而惡「鄉原」爲「德之賊」(陽貨)，直者是之，僞者非之，如曰：「直哉史魚，邦有道如矢，邦無道如矢」(衞靈公)。對虛僞的微生高則斥之曰：「孰謂微生高直，或乞醯焉，乞諸其鄰而與之」。(雍也) 可見孔子對大小是非皆斤斤計較，而不愧爲聖人也。

3.謹禮儀　孔子以「知禮」名，其教人也，常以恭而有禮爲訓，他說：「恭而無禮則勞，愼而無禮則葸，勇而無禮則亂，直而無禮則絞」。(泰伯) 故他無時無地不謹守禮儀，觀論語鄉黨篇所載：「孔子于鄉黨，恂恂如也，似不能言者，其在宗廟朝廷，便便言，唯謹爾。朝，與下大夫言，侃侃如也，與上天夫言，誾誾如也。君在，踧踖如也，與與如也。君召使擯，色勃如也，足躩如也……入公門，鞠躬如也，如不容，立不中門，行不履閾。過位，色勃如也，足躩如也，其言似不足者，……復其位，踧踖如也。執圭，鞠躬如也，如不勝，上如揖，下如授，勃如戰色，足蹜蹜，如有循，享禮有容色，私覿，愉愉如也」。我們看了這些記載，好像親見其辭色容止，確實是一位彬彬有禮的君子，但亦有覺其太過拘謹，而近于「足恭」處，故夫子嘆曰：「事君進禮，人以爲諂也」。（八佾）不知其私生活亦循循守禮，「食不語，寢不言」，（鄉黨）故稱「子之燕居，申申如也，夭夭如也」。（述而）其溫恭之態可見矣。

4. 善交遊　子曰：「見賢思齊焉，見不賢而內自省也」。（里仁）又曰：「三人行，必有我師焉，擇其善者而從之，其不善者而改之。」（述而）故于魯之孟公綽、臧文仲、柳下惠皆稱道不置，此其平時交遊，擇善而從之明示也。其在出遊各國時，謂「居是邦也，事其大夫之賢者，友其士之仁者。」（衛靈公），如衛之蘧伯玉，陳之司城貞子，皆賢士也，孔子在陳主司城貞子，在衛，一再主蘧伯玉家，可見其相知之深。晉之賢大夫竇鳴犢、舜華，孔子亦心儀其人，將由衛西行見趙簡子，至河，聞趙簡子誅此二人，乃「臨河而嘆曰：美哉，洋洋乎，丘之不濟者命也，……何則，君子諱傷其類也……乃還息乎陬鄉，作爲陬操以哀之」。（註三八）其篤于友誼之情，感人深矣！

5. 富情感　西方的學者中，有人說中國民族缺乏同情心，他們的論據是中國人見到瞎跛的殘廢者，往往視爲嘲笑的對象，路人見送殯出喪，當着熱鬧看，我們似乎不能否認這些不良的現象，但這是在現在下層社會所見到的病象，有教養的人，決不會如此，尤其在古代民風淳厚的時候，是很富于同情心的，孔夫子就是一位最好的代表，「子食于有喪者之側，未嘗飽也。子於是日哭，則不歌」。（述而）「見齊衰者，雖狎必變，見冕與瞽者雖褻必以貌」，看見齊衰者與瞽者，坐着必起立，（子罕）在車內看見凶服送喪的人，也憑式俯首（鄉黨），他接見瞽目樂師冕，更是恭而且敬，「師冕見，及階，子曰：階也，及席，子曰：席也。皆坐，子告之曰：某在斯，某在斯！」（衛靈公）卽是說，某些人都在這裏，使他有社交之樂，其對瞽者之體貼入微，情見于辭。

他曾說：「故舊不遺，則民不偷」，（泰伯）要想民俗厚道，必須毋忘故舊。他也說過「無友不如己者」，（學而）但不如己的人已經成爲故交了，他還是念念不忘的。原壤就是一個例子，他母死而歌，不知孝道，孔子見他時，蹲踞以待，毫無禮貌，孔子不但不與他絕交，反嚴厲的教訓他說：「幼而不遜弟，長而無述焉，老而不死，是謂賊，以杖叩其脛」（憲問），這比教他的學生還厲害，故人情深，于此可見。

6. 忘舊惡　子曰：「伯夷叔齊，不念舊惡，怨是用希」（公冶）。他不但不念舊惡，反視若無事然。我們就史記所載，在他任魯司寇之前，周遊列國時，在齊國有一次出仕的好機會，齊景公欲以尼谿田封孔子，阻于晏嬰，因兩人政見不同，晏子是主張禮隨時而異的，孔子則嚴守古禮，「盛容飾，繁登降」，其弊在「累世不能殫其學，當年不能究其禮」。

在他任魯司寇之後，去魯外遊，在楚國又有一次大大的機遇，楚昭王欲以書社地七百里封孔子，被阻于令尹子西，子西反對孔子，不是因政見不同，而是怕他以這七百里之地，作文武之豐鎬，他說子貢、顏回、子路、宰予都是些出將入相，外交內政的能手，「孔丘述三王之法，明周召之業，王若用之，則楚安得世世堂堂方數千里乎？」這兩次的機遇與打擊，可以說決定了孔子的前途，斷送了他行道的命運。這在他人，不免要引爲終身大憾，孔子卻視若無事，早把他忘得乾乾淨淨了！他反稱讚「晏平仲善與人交，久而敬之。」（公冶）有人問到「子西」，僅曰：「彼哉！彼哉」！（憲問），沒有說一句不滿意的話，可見其氣度是如何的寬宏了！

7.通權變　子曰：「小不忍，則亂大謀」（衞靈公），「直道而行」固可嘉，然有時亦須因應時宜，通權達變，雖不見諒於衆人，亦不得不勉強行之。如孔子居衞，「靈公夫人有南子者，使人謂孔子曰：「四方之君子不辱，欲與寡君爲兄弟者，必見寡小君，寡小君願見孔子，辭謝不得已而見之，夫人在絺帷中，孔子入門，北面稽首，夫人自帷中再拜，環佩玉聲璆然！孔子曰：吾鄉爲弗見見之禮答焉！子路不說。孔子矢之曰：予所不者，天厭之！天厭之！居衞月餘，靈公與夫人同車，宦者雍渠參乘出，使孔子爲次乘，招搖市過之。孔子曰：吾未見好德如好色者也！於是醜之，去衞」（註三九）。此參乘之事，在他人處之，恐拂袖而去矣，然孔子終忍辱而爲，蓋保持其「事君盡禮」之君子風度也。

孔子不僅對上受委曲，對下亦講權變。有互鄉者，其人習于不善，難與言善，突有互鄉一「童子見，門人惑」。子曰：「人潔已以進，與其潔也，不保其往也」，「與其進也，不與其退也，唯何甚？」（述而）即是說：現在他想學好，不必追其既往之善惡，雖許其進而來見，但不能保障其退而不爲惡，我們何必又拒人于千里之外，做得太過呢？這一方表示孔子對人不懷成見，「有教無類」；一方表示門人都不贊成的事，他也拂衆人之意，勉強爲之，蓋從權也。至若「陽貨欲見孔子，孔子不見，歸孔子豚，孔子時其亡也，而往拜之」（陽貨），更是一種交誼的權變。

8.別厚薄　一般人對人，往往不知緩急輕重，當薄者厚，當厚者反薄，孔子以中庸之道待人，當厚者厚，當薄者薄。如他命「子華使于齊，冉子爲其母請粟，子曰，與之釜，（六年四升）請益，曰：與之庾（十六斗）。冉子與之粟五秉。（合八十斛）子曰：赤之適齊也，乘肥馬，衣輕裘。吾聞之也，君子周急不繼富」。（雍也）可是他爲司寇時，「原憲爲之宰，與之粟九百，辭。子曰：毋、以與爾鄰里鄉黨乎？」（同上註）孔子教他與鄰里鄉黨，恐怕是一句婉勸之辭，原憲確實很窮，孔子是很知道的。孔子卒後，原憲隱居更窮，「子貢相衞，而結駟連騎，排藜藿，入窮閻，過謝原憲，憲攝敝衣冠，見子貢，子貢恥之曰：夫子豈病乎？原憲曰：吾聞之，無財者謂之貧，學道而不能行者，謂之病，若憲，貧也，非病也！子貢慚不懌而去，終身恥其言之過也！」（註四〇）當時孔子「與之粟九百」，實救其窮困，當厚者厚也。

9.明眞性　孔子一生，率性而行，從未見其有矯情處。他人有矯情之行，他亦非之。如「葉公語孔子曰：吾黨有直躬者，其父攘羊，而子證之。孔子曰：吾黨之直者異於是，父爲子隱，子爲父隱」。（子路）「或曰：以德報怨，何如？子曰：何以報德？以直報怨，以德報德」。（憲問）他對那些挖苦他的隱者，是不無憤懣之情的，故罵他們爲「鳥獸」，這可以說是「以直報怨」。

他對顏淵的愛護，是無所不至的，「顏淵死，顏路請子之車以爲之椁」（先進）他却拒絕。「門人厚葬之」，他也反對，這完全是率眞的態度，毫無矯飾。

古者「易子而教」，他卻教子伯魚亦如門人，教他「學詩」，「學禮」，學「周南召南」，父子之愛，師生之情，兼而有之，可謂明心見性矣。

10愛弟子　孔子之視學生，如同其子，對顏淵不用說了，對子貢、宰我、子游、子夏、子路、子張、曾子、樊遲、仲弓、冉求等都非常親切，他雖屢次罵子由，責冉求，斥宰我，然愛之如恆。「伯牛有疾，子問之，自牖執其手，曰：亡之，命矣夫！斯人也而有斯疾也！」（雍也）伯牛患的是痳瘋病，竟于其將死之時，前往視之，恐怕現今父親對于子女之患傳染病者。亦將趨而避之。尙能執其手以作永訣乎？對「非其罪」而「受縲絏」之寃的公冶長，「以其子妻之」（公冶），都是人所難能的。最可佩者，是司馬牛之兄桓魋，屢欲殺夫子，他對司馬牛「問仁」，問「君子」，仍一視同仁，諄諄教誨，使司馬牛感嘆的說：「人皆有兄弟，我獨亡！」（顏淵）子夏安慰他謂：「君子敬而無失，與人恭而有禮，四海之內，皆兄弟也，君子何患乎無兄弟也」？（同上註）有一壞學生名公伯寮的，向季孫挑撥子路，子服景伯不平，告孔子曰：「吾力猶能肆諸市朝」，即是說要以力量謀而誅之，孔子爲之緩頰曰：「道之將行也與？命也！道之將廢也與？命也！公伯寮其於命何？」（憲問）他對這樣一個不好的學生，都爲之迴護，對好的學生，當不待言矣。

他視弟子若其子，弟子視之亦若其父，孔子卒後，「弟子皆服喪三年，三年心喪畢，相訣而去，則哭，各復盡哀，或復留，唯子貢廬于冢上，凡六年，然後去。弟子及魯人往從冢而家者，百有餘室，因命曰孔里。」（註四二），其遺愛感人之深，有如此者。

孔子處世懿行，足以楷模後世者，當不只以上十則，僅擇其顯見於論語及孔子世家中之故實，以爲範例，然此俱與其修養之道有關，故併述之如後。

（三）修　養

孔子的修養，可從學問與道德兩方面來看，他說：「吾十有五，而志于學，三十而立，四十而不惑，五十而知天命，六十而耳順，七十而從心所欲，不逾矩。」（爲政）「而立」之年，學問、道德已有了好的基礎，他已由魯適齊，訪問宋衞陳蔡，並往周問禮于老子。齊景公與晏嬰訪魯，正值孔子三十歲時，與景公談秦穆稱霸之由，景公大悅，三十五至四十復遊齊，閱歷頗多，學德更進，故自稱「不惑」，後此則爐火純靑，已達完人之境，可以「達人」、「立人」矣！後世崇敬孔子者，每以「德配天地，道冠古今」況之，前一句話，稱讚他道德的高，後一句話，可說是讚美他學問的深，他的道德是怎樣的高？學問何以深？這兩句話是不能率直解答的，惟我們要想效法孔子如何修德、養學？還須作一分析的研討。

先說學問的修養：

歷史上有不少賢哲，能「過目成誦，終身不忘」，這種人可說是「生而知之」，其次爲「學而知之」，或「困而知之」（中庸），孔子似乎屬于學而知之」這一類型的人，他說：「我非生而知之者，好古敏以求之者也」。（述而）所謂「敏以求之」，就是「學而不厭」，「學而時習」，然後知識能豐富起來，有了豐富的智識，還要加以整理，才能成爲學問，這便是「愼思明辨」（中庸）的功夫，故他說「學而不思則罔」（爲政）。

但獨處好學，不免孤陋寡聞，「敏而好學」的人，要「不恥下問」（公冶），到處訪問良師益友，庶幾「多聞擇其善者而從之，多見而識之，知之次也」。（述而）一個人閉戶潛修以求知，還是次要的功夫，故他說：「三人行，必有我師焉」，「問禮于老聃，學樂于萇弘，學琴于師襄」，甚至「入太廟，每事問」。他這種好學的態度，終身不輟，嘗「終日不食，終夜不寢，以思」，「發憤忘食，樂以忘憂，不知老之將至」，（述而）於是有「加我數年，五十以學易，可以無大過矣」（述而）之嘆。他這樣的好學深思，故有「博學」之名，「大宰問於子貢曰：夫子聖者與？何其多能也？子貢曰：固天縱之將聖，又多能也。子聞之曰：大宰知我乎！吾少也賤，故多能鄙事，君子多乎哉？不多也。」（子罕）他的智識雖然很淵博，自己還是很謙遜，認爲不多的，所以當時的人很欽佩他，稱讚他是聖人。史記載「吳伐越，墮會稽，得骨節專車。吳使問仲尼，骨何者最大？仲尼曰：禹致羣神于會稽山，防風氏後至，殺而戮之，其節專車，此爲大矣。吳客曰：誰爲神？仲尼曰：山川之神，足以綱紀天下，其守爲神，社稷爲公侯，皆屬於王者。客曰：防風何守？仲尼曰：汪罔氏之君，守封禺之山，爲釐姓，在虞夏商爲汪罔，於周爲長翟，今謂之大人。客曰：人長幾何？仲尼曰：僬僥氏三尺，短之至也。長者不過十之，數之極也。於是吳客曰：善哉，聖人！」（註四二）由這段記載，孔子對于古代史或古代傳說與神話，知之甚稔，吳使來問，與其說是其向孔子請益，不如說他是有意考問他，究竟他是否可以稱爲聖人？結果，證實了孔子的智識是超出當時南北任何人之上的，只好佩服得說「善哉，聖人」！可是孔子學問雖博，並不是籠統、空泛、龐雜無序的，他說：「吾有知乎哉？無知也。有鄙夫問于我，空空如也。我叩其兩端而竭焉」。（子罕）即表示其智識上之中道主義，不偏左，不偏右，雖「博學于文」，却「約之以禮」，（雍也）如是，便不會離經畔道，而用其智識于邪惡之途了。故他對子貢說：「賜也！女以予爲多學而識之者與？……曰：非也！予一以貫之」。（衞靈公）「一以貫之」者何？「忠恕而已矣」。（里仁）是學問修養與道德修養由二而一者也。

再論其道德的修養

古者爲子擇師，「必求其寬、裕、慈、惠、溫、良、恭、敬、愼而寡言者」（註四三），「夫子溫、良、恭、儉、讓」（學而），實爲大教育家的氣象；爲人牧者，必「有威可畏，有儀可象」，「子溫而厲，威而不猛，恭而安」（述而），確爲大政治家的風度。他之具有此氣象與風度，固然由于他是「天縱之聖」，然亦有修養的功夫存乎其間。曾子說：「君子所貴乎道者三，動容貌，斯遠暴慢矣，正顏色，斯近信矣，出辭氣，斯遠鄙倍矣」（泰伯），他說的君子，恐怕是就其隨侍夫子左右，觀察夫子之顏色與言動而得之實際的教誨，觀論語鄉黨篇所記孔子生活，大之如朝廷酬酢，小之如私居食寢，皆莊靜肅穆，可欽可敬，所謂「內省不疚，夫何憂何懼」？（顏淵）孔子實當之而無愧。

他這種德行的修養，固有賴于內心的省察，但外界的感染，環境的傳習，他還是很注意的，他說：「里仁爲美，擇不處仁，焉得知？」（里仁）可見其注重環境教育。又說：「麻冕，禮也，今也純，儉，吾從衆」，（子罕）也可見其向羣衆學習。然而孔子是「和而不同」（子路）的，自有其內心主張，衆是則是之，如衆不是，則非之，故他又說：「拜下，禮也，今拜乎上，泰也，雖違衆，吾從下」(子罕)。非但他人不是，他不妄從，卽自己有不是處，亦「能見其過而內自訟」(公冶)。如「陳司敗問昭公知禮乎？孔子曰：知禮。孔子退，揖巫馬期而進之曰：吾聞君子不黨，君子亦有黨乎，君取于吳爲同姓，謂之吳孟子，君而知禮，孰不知禮？巫馬期以告。子曰：丘也幸，苟有過，人必知之。」(述而)但夫子之過，由於其「惡居下流而訕上者」，(陽貨)不得不爲昭公諱，且彼對一般常人之過，亦以君子存心，「惡稱人之惡」(同上註)，但其惡若有關于世道人心，則又當別論矣。

因孔子的道德修養，就其倫理思想言，以仁爲本，任何人之行爲，有害于仁者，必深惡之，蓋「惡不仁者，其爲仁矣，不使不仁者加乎其身」。(里仁)惟「惡不仁」者，纔能「好仁」，終日「用其力于仁矣」。(同上註)是以「君子無終食之間違仁，造次必如是，顚沛必如是」。(同上註)此孔子道德修養之根本觀念也。

然道德與學問，實一而二者，「有德者必有言」(憲問)，言卽學問，子曰：「弟子入則孝，出則弟，謹而信，汎愛衆，而親仁，行有餘力，則以學文」，(學而)「事父母能竭其力，事君能致其身，與朋友交，言而有信，雖曰未學，吾必謂之學矣」(同上註)，是道德修養重于學問也。然子曰：「十室之邑，必有忠信如丘者焉，不如丘之好學也」，(公冶)則學問修養似重於道德矣。可是夫子又說：「德之不修，學之不講，聞義不能徙，不善不能改，是吾憂也」(述而)。則道德與學問之修養不可偏廢，可彰彰明矣。此孔子之所以爲

「大」也！

（四）德望

自漢武帝因董仲舒一疏，表彰六經，罷黜諸子後，孔子的德望，蒸蒸日上，那是人所共知的。但在秦漢以前，孔子不過諸子中之一家，其德望在當時與身後不久何如？殊值研究，玆就論孟史記諸子所記，看彼時一般「官吏」，「隱士」，「平民」，及其「門徒」，「信徒」與「異端之徒」對孔子所持臧否的論調如何？藉以窺見其偉大之所在。

當時的官吏，有崇拜孔子的，也有毀謗孔子的。如八佾篇載：「儀封人請見。曰：君子之至于斯也，吾未嘗不得見也。從者見之，出曰：二三子，何患於喪乎？天下之無道久矣，天將以夫子爲木鐸」。（八佾）不知這位封人見了孔子，談了些什麼，一出來，便說：「天將以夫子爲木鐸」，可見他對夫子的觀感之深，印象之佳，是超于其所得見之來衞國觀光的諸「君子」之上的。

「叔孫武叔語大夫於朝曰：子貢賢于仲尼。子服景伯以告子貢。子貢曰：譬之宮牆，賜之牆也及肩，窺見室家之好，夫子之牆數仞，不得其門而入，不見宗廟之美，百官之富，得其門者或寡矣，夫子之云，不亦宜乎？」「叔孫武叔毀仲尼。子貢曰：無以爲也，仲尼不可毀也，他人之賢者，丘陵也，猶可踰也，仲尼日月也，無得而踰焉，人雖欲自絕，其何傷于日月乎，多見其不知量也」。（子張）惟不知叔孫武叔毀仲尼，謂子貢賢于仲尼之理由安在耳，門弟子記事，爲賢者諱，固當如是，但後人如欲以此批評事實作一歷史考證研究，究未免有間然矣！

當時那些隱士對孔子的態度，大致可分爲三種：第一種，是幽默他的。如「長沮桀溺耦而耕，孔子過之，使子路問津焉，長沮曰：夫執輿者爲誰，子路曰：爲孔丘。曰：是魯孔丘與？曰：是也，是知津矣」！（微子）「子路宿于石門，晨門曰：奚自？子路曰：自孔氏。曰：是知其不可而爲之者與？」（憲問）第二種爲勸他退隱的。如「子擊磬於衞，有荷蕢而過孔氏之門者，曰：有心哉，擊磬乎！既而曰：鄙哉！硜硜然！莫己知也，斯已而已矣！深則厲，淺則揭」。（同上註）這位荷蕢先生不但勸他歸隱，並責備他不知時勢的好壞，猶涉水者不知水的深淺一樣。「楚狂接輿歌而過孔子曰：鳳兮鳳兮！何德之衰？往者不可諫，來者猶可追，已而已而！今之從政者殆而……」（微子）這是說你過去的事不必說，現在還可以來得及做隱士吧！在子路問津于長沮之後，隨「問于桀溺，桀溺曰：子爲誰？曰爲仲由。曰：是魯孔丘之徒與？對曰：然！曰：滔滔者天下皆是也，而誰以易之，且而與其辟人之士也，豈若從避世之士哉？」（同上註）他不直接勸孔子歸隱，而勸子路避世，這是「使之聞之」。第三種對孔子的態度最惡劣，而帶幾分輕視與諷刺神情的，爲丈人。「子路從而後，遇丈人，以杖荷條。子路問曰：子見夫子乎！丈人曰：四體不勤，五穀不分，孰爲夫子？植其丈而芸。」（同上註）這大概是一位主張泛勞動主義的先生。他們這般隱士，在孔子看來，不過是一羣「道不同，不相爲謀」（衞靈公）的「鳥獸」而已？

平民對孔子的看法，可以「達巷黨人」與陳子禽兩人爲代表。前者對于孔子是毀譽參半，他說：「大哉孔子，博學而無所成名」。（子罕）一方讚揚他博學，一方指責他沒有專長，好像我們批評某一學人說：「門門通，門門鬆」。後者有人說他是孔子弟子，或是子貢弟子，但看他與子貢的應對，不像是他們的弟子，只可當作一位與子貢接近的普通友人。「陳子禽問子貢曰：（按論語子張篇爲衞公孫朝所問）仲尼焉學？子貢曰：文武之道，未墜于地，在人，賢者識其大者，不賢者，識其小者，莫不有文武之道，夫子焉不學？而亦何常師之有？孔子適是國，必問其政，求之與，抑與之與？子貢曰：夫子溫良恭儉讓以得之，夫子之求之也，其諸異乎人之求諸與？（註四四）他又「謂子貢曰：子爲恭也，仲尼豈賢于子乎？子貢曰：君子一言以爲知，一言以爲不知，言不可不愼也。夫子之不可及也，猶天之不可階而升也，夫子之得邦家者，所謂立之斯立，道之斯行，綏之斯來，動之斯和，其生也榮，其死也哀，如之何其可及也？」（子張）這位陳子禽不但懷疑孔子的學問與道德，且懷疑他行不顧言，因爲孔子說過「不在其位，不謀其政」（泰伯），孔子每到一國，却「必問其政」，故有「求之與，抑與之與」之問。

與孔子同時的人，對他的觀感，除了上述的那些官吏、隱士、平民外，就是他的學生。

第一個最欽佩孔子的學生，而且讚美得恰如其分的，爲其最得意弟子顏淵。他「喟然嘆曰：仰之彌高，鑽之彌堅，瞻之在前，忽焉在後。夫子循循然善誘人，博我以文，約我以禮，欲罷不能，既竭吾才，如有所立卓爾、雖欲從之，末由也已！」（子罕），前四句話，是形容孔子之道，高深玄妙，渺不可及，接着頌美孔子教學的態度和方法，歸結到孔子卓爾不羣，其道其學，均難企及。

第二個學生爲子貢，其讚美孔子之辭，已見于駁斥叔孫武叔之毀謗與答陳子禽之問。然猶有爲之善道者，曰：「夫子之文章，可得而聞也，夫子之言性與天道，不可得而聞也」。（公冶）又曰：「見其禮而知其政，聞其樂而知其德，由百世之後，等百世之王，莫之能違也，自生民以來，未有夫子也」。（孟子公孫丑上）

第三個學生爲有若。他說：「豈惟民哉？麒麟之於走獸，鳳凰之於飛鳥，太山之於丘垤，河海之於行潦，類也，聖人之於民，亦類也，出於其類，拔乎其萃，自生民以來，未有盛于孔子也」！（同上註）此種藉物取譬的讚美之詞，近于誇張，而無內容，實不若顏淵、子貢兩人讚美之得體。猶之宰我憑其個人的直覺的說，「以予觀于夫子，賢于堯舜遠矣」。（同上註）無根無據，殊難令人悅服。

第四個爲曾子。「昔者孔子沒，三年之外，門人治任將歸，入揖于子貢，相嚮而哭，皆失聲，然後歸。子貢反，築室于場，獨居三年，然後歸。他日子夏、子張、子游，以有若似聖人，欲以所事孔子事之。彊曾子。曾子曰：不可。江漢以濯之，秋陽以暴之，皜皜乎不可尙已」！（孟子滕文公上）這是一種詩意的讚美，只令後人想像孔子的人格，是如何的高尙純潔而已？

孔子逝世不久的孔子第一信徒，當爲孟子。孟子居鄒，與魯爲鄰，家與孔里相距甚近，受業于子思門人，他自稱爲孔子的私淑弟子，他對孔子的崇拜，不亞于顏淵、子貢，他對孔子的讚頌之詞，可分爲三方面來看：對政治方面，他說：「自有生民以來，未有孔子也」。因爲他「可以仕則仕，可以止則止，可以久則久，可以速則速」，故曰：「乃所願，則學孔子也」（公孫丑上）。在道德方面，他說：「伯夷，聖之淸者也，伊尹，聖之任者也，柳下惠，聖之和者也，孔子，聖之時者也。孔子之謂集大成，集大成也者，金聲而玉振之也。金聲也者，始條理也，玉振之也者，終條理也。始條理者，智之事也，終條理者，聖之事也」。（萬章下）在學術方面，他把千餘年後的韓愈道統論，塑造了原始規模，他自己亦儼然以繼道統自居。「孟子曰：由堯舜至于湯武，五百有餘歲，若禹皐陶，則見而知之，若湯則聞而知之，由湯至于文王，五百有餘歲，若伊尹萊朱，則見而知之，若文王，則聞而知之。由文王至于孔子，五百有餘歲，若太公望，散宜生，則見而知之，若孔子，則聞而知之。由孔子而來，至於今，百有餘歲，去聖人之世，若此其未遠也，近聖人之居，若此其甚也。然而無有乎爾？則亦無有乎爾？」（盡心章下）最後兩句話，意味深長，蓋孔子之時，「見而知之」者，孔門之高徒甚多，孟子却不提及一人，顯見其自命繼承孔門餘緒，雖「聞而知之」，亦高出若輩遠矣！

最後爲南方的異端之徒，其詆毀孔子，開後世非聖之先河者，厥惟莊子。盜跖篇載孔子與柳下惠爲友，孔子以其弟盜跖（按，盜跖並非展禽弟，乃假託之詞）橫行天下，乃代表柳下惠往見盜跖，欲曉以大義，使之改過遷善，不意「謁者入通，盜跖聞之大怒，目如明星，髮上指冠，曰，此夫魯國之巧僞人孔丘非邪？爲我告之，爾作言造語，妄稱文武，冠枝木之冠，帶死牛之脅，多辭繆說，不耕而食，不織而衣，搖脣鼓舌，擅生是非，以迷天下之主，使天下學士，不反其本，妄作孝弟而徼倖於封侯富貴者也，子之罪大極重，疾走歸，不然，我將以子肝益晝餔之膳」。其蠻橫無理之態，雖足以暴露盜跖之醜惡面目，將孔子侮辱盡至，然恐非莊子之言，蓋其徒假託其說以非難孔子也。

以上所述各種人物，對孔子之歌頌與毀謗，恐皆就孔子三十歲後，學問道德均已成熟之年而言，其在三十歲以前之孔子作如何觀察，殆難言矣！或者藉老子所云，可以窺其「而立」以前之眞面貌歟？

孔子世家載孔子「適周，問禮，蓋見老子云。辭去，而老子送之曰：吾聞富貴者，送人以財，仁人者，送人以言，吾不能富貴，竊仁人之號，送子以言曰：聰明深察而近于死者，好議人者也，博辯廣大，危其身者，發人之惡者也。爲人子者，毋以有己，爲人臣者，毋以有己」。前五句話是敎孔子不議論人長短，孔子對子貢說「惡稱人之惡者」，殆有所師承，後四句話，可說是「事父母能竭其力，事君能致其身」之道，是孔子以老子之意，轉示諸子夏矣。

史記老莊列傳所載老子對孔子之辭，與上述有異。「孔子適周，將問禮于老子。老子曰：子所言者，其人與骨皆已朽矣，獨其言在耳！君子得其時則駕，不得其時則蓬累而行，吾聞之，良賈深藏若虛，君子盛德容貌若愚，去子之驕氣與多慾，態色與淫志，是皆無益于子之身，吾所以告子，若是而已」！孔子聞命之後，「謂弟子曰：鳥吾知其能飛，魚吾知其能游，獸吾知其能走，走者可以爲罔，游者可以爲綸，飛者可以爲矰，至于龍吾不能知其乘風雲而上天，吾今日見老子，其猶龍邪？」則其受敎印象之深，可以知之。孔子後來之以「溫良恭儉讓」稱，或得力于老子直言無隱之敎歟？蓋人在三十以前血氣未定，氣質難純，愈有才氣的人，愈是容易趨于驕矜，所謂鋒鋩太露，目中無人之病，多半是在三十歲以前，而且年少好出風頭，自命不凡，觀孔子世家所載，其年在十七以前，卽有此態，「季氏饗士，孔子與往」（按卽未請而至），陽虎絀曰：「季氏饗士，非敢饗子也」。孔子自受了這次氣後，閱歷漸深，未幾又見老子，予以坦率誠摯的敎誨，故三十以後，便由「不惑」而「不逾矩」，氣象萬千，成爲千古之聖人矣。

叁、孟子的學說與行誼

「子夏、子游、子張，皆有聖人之一體，冉牛、閔子、顏淵，則具體而微。」（公孫丑上）孟子之於孔子，亦可爲「具體而微」者，故研究其學說與行誼，當從此微妙處，探討其得失焉。

一、學說

孟子七篇，所言多有關於政治，經濟、倫理、教育，然其中心思想，則在與倫理思想有不可分性之心性學說，是以孟子在儒家之地位，以倫理思想鳴；其故郎由其倫理思想出發點，堅主性善之說，得後世衞道之士的擁戴，且性善之說，亦深合乎一般常人皆喜道己之長的心理，故其說歷久不衰，玆先究其倫理思想。

（一）倫理思想

1.孟子倫理思想之大要

孟子說：「君子所性，仁義禮智根於心，其生色也，睟然見於面，盎于背，施于四體，四體不言而喻。」（盡心上）因人性本善，君子之性當更善，心中充滿了仁義禮智諸德性，心爲身之本，故整個身體皆蘊藏此種德性。君子如此，常人何如？

孟子說：「人皆有不忍人之心……無惻隱之心，非人也，無羞惡之心，非人也，無辭讓之心，非人也，無是非之心，非人也。惻隱之心，仁之端也，羞惡之心，義之端也，辭讓之心，禮之端也，是非之心，智之端也。人之有四端也，猶其有四體也」。（公孫丑上）故常人之身心，亦有此四德存焉。

所以他又說：「惻隱之心，人皆有之，羞惡之心，人皆有之，恭敬之心，人皆有之，是非之心，人皆有之。惻隱之心，仁也，羞惡之心，義也，恭敬之心，禮也，是非之心，智也。仁義禮智，非由外鑠我也，我固有之也」。（告子上）辭讓者，恭敬之表，恭敬者，辭讓之本，二者實二而一，一而二者也。

顧此四德，其實際功用又何如乎？孟子說：「仁之實，事親是也，義之實，從兄是也，智之實，知斯二者弗去是也，禮之實，節文斯二者是也」（離婁上）。但又曰：「未有仁而遺其親者也，未有義而後其君者也」（梁惠上）。是孝道出于「仁」，忠與悌出于「義」矣。惟「仁義忠信」，孟子稱爲「天爵」（告子上）如以「仁義」爲「孝悌」之本，則孝悌忠信諸德，固息息相關矣。是以孟子說：「獲于上有道，不信于友，弗獲于上矣，信于友有道，事親弗悅，弗信于友矣，悅親有道，反身不誠，不悅于親矣，誠身有道，不明乎善，不誠其身矣。」（離婁上）「獲上」，忠也，「悅親」，孝也，「事親弗悅，則弗信于友」，是「孝」與「信」二者關聯至切，要皆以誠身爲本，而誠身之道，在明善，不明乎善者，卽「不能卽事以窮理，無以眞知善之所在也」。（註四五）此乃「智」之功夫，所謂知仁義「二者而弗去是也」。

孟子常以仁義並稱，如曰：「仁，人心也，義，人路也」（告子上）。「仁，人之安宅也，義，人之正路也」（離婁上）。「爲人臣者，懷仁義以事其君，爲人子者，懷仁義以事其父，爲人弟者，懷仁義以事其兄」（告子下）皆是。所謂「居仁由義，大人之事備矣」。（盡心上）

孟子又以禮義並舉。如曰：「無禮義，則上下亂」，（盡心下）「萬鍾則不辨禮義，萬鍾於我何加焉？」（告子下）「言非禮義，謂之自暴也」（離婁上）。

然亦有以「理義」並稱者，如曰：「口之於味也，有同耆焉，耳之於聲也，有同聽焉，目之于色也，有同美焉，至于心，獨無所同然乎？心之所同然者，何也？謂理也，義也，聖人先得我心之所同然耳，故理義之悅我心，猶芻豢之悅我口」（告子上）。此理也，卽「明善」之理，亦卽「是非之心，人皆有之」之「理性」也。

孟子一書，有多處單言禮，如「諸侯失國而後託于諸侯，禮也，士之託於諸侯，非禮也」。（萬章下）或單說義，如「士窮不失義」。（盡心上）但禮之應用範圍，似不及義之廣泛，更不及孔子視禮爲諸德之外在的表達形式之重要。間亦單言「智」，如「所惡於智者，爲其鑿也，如智者，若禹之行事也，則無惡於「智」矣。禹之行水也，行其所無事也，如智者，亦行其所無事，則智亦大矣」。（離婁下）此行所無事之「智」，殆「良知」「良能」（盡心上）之智歟？是則與孔子所言智、仁、勇三達德之智又微有異矣。

程子說：「孟子有功于聖門，不可勝言，仲尼只說一個仁字，孟子開口便說仁義（註四六）。其實，孟子在仁義禮智四德目中，言仁的地方最多，猶之在孝悌忠信四德目中，他講的孝道最突出而特殊。

先就仁德言，他幾乎把有關於個人的修身、齊家、治國、平天下的仁德，都說到了。如曰：「仁，人心也」，（告子上），「仁也者，人也」（盡心下），「仁者如射，射者正己而後發，發而不正，不怨勝己者，反求諸己而已矣」。（公孫丑上）此就修身言也。如曰：「親親而仁民」（盡心上），「親親仁也」（同上註），「仁之於父子也」（盡心下），「此就齊家言也。如曰：「仁也者，人也，合而言之道也」（盡心下），「不仁而得國者，有之矣，不仁而得天下者，未之有也」。（同上註）此就治國平天下言也。要之「三代之得天下也，以仁，其失天下也，以不仁，國之所以廢興存亡者，亦然。天子不仁，不保四海，諸侯不仁，不保社稷，卿大夫不仁，不保宗廟，士庶人不仁，不保四體」。（離婁上）此就社會全體之人而言也。故孔子曰：「道二：仁與不仁而已！」（同上註）

再就孝道言。孟子曰：「大孝終身慕父母，五十而慕者，予于大舜見之矣！」（萬章上）又曰：「不得乎親，不可以爲人，不順乎親，不可以爲子，舜盡事親之道，而瞽瞍底豫，瞽瞍底豫，而天下化，瞽瞍底豫，而天下之爲父子者定，此之謂大孝」。（離婁上）

據書經「堯典」所載，堯之以天下讓于舜，實由其孝親聞于世，其文如下：

帝曰：咨！四岳。朕在位七十載，汝能庸命，巽朕位。岳曰：否德忝帝位。曰：明明揚側陋。師錫帝曰：有鰥在下，曰：虞舜。帝曰：俞，予聞；如何？岳曰：瞽子，父頑，母嚚，象傲，克諧，以孝烝烝，乂不格姦。帝曰：我其試哉。女于時，觀厥刑于二女，釐降二女於嬀汭！嬪於虞，帝曰：欽哉！」

這段記載，只說及舜父頑固，母多話，象傲慢，他都處得很好，故妻以二女，觀其德行，豈知二女去後，有如萬章所云：「父母使舜完廩，捐階。瞽瞍焚廩。使浚井，出，從而揜之。象曰：謨蓋都君，咸我績，牛羊父母，倉廩父母，干戈朕，琴朕，弤朕。二嫂使治朕棲，象往入舜宮，舜在牀琴。象曰：鬱陶思君爾，忸怩。舜曰：惟茲臣庶，汝其于予治。不識舜不知象之將殺己與？曰（孟子）：奚而不知也？象憂亦憂，象喜亦喜」。（萬章上）這一焚廩蓋井的傳說或神話，雖出于萬章之口，想孟子亦同意，或者萬章竟述其所聞諸其師之言，而轉以此問諸其師，故孟子有「奚而不知也」之對。

惟此種傳說或神話，太不近于人情，因焚廩無梯，或可一躍而下，浚井掩之以土，如何能穿隙而出？此于物理有違。其次瞽瞍雖惡，一再謀殺其子，於天理不合，且堯妻其子以二女，縱古昔之君主，或為族長，或為酋長，或為部落之長，總有其相當的權威與地位，則舜之父母縱不愛子，亦當以此另眼相看，何致于一再謀殺之歟？此在人情上，絕對不可通。孟子深具懷疑精神，「盡信書，則不如無書」者，（盡心下）何以不追究此傳說之來源，聽其以訛傳訛，且據此說而頌之大孝，亦惑矣！

或者孟子以為誠可格天，舜心誠孝親，乃創此曠古未有之奇蹟歟？是以孟子言「誠者，天之道也，思誠者，人之道也，至誠而不動者，未之有也，不誠，未有能動者也」。（離婁上），推孟子之意，蓋以「誠」為倫理思想之核心也。

依據上述孟子倫理思想之大要，可作一圖解於下：

1. 以性善為心，其動必誠，誠，為倫理的核心。
2. 由誠發出仁義禮智諸德，生出惻隱羞惡辭讓是非之心。
3. 以智「知」仁義，以禮「節」仁義，故仁義重於禮智。
4. 由仁道發出「孝」與「信」之德，由義道發出「忠」與「悌」之德，由禮而知恭敬，由智而明理性，恭敬與理性，亦為禮與智所本。

孟子倫理思想圖解

5.仁雖與義並稱，但仁爲仁義禮智四德之首，其地位在人心中，特爲重要。

6.由仁義產生之孝悌忠信，孝道最重。

2.孟子倫理思想與孔子同異之處

孟子喜言「性與天道」，常論「養心」、「養氣」，故其倫理思想，出於與「天道」和「人道」有關的「誠」。孔子不喜言「性與天道」，多談人事、人道，論語中，很少提及「誠」字，（註四七）其倫理思想，注重於人我相對的社會關係，故曰：「君君，臣臣，父父，子子」（顏淵）又曰：「爲人君，止于仁，爲人臣，止于敬，爲人子，止于孝，爲人父，止于慈，與國人交，止于信」。（大學）其教學生以仁恕之道，常云：「己所不欲，勿施于人」，都是從社會上人我關係立論，故其倫理思想出發點爲仁，因仁者「相人偶也」，以是所言修身、齊家、治國、處世諸倫理，皆着眼于人我關係，而非憑空的想像。

至孟子的倫理思想，則淵源于至善之心性，其出發點爲誠，由誠之一念，而發爲仁義禮智，此皆人心之所固有，非由外鑠，因人我都有仁義禮智存諸心，自然人我的關係皆趨於善。因此我們可以說孔子是社會學派的倫理學家，孟子則是心理學派的倫理學家。

然而孟子亦能善守其師訓者，故仍側重「仁」德，將個人修身、齊家、以及治國、平天下之倫理，均「仁以貫之」，此其爲發揚孔子倫理思想之最高明處。

其次我們就「仁」派生之孝道言。孟子的主張，亦與孔子不盡相同。我們可以將孝分爲「平常之孝」與「非常之孝」兩類，前者是就對慈愛或善良之父母而言，後者是就對不慈愛或不善良之父母而言。

就平常之孝道言，孔子言及者，大致有六：

1. 敬養　「子游問孝，子曰：今之孝者，是謂能養，至於犬馬，皆能有養，不敬何以別乎？」（爲政）

2. 無違　「孟懿子問孝，子曰：無違。樊遲御。子告之曰：孟孫問孝于我，我對曰：無違。樊遲曰：何謂也？子曰：生事之以禮，死葬之以禮，祭之以禮。」（爲政）

3. 守身　「孟武伯問孝，子曰：父母唯其疾之憂」。（爲政）此疾不一定專指疾病，凡一切有形無形之物，足以違害人子之身體者，皆疾也，父母均爲其子擔心。

4. 悅親　「子夏問孝，子曰：色難」（爲政），即承順父母之色，使之愉悅爲難，或人子和顏悅色，使父母見而悅之爲難。（註四八）故又曰：「父母在，不遠遊，遊必有方」，（里仁）亦使親無以遊子爲念，使之心情愉快而無顧慮、罣念之情耳。

5. 繼志　子曰：「父在觀其志，父沒觀其行，三年無改於父之道，可謂孝矣。」（學而）里仁篇又重見此意，可見孔子對「父作」「子述」（中庸）的文武之業，念茲在茲，所以他說：「武王周公，其達孝矣乎？夫孝者，善繼人之志，善述人之事者也。」（中庸）

6. 友于　子曰：「書云：孝乎，惟孝友于兄弟」（爲政），又曰「弟子入則孝，出則弟」

，(學而)因「孝弟也者，其爲仁之本與」！(同上註)未有孝而不悌，亦未有悌而不孝者。

孟子對于平常之孝道，看得很重，故曰：「事孰爲大，事親爲大」，(離婁上)他論世俗五不孝中，有三不孝爲「不顧父母之養」，(離婁下)而且說「曾元養曾子」是「養其體」，「曾子養曾晳」是「養志」，(離婁上)其重視「敬養」可知。而且對「然友之鄒」問喪禮時，孟子曰：「親喪固所自盡也，曾子曰：生事之以禮，死葬之以禮，祭之以禮」(滕文上)，其主「無違」可知。他說：「從耳目之欲，以爲父母戮」、「好勇鬪很，以危父母」，(離婁下)都是「不孝」；又說：「守孰爲大，守身爲大，不失其身而能事其親者，吾聞之矣，失其身而能事其親者，吾未之聞也」。(離婁上)，其重視「守身」明矣，至「悅親」之意，孟子更認爲與「信于友」有關，「事親弗悅，弗信于友矣，悅親有道，反身不誠，不悅于親矣。」(同上註)又謂「親親，仁也，敬長，義也」，(盡心上)故認「孩提之童，無不知愛其親」，「及其長也，無不知敬其兄」，「君子有三樂」，「父母俱存，兄弟無故，一樂也」。(同上註)其篤于「友于」之情可知。惟「繼志述事」，則演進爲「尊親」，孟子說：「孝子之至，莫大乎尊親，尊親之至，莫大乎以天下爲養，爲天下父，尊之至也，以天下養，養之至也，詩曰：永言孝思，孝思維則，此之謂也」。(萬章上)，蓋孔子心存文武之道，故重「繼志」，而孟子則強調舜之大孝，而以「尊親」顯示大舜之大孝也。

再就非常之孝道言。

孔子曰：「事父母幾諫，見志不從，又敬不違，勞而不怨」（里仁）。曾子曰：「父母惡之，懼而不怨，父母有過，諫而不逆」。（註四九）「子之事親也，三諫而不聽，則號泣而隨之」。（註五〇）「父母有過，下氣，怡色，柔聲，以諫，諫若不入，起敬起孝，說，則復諫，不說，與其得罪於鄉黨州閭，寧孰諫父母，怒，不說，而撻之流血，不敢疾怨，起敬起孝」。（註五一）詩有「凱風」，親之過小而不怨者，又有「小弁」，親之過大而怨者，其怨與不怨，皆在聖人立教以常情常理設想某一父母不慈不愛、不善不良之範圍內，却未曾想到一出乎常情常理之外的暴虐父母，朝朝暮暮以設計殺子爲務，其子應如何處之者？而孟子却一本「起敬起孝」之古訓，而頌揚大舜對屢謀殺其生命之瞽瞍，克盡孝道，使之「底豫」，誠使天下後世許多不慈不善的父母爲之歡欣鼓舞，而有「天下無不是的父母」之樂。由是養成一種非常觀念，使人視子女爲私產，「父要子死，子不敢不死」，此在昔日封建時代，曾視爲天經地義之親權理論，孟子雖予以支持，但律以「勞而不怨」之說，是否孔子能再進一步，讚揚「殺而不怨」或「殺而不逃」，殊未可必？蓋「小杖則受，大杖則走」，比較合乎人情，荀子主張「從義不從父」，實爲大孝，筆者曾深許之也。（註五二）

（二） 教育思想

孟子的教育事業，雖不如孔子之輝煌，但在教育思想上，亦有其卓越之貢獻。

首就教育理論言　「孟子道性善」（滕文上），其與告子反復辯證性善之理論，皆在爲其教育思想發掘理論之根據，因性本善，若「逸居而無近，則近于禽獸」（滕文上），所以教育之於人類生存發展，非常重要，君子之所以異于庶人，就是君子能受教育，保存其善性，庶人則反是，致失其善性，所謂「人之所以異于禽獸者幾希，庶民去之，君子存之」，（離婁下）孟子爲闡揚此理論，多方取譬，謂人性同一，其所以有善有不善者，全在後天的教養，如「今夫麰麥，播種而耰之，其地同，樹之時又同，浡然而生，至于日至之時，皆熟矣，雖有不同，則地有肥磽，雨露之養，人事之不齊也」。（告子上）如失教養，反受環境之斲喪，則其良心必日漸泯滅，猶如牛山之木雖美，斧斤旦旦而伐之，則童山濯濯矣！故曰：「苟得其養，無物不長，苟失其養，無物不消」。（同上註）教育之重要性，概可知矣。

再就教育對象言　孔子主張「有教無類」，孟子似不同於孔子，他人固對孟子說：「夫子之設科也，往者不追，來者不距，苟以是心至，斯受之而已矣！」（盡心下）但孟子本人却不以爲然，他說：「君子有三樂……得天下英才而教育之，三樂也」。（盡心上），既以教育英才爲樂，若非英才者，當「不屑教誨矣」，（告子下）所以曹交「願留而受業于門」，而以「子歸而求之，有餘師」（同上註）婉拒之。凡「挾貴而問，挾賢而問，挾長而問

，挾有勳勞而問，皆所不答也」。（盡心上）此與孔子「有問必答」之態度有異。（註五三）

依孟子之意，弟子固擇師，師亦宜擇弟子，倘弟子不善，匪徒無益，反有害焉。如「逢蒙學射於羿，盡羿之道，思天下惟羿爲愈己，於是殺羿。孟子曰：是亦羿有罪焉。公明儀曰：宜若無罪焉？曰：薄乎云爾！惡得無罪？」「鄭人使子濯孺子侵衞，衞使庾公之斯追之，子濯孺子曰：今日我疾作，不可以執弓，吾死矣夫！問其僕曰：追我者，誰也？其僕曰：庾公之斯也。曰：吾生矣，其僕曰：庾公之斯，衞之善射者也，夫子曰：吾生。何謂也？曰：庾公之斯，學于尹公之他，尹公之他學射于我。夫尹公之他，端人也，其取友必端矣。庾公之斯至，曰：夫子何爲不執弓？曰：今日我疾作，不可以執弓。曰：小人學射于尹公之他，尹公之他，學射于夫子，我不忍以夫子之道，反害夫子。雖然，今日之事、君事也，我不敢廢。抽矢扣輪，去其金，發乘矢，而後反」。（離婁下）這兩個歷史故事，一言「取友不端」之害，一言「取友必端」之利，然與孔子之廣收門徒，善者固使之更趨于善，不善者亦能循循善誘，使之改過遷善者有異。如子路只「少孔子九歲，性鄙好勇，力志伉直，冠雄鷄，佩猳豚，陵暴孔子，孔子設禮，稍誘子路，子路後儒服委質，因門人請爲弟子」。（註五四）子路後以衞亂，結纓而死，孔子嘆曰：「自吾得由，惡言不聞于耳」。（同上註）因有子路之勇，人不敢以惡言加諸夫子，倘使孔子自信其教育感化之力，不能過于常師，可以化暴爲良，化敵爲友，而拒子路於門牆之外，又烏能玉成子路之賢，而得其捍衞之力歟？以是孟子對其師訓，恐有慚德矣！

且孟子主張易子而教，亦與孔子有別。「公孫丑曰：君子之不教子，何也？孟子曰：勢不行也。教者必以正，以正不行，繼之以怒，繼之以怒，則反夷矣。夫子教我以正，夫子未出于正也，則是父子相夷也，父子相夷，則惡矣，古者易子而教之，父子之間不責善，責善則離，離則不祥莫大焉！」（離婁上）並謂其友匡章：「子父責善而不相遇也。責善，朋友之道也，父子責善，賊恩之大者」。（離婁下）孟子是否有子，不得而知，意者其子其孫，皆不如伯魚子思之賢德歟？亦人生一大憾事也！

次就教育方法言：

孔子教人，注重啓發與因材施教的教育，孟子亦然。他論及契爲司徒的人倫之教，引放勳之言曰：「勞之來之，匡之直之，輔之翼之，使自得之，又從而振德之」。（滕文上）所謂勞來者，佑助之意，邪者使正，枉者使直，使之能立能行，自有心得，又從而予以提撕，奮勉，以成其德，此卽啓發之旨。觀孟子對學生問難請益，多用此法，尤其是對墨者夷子「一本」之教，謂「夷子信以爲人之親其子爲若親其鄰之赤子乎？」使夷子自覺「愛無差等」之非，「憮然爲閒曰，命之矣」。（同上註）卽已領教孟子矣。

至因材施教，「有如時雨化之者，有成德者，有達財者，有答問者，有私淑艾者。」（盡心上）以滕文公論，受孟子之感召而行仁政與三年之孝，可謂「時雨化之者」。樂正子，孟子許爲「善人也，信人也」（盡心下），然「樂正子從於子敖之齊」，因「舍館未定」，遲見孟子，孟子責之，使其自承「有罪」，又謂之曰：「子之從於子敖來，徒餔啜也，我不意子學古之道，而以餔啜也」。（離婁上）可謂「成德」之教。至對公孫丑、萬章之徒的說教，可謂「達財」。「答問者」，有公都子與屋廬子，使公都子對孟季子所問義內義外，（告子上）屋廬子對任人所問，禮與食色孰重（告子下）之難題，皆能窮理以告，使之應對裕如，難者不能反駁。「私淑艾者」，未及門之墨者夷之，庶幾近之。

惟「教亦多術」，（告子下）教者固「因材施教」，學者未必能盡知其學，以公孫丑之賢，尚謂「道則高矣，美矣，宜若登天然，似不可及也，何不使彼爲可幾及，而日孳孳也？」（盡心上）公孫丑似乎嫌孟子教學目標太高，何不降低一點，使學者認爲可以達到目標，而努力用功，也許是要求孟子將教學方法簡易一點，使學者易懂易解，一目瞭然，孟子則曰：「大匠不爲拙工改廢繩墨，羿不爲拙射變其彀率，君子引而不發，躍如也，中道而立，能者從之」（同上註）。孟子似乎認爲他的教學目標與方法都對，能夠學的人，自然可以學習，否則，也難勉強，因爲「大匠誨人必以規矩，學者亦必以規矩」，「羿之教人射，必志于彀，學者亦必志于彀。」（告子上）但大匠雖「能與人規矩，不能使人巧」。（盡心下）故曰：「君子深造之以道，欲其自得之也，自得之，則居之安，居之安，則資之深，資之深，則取之左右逢其源，故君子欲其自得之也」。（離婁下）

自得之道爲何？

1.立志　孔子曰：「士志于道」，「王子墊問曰：士何事？孟子對曰：尚志。曰：何謂尚志？曰：仁義而已矣」。（盡心上）孟子之仁義，卽孔子之道，均教學者爲學，必先確定爲學之最高目標，懸的以赴之也。

2.專心　「學問之道無他，求其放心而已矣。」（告子上）孟子以弈爲譬，說「弈之爲數，小數也，不專心致志，則不得也，弈秋，通國之善弈者也，弈秋誨二人弈，其一人專心致志，惟弈秋之爲聽，一人雖聽之，一心以爲有鴻鵠將至，思援弓繳而射之，雖與之俱學，弗若之矣」。（同上註）

3.深思　孔子曰：「學而不思則罔」，專心向學，可以博學，欲求其融會貫通，由博而約，非深思明辨不可，故曰：「思則得之，不思則不得也」。（同上註）又曰：「博學而詳說之，將以反說約也」。（離婁下）「詳說」者，卽闡明其義理，再三思辨之意，然「思而不學則殆」，故孟子又云：「守約而施博者，善道也」。（盡心下）卽由約而博，思而多學之意，此與孔子教人「學思並重」之法相類似也。

4.有恆　孟子曰：「雖有天下易生之物也，一日暴之，十日寒之，未有能生者也」。（告子上）「易生之物」尚不可以一暴十寒，爲學欲其有成，必孳孳不輟，無間始終。「辟若掘井，掘井九軔而不及泉，猶爲棄井也」。（盡心上）「君子之志于道也，不成章，不達」。（同上註）皆勉人爲學，萬不可稍有懈怠，致「功虧一簣」也。

最後就教育目的言：

孟子曰：「夫人幼而學之，壯而欲行之」（梁惠下）。所學者仁義（道），欲行者亦仁義（道），孟子又曰：「有天爵者，有人爵者，仁義忠信，此天爵也，公卿大夫，此人爵也，古之人，修其天爵，而人爵從之，今之人修其天爵，以要人爵，旣得人爵，而棄其天爵」。（告子上）古人今人修天爵之科目雖相同，但一則以天爵爲目的，雖人爵從之，然終不忘其所學之道，一則以天爵爲手段，要其人爵，而棄其所學之道，大概古爲「君子之儒」，今爲「小人之儒」，孟子教人當以君子之儒爲本，故仍本孔子「隱居以求其志，行義以達其道」之義，而曰：「天下有道，以道殉身，天下無道，以身殉道」。（盡心下）所謂「古之人，得志澤加于民，不得志，修身見于世，窮則獨善其身，達則兼善天下」（盡心上）而已。

然此種「以道殉身」或「以身殉道」之人，其造就已臻于聖賢之境。教育之最高目的，固皆使人趨于至善，然未必人人可達此目的。浩生不害問樂正子爲何如人？「孟子曰，善人也，信人也。何謂善？何謂信？曰：可欲之謂善，有諸己之謂信，充實之謂美，充實而有光輝之謂大，大而化之之謂聖，聖而不可知之之謂神。樂正子，二之中，四之下也」。（盡心下）是孟子顯示人有善、信、美、大、聖、神六等，想亦以此爲作育人材之鵠的。

樂正子爲孟子得意弟子，聞魯欲使之爲政，曾「喜而不寐」（告子下），以樂正子之賢，猶不過「善」「信」中人，其距美、大、聖、神遠矣！何況賢不及樂正子者乎？則孟子對其門徒之期望，當退而求其次矣。是以藉孔子之教，謂「不得中道而與之，必也狷乎？狂者進取，狷者有所不爲也。孔子豈不欲中道哉？不可必得，故思其次也……狂者又不可得，欲得不屑不潔之士而與之，是狷也，是又其次也」。（盡心下）此殆孟子當時作育人材之次一目標歟？

更有人謂「孟子所願則學孔子，何嘗非狂者之志？不枉尺而直尋，何嘗非狷者之潔？孟子可謂中道矣，而仍不離乎狂狷也。宋儒持論好高，是其狂也，立身多介，是其狷也。」（註五五）是狂狷之士，亦儒家正統學人，孟子作育之旨，亦合于聖道矣。

以上所論孟子之倫理與教育思想，皆導源于性善之說，而倫理與教育思想，又爲其政治經濟思想之先河，故擁戴孟子最力之程子謂「孟子有大功于世以其言性善也」；（註五六）而反對孟子最力之荀子，乃創性惡之說，欲從根本上排除孟學。其實言性之善惡問題，先于孟荀者，有周人世碩、宓子賤、漆雕開、公孫尼子等，（註五七）後于孟荀者，有揚子雲、董仲舒、韓昌黎、司馬光、王安石、蘇子由等（註五八），皆無絕對之定論，與孟子同時而主張「性無善無不善」之告子，可謂孟荀對立之折衷派，其說亦前繼世子人性有善有惡之說，後開揚子人性善惡混之端，故吾人於研究孟子學說，不必強辯其性善之說，是否爲千古定論，姑且假定之爲「是」，則孟子之學方有立論根據，吾人研究其學說者，方有端緒可尋，否則，牽一髮而動全身，則孟子之學，將無從着手矣。

以下試將其政治與經濟思想，次第探究之。

(三) 政治思想

史記孟荀列傳曰：「孟軻，鄒人也，受業子思之門人，道既通，游事齊宣王，宣王不能用，適梁，梁惠王不果所言，則見以爲迂遠而濶于事情，當是之時，秦用商君，富國彊兵，楚魏用吳起，戰勝弱敵，齊威王宣王用孫子田忌之徒，而諸侯東面朝齊，天下方務于合從連橫，以攻伐爲賢，而孟軻乃述唐虞三代之德，是以所如者不合，退而與萬章之徒，序詩書，述仲尼之意，作孟子七篇」。此寥寥百餘字，把孟子在政治上失敗的原因，說得淸淸楚楚，蓋彼時政治人物，多爲法家、兵家、縱橫家，這些人都是講「現實主義」的，孟子獨標榜唐虞三代的「理想主義」，其不見信于當道，實「曲高和寡」故也！

當時現實派的政治主張，在富國強兵，戰勝攻取，其可望而不可卽之事業，爲齊桓晉文，除虎狼之秦外，鮮有「吞併四海，囊括八荒」之志者，而孟子的理想，則以大一統爲務，不論何國，只須其行仁義之政，便可以步湯文後塵或以七十里，或以百里而王天下，有人謂：其時「天子在上，而孟子游于諸侯，皆說以王道，湯文武所以得天下之說，未聞一言以獎周室」（註五九），與孔子尊周者，大異其趣。蓋此時周室衰微，不可救藥，舊秩序之不能恢復，已成定局，現有秩序，亦不能滿足各國朝野希望，救生民如水火，無已，只有以建立新秩序爲標榜，其理想雖高，在深信人性至善之孟子，何能挾以暴易暴之觀念，而主張武力統一乎？茲將孟子理想主義的政治主張，概述于下：

1. 行仁義　孟子仁義之政簡稱「仁政」，或曰「王政」，綜括言之，名爲「王道」，以別于「霸道」。「孟子見梁惠王，王曰：叟，不遠千里而來，亦將有以利吾國乎？孟子對曰：王何必曰利？亦有仁義而已矣。」（梁惠上）梁惠王之所謂「利吾國」，大概是想孟子替他出計運謀，以雪其屢戰屢敗之恥，故曰：「晉國，天下莫強焉，叟之所知也，及寡人之身，東敗于齊，長子死焉！西喪地於秦，七百里，南辱于楚，寡人恥之，願比死者一洒之，如之何則可？」（梁惠上）或者是想孟子替他開闢土地，增殖人民，故曰：「寡人之于國也，盡心焉耳矣，河內凶，則移其民於河東，移其粟于河內，河東凶亦然。察鄰國之政無如寡人之用心者，鄰國之民不加少，寡人之民不加多，何也？」（同上註）不知其所仰望于孟子者，皆孟子深惡痛絕之事。孟子認爲「今之事君者曰：我能爲君辟土地，充府庫，今之所謂良臣，古之所謂民賊也。君不鄉道，不志于仁，而求富之，是富桀也！我能爲君約與國，戰必克，今之所謂良臣，古之所謂民賊也。君不鄉道，不志于仁，而求爲之強戰，是輔桀也！」（告子下）梁惠王以當時一般現實派的政治家待孟子，豈知孟子爲一理想派的人物，故對曰：「地方百里而可以王，王如施仁政于民，省刑罰，薄稅歛，深耕易耨，壯者以暇日修其孝弟忠信，入以事其父兄，出以事其長上，可使制梃以撻秦楚之堅甲利兵矣。彼奪其民時，使不得耕耨以養其父母，父母凍餓，兄弟妻子離散，彼陷溺其民，王往而征之，夫誰與王敵？故曰：仁者無敵，王請勿疑」。（梁惠上）惠王終不能用之，其子襄王，「望之不似人君」（同上註）更不能用之。

醉心齊桓晉文事業如齊宣王者，孟子亦曾以「王政」說之。其言曰：「昔者文王之治岐也，耕者九一，仕者世祿，關市譏而不征，澤梁不禁，罪人不孥，老而無妻曰鰥，老而無夫曰寡，老而無子曰獨，幼而無父曰孤，此四者，天下之窮民而無告者，文王發政施仁，必先斯四者，詩云：哿矣富人，哀此煢獨」。（梁惠下）齊宣王心雖善之，亦託辭以拒之。孟子去齊，遲遲其行，王竟不予追之，孟子方「浩然有歸志。」（公孫丑）

齊梁皆當時之大國，孟子「仁政」理想，不得實行於齊梁，非孟子之不幸，實齊梁之不幸，孟子所謂「王若用予，則豈徒齊民安，天下之民舉安」（同上註）矣。「壤地狹小」，「間於齊楚」之滕文公，欣聞孟子仁政之說，固曾嘗試之矣，惜乎當時局勢，已非太王居邠之日，尚有梁山可踰，岐山可邑，而能免于強敵之侵陵，可以從容施行仁政，不虞吞併滅亡之禍也。故「仁政」之在滕國，亦無赫赫之功。

孟子既無直接施行仁政之機會，亦欲以其主張影響當時熙熙攘攘之其他政治家，使之得有間接施行之際遇。「宋牼將之楚，孟子遇于石丘，曰：先生將何之？曰：吾聞秦楚構兵，我將見楚王說而罷之，楚王不悅，我將見秦王說而罷之，二王我將有所遇焉。曰：軻也請無問其詳，願聞其旨，說之將何如？曰：我將言其不利也。曰：先生之志則大矣，先生之號則不可。先生以利說秦楚之王，秦楚之王悅於利，以罷三軍之師，是三軍之士，樂罷而悅於利也。爲人臣者，懷利以事其君，爲人子者，懷利以事其父，爲人弟者，懷利以事其兄，是君臣父子兄弟，終去仁義，懷利以相接，然而不亡者，未之有也。先生以仁義說秦楚之王，秦楚之王悅於仁義，而罷三軍之師，是三軍之士，樂罷而悅于仁義也。爲人臣者，懷仁義以事其君，爲人子者，懷仁義以事其文，爲人弟者，懷仁義以事其兄，是君臣父子兄弟，去利懷仁義以相接也。然而不王者，未之有也。何必曰利？」（告子下）我們不知宋牼當時之反應如何？然孟子欲以仁義救世之心，則無時或忘，概可知矣。

2.得民心　孟子之仁政，在得民心，因戰國之時，爭地爭城，殺人強戰，眞是「王者之不作，未有疏于此時者也！民之憔悴于虐政，未有甚于此時者也！饑者易爲食，渴者易爲飲，孔子曰：德之流行，速于置郵而傳命。當今之時，萬乘之國，行仁政，民之悅之，猶解倒懸也」。（公孫丑上）「湯以七十里，文王以百里」（同上註）而王，非以力服人，而以德服人也。否則，易德爲暴，雖有天下，亦難保之。所謂「桀紂之失天下也，失其民也，失其民者，失其心也，得天下有道，得其民，斯得天下矣！得其民有道，得其心斯得民矣！得其心有道，所欲與之，聚之，所惡勿施爾也。」（離婁上）此likely所謂人情莫不欲壽，三王生之而不傷，人情莫不欲富，三王厚之而不困，人情莫不欲安，三王扶之而不危，人情莫不欲逸，三王節其力而不盡。」（註六〇）戰國時，戰爭不息，是傷民命也，橫征暴斂，是奪民財也，轉徙流離，是危民生也，徭役繁興，是竭民力也，要之皆害民之政，猶穿踰之盜也。故孟子曰：「人能充無欲害人之心，而仁不可勝用也，人能充無穿踰之心，而義不可勝用也」（盡心下）。仁義不可勝用，庶幾可以「得乎丘民而為天子」矣，（同上註）此所以「民為貴」也。（同上註）

3. 尊賢能

「徒善不足以為政，徒法不能以自行」，（離婁上）任何良好的政治理想或政治制度，均有「人存政舉，人亡政息」之慮，故孟子曰：「不信仁賢，則國空虛」，（盡心下）「賢者在位，能者在職」（公孫丑上）可使大國畏之。商湯之聖，「立賢無方」，（離婁下）以周公之智，求才若渴，「一沐三握髮，一飯三吐哺」，其尊賢下士可知。惟天下有道之時，在上者，多為大德大賢之主，在下者，則為小德小賢之臣，故曰：「天下有道，小德役大德，小賢役大賢」。（離婁上）至天下無道之時，主昏臣闇，賢能之士，不免高蹈遠隱，所謂「危邦不入，亂邦不居」，（論語泰伯）此時若有一大有為之君，欲撥亂反正，其欲羅致賢能，以為輔弼，必急如星火，然賢能之士，往往自尊自重，不肯輕于出仕，必須有道之主，再三禮聘之，方允為之助，如文王之于太公，劉備之於武侯是也。

然亦有數聘不往，願「處畎畝之中」，自「樂堯舜之道」，終而幡然悔悟，「思天下之民，匹夫匹婦，有不被堯舜之澤者，若己推而內之溝中」，與其處畎畝之中，自樂堯舜之道，實不若使是君爲堯舜之君而親見之，此伊尹之「就湯而說之，以伐夏救民」，故彼曰：「天之生此民也，使先知覺後知，使先覺覺後覺，予天民之先覺者也，予將以斯道覺斯民也，非予覺之而誰也」。（萬章上）孔孟之栖栖皇皇，周遊列國以奸時君者，亦有伊尹之遺風，欲以「先知覺後知，先覺覺後覺也」。

然亂離之際，賢僞並出，國君縱欲進賢而退不肖，又何從辨其眞僞乎？孟子似已有見及此，故對齊宣王曰：「左右皆曰賢，未可也，諸大夫皆曰賢，未可也，國人皆曰賢，然後察之，見賢焉，然後用之。左右皆曰不可，勿聽，諸大夫皆曰不可，勿聽，國人皆曰不可，然後察之，見不可焉，然後去之」。（梁惠下）

惟賢能之士，旣經登庸之後，臣固應事君以忠，君更應待臣以禮，以是孟子又告齊宣王曰：「君之視臣如手足，則臣視君如腹心，君之視臣如犬馬，則臣視君如國人，君之視臣如土芥，則臣視君如寇讎」。（離婁下）惜乎，天下無道之時，在上者往往恃其權勢，以「小役大，弱役強」（離婁上）之心理，而奴使其臣民，不肖者強顏爲歡，讒諂面諛，賢而能者，則望望然而去之，欲求天下之治，其可得乎？

4. 來庶民　哀公問政于孔子，子曰：「凡爲天下國家有九經……來百工也，柔遠人也……」（中庸）俱列九經之中。「葉公問政，子曰：「近者說，遠者來」。（論語子路）何以「來」之？何以柔而說之？孔子均未言其故，孟子言之較詳，他認爲當時的政情，是「庖有肥肉，廐有肥馬，民有飢色，野有餓莩」，（滕文下）在上的生活，極端奢侈，「堂高數仞，榱題數尺，……食前方丈，侍妾數百人……般樂飲酒，驅騁田獵，後車千乘」，（盡心下）在下的生活，則救死不贍，「仰不足以事父母，俯不足以畜妻子，樂歲終身苦，凶年不免於死亡」（梁惠上）。他說這是「率獸食人」的暴政，「苟行王政，四海之內，皆舉首而望之」，（滕文下）故他對梁惠王說：「今王發政施仁，使天下仕者，皆欲立于王之朝，耕者皆欲耕于王之野，商賈皆欲藏于王之市，行旅皆出于王之塗，天下之欲疾其君者，皆欲赴愬于王，其若是，孰能禦之」。（同上註）然此皆說的是抽象的仁政原則，未有觸及仁政的內容，比較具體的說法是：「尊賢使能，俊傑在位，則天下之士，皆悅而願立於其朝矣，市、廛而不征，法而不廛，則天下之商，皆悅而願藏於其市矣！關譏而不征，則天下之旅，皆悅而願出於其路矣，耕者助而不稅，則天下之農，皆悅而耕于其野矣，廛無夫里之布，則天下之民，皆悅而願爲之氓矣。信能行此五者，則鄰國之民，仰之若父母矣」。（公孫丑上）總而言之，選用賢能，實行仁政，貨物與市宅稅只征其一，關稅豁免，助耕者免其自耕田地之稅，不耕之地與無常業者，皆無力役之征，以昭蘇民困。可是戰國之時，朝廷內習于奢靡，外疲于戰爭，費用日繁，需求日多，除橫征暴斂外，何以應付緩急？孟子雖有仁心仁言，究無仁術以起政治上之沉疴，當局者，雖明知其現行政策爲飲鴆止渴，然各國皆溺于鴆毒，無法出此陷阱，孟子苦口婆心，一方曉之以仁義，一方也誘之以美麗之遠景，謂四方之民，均將欣然來歸，仁者將「無敵于天下」，(同上註)即是說，如有對外戰爭，其人民皆以爲「將拯己于水火之中也，簞食壺漿，以迎王師」矣(梁惠下)，此之謂義戰。

孟子曰：「春秋無義戰」(盡心下)，戰國當更無義戰，因彼此皆爲不仁之君，惟仁者之師，方能以義戰名。「國君好仁，天下無敵焉，南面而征，北狄怨，東面而征西夷怨，曰：奚爲後我？」(同上註)是以「湯一征，自葛始，天下信之，……民望之若大旱之望雲霓也，歸市者不止，耕者不變，誅其君而弔其民，若時雨降，民大悅，書曰：徯我后，后來其蘇」。(梁惠下)孟子欲得一可以爲湯武之君，而試行其仁政，惜乎當時之君，無一足以語此，殆天命歟?!此誠孟子所謂「行止非人所能也，吾之不遇魯侯，天也！」(梁惠下)

以是孟子之政治思想，於「仁政」之說以外，又有「天與賢則與賢，天與子，則與子」(萬章上)之論，而謂堯舜禪讓，夏禹傳子，皆有天意存焉。至桀紂之亡，亦「天之所廢」也。(同上註)然太誓曰：「天視自我民視，天聽自我民聽」，「天與之」，不啻「人與之」(同上註)則天廢之，亦不啻人廢之，孟子政治思想，以民意爲本，以天意爲歸，殆即「天人合一」之哲學歟？

（四）經濟思想

在上文政治思想上，言及仁政具體內容，曾觸及其「薄稅斂」政策，然此僅屬財政方面之措施，未足以語乎孟子全部經濟思想。

孟子全部經濟思想，亦當以仁政爲本，比較具體的說法，一爲「保民」，一爲「養民」。他一則曰：「保民而王，莫之能禦也」（梁惠王上），再則曰：「使民養生喪死而無憾，王道之始也」。（同上註）何謂「保民」？似爲經濟的根本政策，何謂養民？似爲經濟的應急政治，一爲「治本」，一爲「治標」，先論其標，再論其本。

⑴養民

1. 恆產　「民之爲道也，有恆產者有恆心，無恆產者無恆心，苟無恆心，放辟邪侈，無不爲己。及陷乎罪，然後從而刑之，是罔民也，焉有仁人在位，罔民而可爲也。」（滕文上）

有恆產者，不一定有恆心，必須其恆產足以養生喪死。可是「今也制民之產，仰不足以事父母，俯不足以畜妻子，樂歲終身苦，凶年不免于死亡，此惟救死而恐不贍，奚暇治禮義哉」？「是故明君制民之產，必使仰足以事父母，俯足以畜妻子，樂歲終身飽，凶年免于死亡，然後驅而之善，故民之從之也輕」。（梁惠王上）

2.農時　有了恆產，還要遵守農時，使民得有耕牧之收獲。所謂「五畝之宅，樹之以桑……鷄豚狗彘之畜，無失其時，……百畝之田，無奪其時」，(梁惠上)然後「五十者可以衣帛，……七十者可以食肉，……數口之家，可以無饑……頒白者不負戴于道路。」(同上註)

若再進一步「不違農時，穀不可勝食也，數罟不入洿池，魚鼈不可勝食也，斧斤以時入山林，材木不可勝用也……是使民養生喪死無憾也」。(梁惠上)

3.救急　仁者「樂民之樂」，「憂民之憂」，(梁惠下)春秋二季，皆農民經濟困乏，需要救濟之時，「春省耕而補不足，秋省斂而助不給」，(同上註)使饑者得食，勞者得息，尤其是對鰥、寡、孤、獨四種窮苦無告之民，須效文王發政施仁，先予救濟。古時王者春秋巡行郊野，察民隱痛，隨時予以救助，「夏諺曰：吾王不遊，吾何以休？吾王不豫，吾何以助？」(同上註)此由天子出巡所施德政，使人受惠無窮，發爲感德歌頌之辭也。

4.薄賦　孟子曰：「易其田疇，薄其稅斂，民可使富也，食之以時，用之以禮，財不可勝用也」。(盡心上)其意在節用、薄賦，「是故賢君必恭儉，禮下，取于民有制」。(滕文上)如「布縷之征，粟米之征，力役之征」(盡心下)要「用其一，緩其二」，方爲有制，否則，民有餓殍而父子離散矣。政治上的「省刑罰」，經濟上的「薄稅斂」(梁惠上)同爲仁政的重要措施。孟子曾反覆言之。

惟「恆產」與「農時」，含有積極的意義，「救急」與「薄賦」則只有消極的意義，可是其目的均在使民稍有積蓄，藏富于民，以防意外之災，故孟子曰：「周於利者，凶年不能殺」。（盡心下）有人謂孟子對梁惠王「何必曰利」是反對利的，何以自己反說「周于利」，是否其仁政理論有矛盾？愚意以爲孟子所反對之「利」，是從政治上根本主張言也，此處所言之利，則從經濟政策上言也。施行仁政之目的，就在使人民生活得以改善，焉能諱言經濟上之利益，不使人民家給戶足耶？

(2)保民

保有「保護」，「保障」，「保育」之意，書曰：「若保赤子，惟民其康乂」，（註六一）故「保民」較「養民」爲更重要。孟子「保民」的經濟政策，一爲分工，二爲井田，分別言之于下。

1.分工　孔子在經濟上是主張分工的，即士農工商，各習一業，孟子師其意，分爲「君子」，「野人」兩類，「君子」爲「大人」，「野人」爲「小人」；「君子」勞心，小人「勞力」，「勞心者治人，勞力者治于人，治于人者食人，治人者食于人」（滕文上）所謂「無君子莫治野人，無野人莫養君子。」（同上註）

「有爲神農之言者許行，自楚之滕，踵門而告文公曰：「遠方之人，聞君行仁政，願受一廛而爲氓。文公與之處，其徒數十人，皆衣褐，捆屨織席以爲食。陳良之徒陳相，與其弟辛，負耒耜而自宋之滕，曰：聞君行聖人之政，是亦聖人也，願爲聖人氓。陳相見許行而大悅，盡棄其學而學焉。陳相見孟子，道許行之言曰：滕君，則誠賢君也，雖然，未聞道也，賢者與民並耕而食，饔飧而治，今也滕有倉廩府庫，則是厲民而以自養也。惡得賢？孟子曰：許子必種粟而後食乎？曰：然。許子必織布而後衣乎？曰：否。許子衣褐。許子冠乎？曰：冠。曰：奚冠？曰：冠素。曰：自織之與？曰：否，以粟易之。曰：許子奚爲不自織？曰：害于耕。曰：許子以釜甑爨，以鐵耕乎？曰：然。自爲之與？曰：否。以粟易之。以粟易械器者，不爲厲陶冶，陶冶亦以其械器易粟者，豈爲厲農夫哉？且許子何不爲陶冶？舍皆取諸其宮中而用之，何爲紛紛然與百工交易？何許子之不憚煩？曰：百工之事，固不可耕且爲也。然則治天下獨可耕且爲與？有大人之事，有小人之事，且一人之身，而百工之所爲備，如必自爲而後用之，是率天下而路也。」(同上註)許子大概是一位泛勞動的無政府主義者，有人說他是墨翟再傳弟子，認爲治者取給于民，是剝削人民以自養，孟子從分工合作的觀點上以駁斥許子不明經濟分配之理，欲使陳相之兄弟，無忘師訓，棄其所學仲尼之道。

然許行議論，如「布帛長短同，則賈相若，麻縷絲絮輕重同，則賈相若，五穀多寡同，則賈相若，屨大小同，則賈相若」。(同上註)雖不近人情，但極新穎，可以惶惑一般人，好像現代西洋的社會主義，初入中國，使不少人爲之瘋狂一樣。其影響所及，連孟子之學生，亦不免有受其蠱惑者。

如彭更問孟子說：「後車數十乘，從者數百人，以傳食於諸侯，不亦泰乎」？（滕文下）孟子仍以分工合作之理告之。曰：「子不通功易事，以羨補不足，則農有餘羨，女有餘布。子如通之，則梓匠輪輿皆得食於子。於此有人焉，入則孝，出則悌，守先王之道，以待後之學者，而不得食於子，子何尊梓匠輪輿，而輕爲仁義者哉？」（滕文下）彭更以爲梓匠輪輿固與農夫農婦通功易事，可以食而無愧，却尚懷疑說仁講義之君子，不能以此爲求食之具，實只知百工間之小分工，不知「君子」與「小人」間之兩大分工也。

2.井田　滕「使畢戰問井田。孟子曰：……夫仁政，必自經界始，經界不正，井地不鈞，穀祿不平。是故暴君汚吏，必慢其經界，經界既正，分田制祿，可坐而定也。」（滕文上）

正經界之目的在「方里而井，井九百畝，其中爲公田，八家皆私百畝，同養公田，公事畢，後然敢治私事，所以別野人也。（同上註）

井田的好處，使野人能聚集在一起享有恆產，生活有保障，「死徙無出鄉，鄉田同井出入相友，守望相助，疾病相扶持，則百姓親睦。」（同上註）

惟其時秦用商鞅，開阡陌，初爲賦，是廢公田爲私田矣。而且孔子未生之時，魯已稅畝，是公田制度，早已破壞，孟子生于孔子百餘年後，猶主張復井田，是否能有效實行？

未免令人懸懸矣！

× × × × ×

仁政思想，「保民」、「養民」之外，尚有「教民」之說，因「善政不如善教之得民也，善政民畏之，善教民愛之，善政得民財，善教得民心」。（盡心上）是以孟子屢言經濟政策時，兼及教育，一則曰：「謹庠序之教，申之以孝悌之義」（梁惠上）再則曰：「王如施仁政于民……壯者以暇日修其孝悌忠信，入以事其父兄，出以事其長上」。（同上註）蓋恐「飽食煖衣，逸居而無教，則近于禽獸」（滕文上）猶之「后稷教民稼穡，樹藝五穀，五穀熟而民人育……聖人有憂之，使契爲司徒，教以人倫，父子有親，君臣有義，夫婦有別，長幼有序，朋友有信」。（同上註）孟子言必稱堯舜，對禹湯文武之善政，亦稱頌不已，其政治，經濟，甚至倫理，教育思想，雖淵源于孔子，然均有「法先王」之深意存乎其間。與其學說思想處于相對立地位的荀子，主張「法後王」，蓋有由也。

二、行　誼

「或門於程子曰：孟子還可謂聖人否?程子曰：未敢便道他是聖人，然學已到至處」。又曰：「孟子有些英氣，纔有英氣，便有圭角，英氣甚害事，如顏子便渾厚不同。顏子去聖人只毫髮間，孟子大賢，亞聖之次也。或曰：英氣見于甚處?曰：但以孔子之言比之，便可見。且如冰與水精，非不光，比之玉，自是有溫潤含蓄氣象，無許多光耀也」（註六二）由程子之簡練答語，卽可想見孟子爲人之大概，試師其意，揣摩孟子抱負，處世，修養與德望焉。

（一）抱負

孔子以「天生德於予」自況，孟子早有繼承聖業之大志，其周遊列國，亦有孔子之遺風，綜其行事，可窺其平生之志節。

1. 行道　孟子曾說：「夫天，未欲平治天下也，如欲平治天下，當今之世，舍我其誰也！」（公孫丑下）其所謂「平治天下」者，蓋欲以仁義之道，施行于天下，造成一王道世界的大一統之局。梁襄王問他「天下惡乎定？」他說：「定于一」。「孰能一之，對曰：不嗜殺人者能一之。孰能與之？對曰：天下莫不與也！」（梁惠上）他以爲一行仁政，天下之民皆歸心焉，自然像文武二王建立的西周大一統局面，可重見于中國。他的學生公孫丑問他：「夫子當路於齊，管仲晏子之功，可復許乎？」（公孫丑上），他認爲公孫丑太小看了他，假於他如管晏當日得君之專，「以齊王，猶反守也」。因古昔「夏后殷周之盛，地未有過千里者也」。（同上註）今日齊國地廣民衆，「行仁政而王，莫之能禦也。」（同上註）是以孟子去齊，遲遲其行，很想齊王挽留他。其學生有尹士者大發牢騷說：「不識王之不可以爲湯武，則是不明也，識其不可，然且至，則是干澤也，千里而見王，不遇故去，三宿而後出晝，是何濡滯也，士則茲不悅」。(公孫丑上) 孟子聞之，感慨萬千的說：「千里而見王，是予所欲也，不遇故去，豈予所欲哉？余不得已也！」(同上註) 蓋齊爲當時建立理想王國之最好的國家，捨此而他往，其行道之機會渺茫矣！

2.傳道　孟子曾說：「故將大有爲之君，必有所不召之臣，欲有謀焉，則就之，其尊德樂道，不如是，不足與有爲也」(公孫丑下)。當時未聞有一「大有爲之君」，曾親往就教于孟子，如「湯之于伊尹，學焉而後臣之者」(同上註)，孟子何以不憚其煩而親往各國，「移樽就教」？蓋孟子之意，得志則行其道，不得志則傳其道，故彼對齊宣王，梁惠王，滕文公皆反覆申言王政之內容，與其實行後之必然的效果，甚至對「望之不似人君，就之而不見所畏焉」(梁惠上) 的梁襄王，亦能近取譬，告以「不嗜殺人」的王道，可以使天下之民歸心，並沒有像對其父親梁惠王那樣，開口就談仁義，因恐其不懂「仁義」是何意義，故以天旱苗槁，人民盼望下雨作譬，以曉諭之，這就如同現今的傳教士一樣，對無知的聽衆，不講聖經的深奧道理，而用些通俗的言辭，淺近的比喻來說教，是一樣的用心。

到了道不行，退而講學時，更是以「傳道」爲專業，且其前後精神一貫，始終反道霸政。在齊時，宣王問他：「齊桓晉文之事，可得聞乎？孟子對曰：仲尼之徒，無道桓文之事者，是以後世無傳焉，臣未之聞也，無以則王乎？」(梁惠上) 其實他何曾不曉得孔夫子也說過：「晉文公譎而不正，齊桓公正而不譎」，「管仲相桓公、覇諸侯，一匡天下，民到如今受其賜」（論語憲問）。但是此一時，彼一時，春秋時的尊王攘夷之覇政，已不能適應戰國之整個局面，非另起爐灶，重建王政新秩序不可。及至講學時，故對公孫丑之讚美「管仲以其君覇，晏子以其君顯」（公孫丑上），他認爲管晏也不足取，「當今之時，萬乘之國，行仁政，民之悅之，猶解倒懸也，故事半古之人，功必倍之，惟此時爲然。」（同上註）

3. 衞道　孟子之「祖述堯舜，憲章文武」，亦如孔子，在他的心目中，王道與孔道是二而一的，凡不合乎孔子之道者，都是異端，邪說，對許行的泛勞動主義，固然厭惡，對當時極爲流行的楊墨之言，更爲反對。他說：「聖王不作，諸侯放恣，處士橫議，楊朱墨翟之言盈天下，天下之言不歸楊，則歸墨，楊氏爲我，是無君也，墨氏兼愛，是無父也，無父無君，是禽獸也……楊墨之道不息，孔子之道不著，是邪說誣民，充塞仁義也，仁義充塞，則率獸食人，人將相食」。（滕文下）「楊氏爲我」，是否無君？「墨氏兼愛」，是否無父？那屬學理爭執問題，不予深論，惟就孔子之學以觀，君與父均在五倫之內，人之所以異於禽獸者，就因其有此五倫之教，凡缺五倫之一者，均可視之爲禽獸，孔子罵當時無君之隱者爲鳥獸，則孟子罵楊墨爲禽獸，亦有所本矣。孟子把邪說之徒當作洪水，猛獸，夷狄，亂臣賊子，而欲效大禹之平治洪水，周公之「兼夷狄，驅猛獸」，孔子之作春秋的精神，以闢斥邪說，故曰：「我亦欲正人心，息邪說，距詖行，放淫辭，以承三聖者，豈好辯哉？予不得已也」。(同上註)他爲捍衞孔子之道，並號召一般人都起來攻擊楊墨，「能言距楊墨者，聖人之徒也」(同上註)，其對楊墨學說之深惡痛絕可知矣。

許行，楊墨於當時政治，不無影響，孟子力予反對，固矣！但對政治上無大關係之消極遁世的陳仲子，「以兄之祿爲不義之祿而不食，以兄之室爲不義之室而不居，避兄離母，處于於陵」，「身織屨，妻辟纑」(同上註)飢餓度日，孟子亦以其不合常道，而斥爲丘蚓之操，誠中道而行之「衞道」志士也。

4. 建統　推孟子之心，果何爲哉？蓋欲深溝高壘，建一孔學之道統，排衆說以成其大，息浮辭以宗其道，使萬流景仰，天下後世，歸心孔子而已。其後韓愈繼之闡揚道統論，謂孟子爲孔子唯一傳人之醇儒。他說：「聖人之道不傳于世，周之衰，好事者各以其說奸時君，紛紛籍籍相亂，六經與百家之說錯雜，然老師大儒猶在，火于秦，黃老于漢，其存而醇者，孟軻氏而止耳。孟氏醇乎醇者也，荀與揚大醇而小庇」。(註六三)

又說：「博愛之謂仁，行而宜之之謂義，由是而之焉之謂道。足乎己無待於外之謂德……斯道也……堯以是傳之舜，舜以是傳之禹，禹以是傳之湯，湯以是傳之文武周公，文武周公傳之孔子，孔子傳之孟軻，軻之死不得其傳焉。荀與揚也，擇焉而不精，語焉而不詳」。(註六四)至韓愈之說出，而孔孟之道統乃建，孟子之心願得遂，韓愈實爲孟子第一功臣也。

（二）處世

1.效法子思　孟子爲子思嫡傳弟子，其出世行道，不效孔子之謙遜，而法子思之矜持。「繆公亟見于子思，曰：古千乘之國，以友士何如？子思不悅曰：古之人有言曰：事之云乎？豈曰友之云乎？子思之不悅也，豈不曰：以位，則子君也，我臣也，何敢與君友也，以德則子事我者也，奚可以與我友？」（萬章下）故孟子曰：「說大人，則藐之，勿視其巍巍然」。（盡心下）蓋「彼以其富，我以吾仁，彼以其爵，我以吾義，吾何慊乎哉？」（公孫丑下）以是孟子周遊列國，亢而不卑，以一種「富貴不能淫，貧賤不能移，威武不能屈」（滕文下）的大丈夫態度，周旋于各君之間。景丑對孟子說：「父子主恩，君臣主敬，丑見王之敬子也？未見所以敬王也。曰：惡，是何言也？齊人無以仁義與王言者，豈以仁義爲不美也？其心曰：是何足與言仁義云爾，則不敬莫大乎是，我非堯舜之道，不敢陳于王前，故齊人莫如我敬王也」。（公孫丑下）這當然是一種交際辭令，其實孟子對當時國君，是不很尊敬的，觀其見梁襄王後出語人曰「望之不似王君」，即可想見。孔子固言「衞靈公之無道」（憲問），但就其政治上言也，未聞對其形貌容態之生理現象有所指責者，孟子曾云：「言人之不善，當於後患何？」（離婁下），不知何以有此忘乎其形之言談也？

2.交誼拘禮　陳臻問孟子曰：「前日于齊王餽兼金一百不受，於宋，餽七十鎰而受，於薛，餽五十鎰而受，前日之不受是，則今日之受非也，今日之受是，則前日之不受非也，夫子必居一於此矣。孟子曰：皆是也，當在宋也，予將有遠行，行者必以贐，辭曰餽贐，予何爲不受？當在薛也，余有戒心，辭曰聞戒，故爲兵餽之，余何爲不受？若於齊，則未有處也，無處而餽之，是貨之也，焉有君子而可以貨取乎」？（公孫丑下）故曰：「可以取，可以無取」。（萬章下）

「孟子居鄒，季任爲任處守，以幣交，受之而不報。處於平陸，儲子爲相，以幣交，受之而不報，他日由鄒之任見季子，由平陸之齊不見儲子。屋廬子喜曰：連得間矣！問曰：夫子之任見季子，之齊不見儲子，爲其爲相與？曰：非也。書曰：享多儀，儀不及物，曰：不享，惟不役志于享，爲其不成享也。」（告子下）意謂送禮要禮到敬意到，禮到而敬意未到，等于未送，「屋廬子悅，或問之，屋廬子曰：季子不得之鄒，儲子得之平陸」（同上註）卽季任爲任君留守，不能出國往見孟子，儲子可以至平陸而不去見孟子，故孟子之任往拜季子，之齊不見儲子，蓋「其交也以道，其接也以禮」（萬章下）。惟季子與儲子之餽贈，究竟以何種名義餽之，「贐餽」乎？「兵餽」乎？亦「無處」而餽之乎？惜乎屋廬子未將陳臻之問與之合而問之，以釋疑于後世也。

孟子對一般同僚交誼，亦甚謹秩。「公行子有子之喪，右師往弔，入門，有進而與右師言者，有就右師之位而與右師言者，孟子不與右師言，右師不悅曰：諸君子皆與驩言，孟子獨不與驩言，是簡驩也。孟子聞之曰：禮，朝廷不歷位而相與言，不踰階而相揖也，我欲行禮，子敖以我爲簡，不亦異乎？」（離婁下）惟弔公行子之子喪，似屬私人交際，不能與朝廷之禮混爲一談，意者孟子對子敖有所不愜于心歟？觀其責樂正子從于子敖之齊，「徒餔啜也」。（離婁上）可概見矣。

3. 口直心恕　孟子以好辯聞于世，他自己說：「予豈好辯哉，余不得已也！」（滕文下）他多方斥異端，攻邪說，罵楊墨爲無父無君，但不及罵鄉原之深刻，他說：「非之無舉也，刺之無刺也，同乎流俗，合乎汙世，居之似忠信，行之似廉潔，衆皆悅之，自以爲是，而不可與入堯舜之道，故曰：德之賊也。孔子曰：惡似是而非者，惡莠，恐其亂苗也，惡佞，恐其亂義也，惡利口，恐其亂信也，惡鄭聲，恐其亂樂也，惡紫，恐其亂朱也，惡鄉原，恐其亂德也，君子反經而已矣，經正則庶民興，庶民興，斯無邪慝矣」。（盡心下）什麼人是鄉原？他沒有明說，但所謂「經」者，萬世不易之常道也，凡非「經」者，皆鄉原也，卽是說許行，陳相，楊朱，墨翟，甚至於陵子仲之徒，皆「似是而非者」，皆鄉原之徒也。但孟子對覺悟其非之鄉原，是主張不咎既往的。他說：「今之與楊墨辯者，如追放豚，既入其苙，又從而招之」。（同上註）卽放豚已追回到豬欄之內，又把他的脚束縛起來，未免不恕，故他又說：「逃墨必歸于楊，逃楊必歸于儒，歸，斯受之而已矣。」（同上註）

不必再算過去的舊帳了！

4. 落落寡交　萬章問交友之道，「孟子曰，不挾長，不挾貴，不挾兄弟而友，友也者，友其德也，不可以有挾也。」（萬章下）又以其意未盡，復告萬章曰：「一鄉之善士，斯友一鄉之善士，一國之善士，斯友一國之善士，天下之善士，斯友天下之善士，以友天下之善士爲未足，又尙論古之人，頌其詩，讀其書，不知其人可乎？是以論其世也，是尙友也」。（同上註）這一交友的理論，當然是很正確的，但在事實上，我們沒發現孟子交到什麼知己好友。譬如孔子在衞主子路妻兄顏濁鄒家，一再主蘧伯玉家，在陳主司城貞子家，到處都有朋友招待，「孟子之滕，館于上宮」，（盡心下）大概是住招待所，恰巧館人沒見了一雙放在窗子上的鞋子，疑惑孟子的隨從人員藏匿了，孟子反詰之曰：「子以是爲竊屨來與？」（同上註），爲了這點小事，與館人爭口舌，似乎不很大氣？在魯宋齊梁等國，恐怕也沒有住在任何友人家裏。這種寡交的原因，我想有二種原因：一是他有圭角，英氣逼人，人不敢與之親近，一是他自以「先知先覺」相待，不大看得起當時一般人，認爲莫可與交，所謂「無友不如己者」，只好尙友古人，如伯夷，伊尹者矣，雖善與人交之古晏平仲，孟子視之，恐亦蔑如也！

5. 深惡小人　孟子所謂小人有三種：一爲勞力之「小人」，即「有大人之事，有小人之事」（滕文上）的「小人」；一爲蔽於外物，只知物質生活，而不能運用心思，注重精神生活之小人，所謂「從其大體爲大人，從其小體爲小人」（告子上）：一爲以順爲正，枉道以求利之賤丈夫。孟子所深惡者，乃最後一種小人。

如「一怒而諸侯懼，安居而天下熄」（滕文下）之張儀，公孫衍，景春說他們是大丈夫，孟子却認爲他們「阿諛苟容，竊取權勢」乃「以順爲正」的妾婦之道。不論「枉尺直尋」或「枉尋直尺」，皆小人之所爲，王良不肯枉道「詭遇」，使趙簡子幸臣嬖奚得以「一朝而獲十禽」，竟曰：「我不貫與小人乘，請辭」。（同上註）御者猶不肯枉道，況士君子乎？

孟子引季孫之言曰：「異哉子叔疑，使己爲政，不用，則亦已矣！又使其子弟爲卿，人亦孰不欲富貴，而獨于富貴之中，有私龍斷焉？」（公孫丑下）孟子譏之謂「賤丈夫」。

「孟子爲卿於齊，出弔于滕，王使蓋大夫王驩爲輔行，王驩朝暮見，反齊滕之路，未嘗與之言行事也。公孫丑曰：齊卿之位，不爲小矣，齊滕之路，不爲近矣，反之而未嘗與言行事，何也？曰：夫既或治之，予何言哉？」（同上註）王驩大約爲彌子瑕一類型的齊王嬖臣，做孟子的副使，往來齊滕路上，孟子竟不與之說一句話，其輕視深惡這種無恥小人明矣！

6. 孝母厚葬　孟母爲歷史上有數的賢母，人所共知，孟子仕齊時喪母，葬儀甚厚，有一爲孟母經辦喪事的學生名充虞的，也覺得棺木太美。在葬後由魯返齊途中，向孟子說：「前日不知虞之不肖，使虞敦匠事，嚴，虞不敢請，今願竊有請也，木若以美然？曰：古者棺槨無度，中古棺七寸，槨稱之，自天子達于庶人，非直為觀美也，然後盡于人心，不得，不可以為悅，無財，不可以為悅，得之，為有財，古之人皆用之，吾何為獨不然？且比化者，無使土親膚，於人心獨無恔乎？吾聞之，君子不以天下儉其親」。（同上註）儒者本來是主張厚葬的，何況孟子之賢，得力於孟母之教者甚大，厚葬其母，適可見孟子事親之孝，感人至深。

惟當時世俗之見，或以為太過，魯平公本來想出見孟子的，「乘輿已駕」，其嬖人臧倉突沮之曰：「君所為輕身以先于匹夫者，以為賢乎？禮義由賢者出，而孟子之後喪踰前喪，君無見焉！」（梁惠下）即是說孟子前喪父，後喪母，其葬父不及葬母之厚，樂正子乃往見魯君，問其何以不去見孟子，君以「後喪踰前喪」對，樂正子曰：「何哉君所謂踰者？前以士，後以大夫，前以三鼎而後以五鼎與？曰：否，謂棺槨衣衾之美也，曰：非所謂踰也，貧富不同也」。（同上註），前貧後富，薄葬父而厚葬母，亦合于儒者「喪葬稱家之有無」的主張，惟以「棺槨衣衾之美」，而惹起政治上意外之誤會，殊堪惋惜，所以子游有「喪致乎哀而止」（子張）之說也。

（三）修　養

孟子的修養，彷彿孔子，學德並進，仁智兼修，但孔子之智德修養，注重實際，如言仁，則以孝弟之實際行爲爲仁之本，說恕，則以「己所不欲，勿施于人」之人際關係爲恕之源，很少言及空泛虛渺的性靈之學。孟子不然，常言心性理氣之抽象的智識與道德，二者密合無間，智識卽道德，道德卽智識，玆試將其修德養性之道，分論于下。

1. 養心　「孟子一書，只是要正人心，教人存心養性，改其放心，至論仁義禮智，則以惻隱羞惡辭讓是非之心爲之端，論邪說之害，則曰：生于其心，害于其政。論事君，則曰：格君心之非，一君正，而國定，千變萬化，只說從心上來，人能正心，則事無足爲者矣」。(註六五) 故孟子所言之心，較孔子所謂從心所欲或「飽食終日無所用心」之範圍爲廣，與大學「誠意正心」相似，這種心，就是「君子以仁存心，以禮存心」(離婁下)的「仁義之心」或「良心」。(告子上) 孟子引孔子的話說：「操則存，舍則亡，出入無時，莫知其鄉，惟心之謂與?」(同上註) 他自己說：「大人者，不失其赤子之心者也」。(離婁下)，「赤子之心」，也就是「良心」，因其「操則存，舍則亡」，故孟子主張「養心」，說「體有貴賤，有大小，無以小害大，無以賤害貴，養其小者爲小人，養其大者爲大人」，(告子上) 口腹之養，是養其小者，心志之養，是養其大者。心志之養，其道有二：一曰：「心之官則思，思則得之，不思，則不得也，此天之所以與我者，先立乎其大者，則小者弗能奪也」。(同上註) 一曰：「養心莫善于寡欲，其爲人也寡欲，雖有不存焉者寡矣。其爲人也多欲，雖有存焉者寡矣」。(盡心下) 前者是從積極方面來養，後者是從消極方面來養，雙方夾持，則心無不正矣。

2.養氣　孔子很少言氣，他雖說過：「君子有三戒，少之時，血氣未定，戒之在色，及其壯也，血氣方剛，戒之在鬪，及其老也，血氣既衰，戒之在得」，似與孟子所言之氣不同。他也嘗言「志」，如云「士志于道」，「苟志于仁矣」（里仁），「父在觀其志」（學而），「隱居以求其志」（季氏）等，却未見他將「志」與「氣」二者併合起來講。孟子則曰：「夫志，氣之帥也，氣，體之充也，夫志至焉，氣次焉，故曰：持其志，無暴其氣」。（公孫丑上）又曰：「志壹則動氣，氣壹則動志也，今夫蹶者趨者，是氣也，而反動其心」，（同上註）故孟子所言之氣，是「志氣心」三位一體之氣，這種氣，他名謂「浩然之氣」。公孫丑問道：「敢問夫子惡乎長？曰：我知言，我善養吾浩然之氣。敢問何謂浩然之氣？曰：難言也。其爲氣也，至大至剛，以直養而無害，則塞于天地之間，其爲氣也，配義與道，無是，餒也。是集義所生者，非義襲而取之也，行有不慊于心，則餒矣」。（同上註）有了這種養氣功夫，自然可以擔當大任，雖「加齊之卿相，得行道焉」，（同上註）亦不會因有所戒愼恐懼，喜怒哀樂而「動心」了！

3.誠身　志爲氣之帥，心爲志之君，故志氣心三位一體的浩然之氣，皆附麗于身，就是仁義禮智也在四體之中，（盡心上）故曰：「萬物皆備于我矣，反身而誠，樂莫大焉」？（同上註）誠存諸心，視而不能見，可是可以在身體外面看到一個人是否有誠心誠意，孟子曰

：「存乎人者，莫良于眸子，眸子不能掩其惡，胸中正，則眸子瞭焉，胸中不正，則眸子眊焉。聽其言也，觀其眸子，人焉廋哉？」（離婁上）我們自己是否誠心對人，自己當然看不出，那就只有自己反省。曾子曰：「吾日三省吾身，爲人謀而不忠乎？與朋友交而不信乎？傳不習乎？」（學而）子思曾師曾子，孟子承曾子之餘緒，特注重自反自省之道，一則曰：「愛人不親反其仁，治人不治反其智，禮人不答反其敬，行有不得者，皆反求諸己，其身正，而天下歸之」。（離婁上）再則曰：「仁者愛人，有禮者敬人，愛人者，人恆愛之，敬人者，人恆敬之，有人于此，其待我以橫逆，則君子必自反也，我必不仁也，必無禮也，此物奚宜至哉？其自反而仁矣，自反而有禮矣，其橫逆由是也，我必不忠，自反而忠矣，其橫逆由是也，君子曰：此亦妄人也已矣，如此則與禽獸奚擇哉？於禽獸又何難焉？」（離婁下）此之謂「誠身有道」，蓋能「明乎善」而「誠其身」（離婁上）矣。

4.躬行　孔孟所言修養之道，非重在「言教」，而重在「身教」，孔子曰：「君子之道四，丘未能一焉，所求乎子，以事父，未能也，所求乎臣，以事君，未能也，所求乎弟，以事兄，未能也。所求乎朋友，先施之，未能也，庸德之行，庸言之謹，有所不足，不敢不勉，有餘不敢盡，言顧行，行顧言，君子胡不慥慥爾？」（中庸）夫子一方自謙未能實踐其言，一方又強調言行相顧，其所勉人者深矣。故孟子曰：「身不行道，不行于妻子，使人不以道，不能行于妻子」。（盡心下）也表示身體力行之重要。

即以其自稱「我善養吾浩然之氣」言，其周旋于各國君主之間，就有一種「浩然之氣」的神態，如對齊宣王問：「齊桓晉文之事，可得聞乎」？他便侃侃而談，硬碰過去，說：「仲尼之徒，無道桓文之事者」，不像孔子對衞靈問陳，那樣委婉曲折的說：「俎豆之事，則嘗聞之矣，軍旅之事，未之學也」。（衞靈）他對齊宣王問卿，也是這樣高亢軒昂的態度：「王何卿之問也」？（萬章下），弄得齊宣王摸不着頭腦。至于他要「正人心，息邪說，距詖行，放淫辭，以承三聖」的那種大氣磅礡，正義凜然的態度，更是浩然之氣的發揮與躬行實踐。

孟子在言行上對持志養氣，明心見性的闡發，於後世學術思想，影響很大，我們可以說宋明以來的心性理學，都是孟子之學，而非孔子之道，王陽明的致良知之說，更是孟子良知良能之說的擴大，王學波瀾壯濶，其流風餘韻，至今猶存，可見孟學之權威矣。豈僅其個人修養之德行歟？

（四）德望

孟子德望，概括言之，雖不及孔子，但至唐宋以來，其學術地位日隆，德望因之日高，朱洪武雖一度抑孟，刪改孟子之蔑視君權理論，未幾卽復興，近人因醉心民主，誇張孟子民貴君輕之說，更使孟子之學，與時俱進，然就其當時與身後不久之德望言，似較孔子有遜色。其故安在?以愚意度之，約有四因：

1.孔子之學，多方師承，南北學人，均有接觸，雖則古稱昔，但無宗派氣，且他反對「攻異端」，(爲政)因爲有異端之存在，方可截長補短，「叩其兩端而竭焉」。否則，所謂「中道」，便不能決定其「不偏不倚」之限界，孔學博大精深之處在此。

孟子則不然，始終以「私淑孔子」，「學孔子」相標榜，且其業師亦爲孔門弟子，少年時，身處鄒魯，似未見其有機會與南方學人聯繫，故思想定於一尊，及其學已成熟，思想已成定型，一聞南北異流之說，則視爲洪水猛獸，攻擊詆毀，不遺餘力，受其攻擊者，不免反唇相譏，使其學說亦黯然無光。且其所言人倫之道，亦在孔學範圍之內，統治者利用儒學以爲政，孔子一人足矣，不必宣揚孟子，且孟子公然貴民輕君，亦非異日君主所心悅，此其德望不及孔子之主因。

2.其次戰國之時，處士橫議，政派流行，誰爲正論?誰爲邪說?固莫可究詰。誰爲賢士?誰爲政客?亦難辨認。公孫衍張儀之徒，孟子的學生也有人認爲是大丈夫，孟子本人行止，也與當時各國奔走遊說之士，不相上下，各國君主與公卿聞人，未必認爲孟子不是政客一流人物，而把他當爲賢士。所以齊之淳于髡就當面取笑他說：「魯繆公之時，公儀子爲政，子柳子思爲臣，魯之削也滋甚，若是乎賢者之無益于國也。曰：虞不用百里奚而亡，秦穆公用之而覇，不用賢則亡，削何可得與?曰：昔者王豹處于淇，河西善謳，緜駒處于高唐，而齊右善歌，華周杞粱之妻善哭其夫，而變國俗，有諸內必形諸外，爲其事而無其功者，髡未嘗覩之也。是故無賢者也，有則髡必識之」。（告子下）這是對孟子的公然侮辱，說他不是賢士。孟子只好藉孔子爲魯司寇，不用，「燔肉不至」，「不稅冕而行」來解嘲，說「君子之所爲，衆人固不識也」（同上註）。這是說孔子在當時，人家也沒有把他當賢士看，所謂「有眼不識泰山」也。

3. 語云：莫爲之先，雖美而弗彰，莫爲之後，雖盛而弗傳」。孔子著書立說，其道已大顯于世，益以七十子之徒，「皆異能之士」（註六六），或出仕，或講學，皆足以張大其學，韓非子說：「自孔氏之死也，有子張氏之儒，有子思氏之儒，有顏氏之儒，有孟氏之儒，有漆雕氏之儒，有仲良氏之儒，有孫氏之儒，有樂正氏之儒」。（註六七）子夏，子思等，更能爲王者師，其于孔學之聲勢，更有裨益。若孟子，雖「從者數百人」，但「孟子既沒，公孫丑，萬章之徒，不克負荷，其道無傳」（註六八），韓非所言樂正氏之儒，或爲孟子上之樂正子，然亦末矣。

4. 孟子死後，儒家中有一荀子出，（卽孫氏之儒）其人頗欲承繼孔子之道統，特唱性惡之說，以與孟子性善之說相對抗，在非十二子篇中，攻訕其學曰：「案往舊造說，謂之五行（註六九）甚僻違而無類，幽隱而無說，閉約而無解，案飾其辭而祇敬之。曰：此眞先君子之言也。子思倡之，孟軻和之，世俗之溝猶瞀儒嚾嚾然不知其所非也，遂受而傳之，以爲仲尼子游爲玆厚于世，是則子思，孟軻之罪人也」。荀卿之弟子李斯韓非，一以權勢，一以學理，皆能爲荀學張目，故在唐以前，荀子在儒學中之地位，或不亞于孟子，至韓愈而後，則孟學始顯，至宋時，有程朱等爲之傳揚，使孟子一書由子書而升格爲經書，(註七〇)與六經並駕，論語等倫，以前「周孔」並稱者，現則「孔孟」並稱，從此孟子乃揚眉吐氣于後世。

× × × × ×

然平情而論，孔子人格，有如光風霽月之和煦，孟子風格，則如夏日冬霜之嚴肅，後之儒者，如程氏兄弟頗肖孔孟二人。大程子滿面春風，一團和氣，小程子則姿質剛毅，威儀嚴肅。

據伊川學案：「二程隨侍太中知漢州，宿一僧寺，明道入門而右，從者皆隨之，先生入門而左，獨行至法堂上相會。先生自謂此是某不及家兄處，蓋明道和易，人皆親近，先生嚴重，人不敢近也」。明道先生殆效法孔子，其弟伊川乃模擬孟子歟？

中華民國六十年元月廿四日完稿

註一：蔣陳錫著鄒縣志孟子年表。

註二：周廣業著孟子四考。

註三：錢著：先秦諸子繫年「孟子生年考」。

註四：同上書「孟子去齊考」。

註五：陳灃東塾讀書記卷九：禮記。

註六：禮記坊記。

註七：禮記樂記。

註八：禮記禮運。

註九：孝經廣至德章。

註十：孝經廣要道章。

註十一：孝經紀孝行章。

註十二：朱子小學廣立教篇張伯行集注一二〇頁。

註十三：四書集註顏淵篇。

註十四：書經舜典。

註十五：四書集註陽貨篇。

註十六：任卓宣著：孔孟學說的眞象和辨正六〇頁。

註十七：木村英一著高明士譯：「論孔子的學校」一文，載中華文化復興月刊三十三期。

註十八：四書集註爲政篇。

註十九：史記孔子世家。

註二十：左傳魯襄公二十九年，史記吳世家。

註二一：論語序說。
註二二：左傳僖廿八年。
註二三：史記仲尼弟子列傳。
註二四：劉向說苑政理篇。
註二五：錢穆：國史大綱上冊三六頁。
註二六：任卓宣：孔孟學說的眞相和辨正五六頁。
註二七：（同註二四）。
註二八：左傳昭公三年。
註二九：（同註二四）。
註三〇：左傳哀公十一年。
註三一：史記孔子世家及論語陽貨篇。
註三二：——註四二：俱見史記孔子世家及仲尼弟子列傳。
註四三：禮記內則篇。
註四四：史記仲尼弟子列傳。
註四五：孟子集註離婁章上。
註四六：孟子集註孟子序說。
註四七：顏淵篇引詩曰：「誠不以富，亦祇以異」，與子路篇：「善人爲邦百年，亦可以勝殘去殺矣，誠哉是言也」之二誠字，皆與孟子所言誠之意義不相當。

註四八：禮記祭義：孝子之有深愛者，必有和氣，有和氣者，必有愉色，有愉色者，必有婉容。

註四九：（同上）

註五〇：禮記曲禮。

註五一：禮記內則。

註五二：本書第二篇：荀子在儒家之地位及其中心思想。

註五三：史記孔子世家載季桓子穿井得土缶中若羊，問仲尼云得狗，仲尼告之以「土之怪墳羊」，吳使使問骨節專車，防風何守等事，仲尼悉舉以告，可見其有問必答。

註五四：史記仲尼弟子列傳仲由傳。

註五五：陳澧：東塾讀書記卷三。

註五六：孟子序說。

註五七：王充論衡本性篇。

註五八：揚子法言修身篇，春秋繁露深察名號篇與實性篇，韓愈原性，司馬光疑孟與性辨，王安石原性，蘇子由孟子解。

註五九：陳澧：東塾讀書記。

註六〇：孟子集注離婁篇。

註六一：書經康誥。

註六二：孟子集註孟子序說。
註六三：韓愈讀荀。
註六四：韓愈原道。
註六五：孟子集註孟子序說。
註六六：史記仲尼弟子列傳。
註六七：韓非子顯學篇。
註六八：梁任公：中國學術思想變遷之大勢。
註六九：「五行」係指仁義禮智信，非陰陽家五行之說也。
註七〇：唐陸德明經典釋文，以易、詩、書、三禮、春秋、論語、孝經爲九經，宋巾箱刻本以易、書、詩、禮記、周禮、左傳、論語、孟子、孝經稱九經。

荀子在儒家之地位及其中心思想

世之論儒家學說者，多以孔孟荀爲宗，大抵孔子言仁，孟子兼言義，（註一）荀子固亦言仁言義，但其學說中心則在闡揚儒家之禮治，惟從儒家之道統觀看荀子，則其地位卑不足道。統治者視之，彼既上不能附驥顏曾思孟，配享孔廟，下亦不能與周（敦頤）張（載）程（二程）朱（熹）並駕齊驅，備位「從祀」（唐開元與宋元豐時偶一從祀），儒林人士，譽之者固有人，毀之者更多，且譽之者亦求全責備，而有「大醇小疵」之譏，（註二）不能與「孟氏醇乎醇者也」（同註二）比倫。故韓愈論道統，謂「堯以是傳之舜，舜以是傳之禹，禹以是傳之湯，湯以是傳之文武周公，文武周公傳之孔子，孔子傳之孟軻，軻之死不得其傳焉，荀與揚也，擇焉而不精，語焉而不詳」。（註三）但尙視其爲道統中人，不過「不精」，「不詳」而已。至于程子（伊川）則評之曰：「韓子論孟子甚善……其論荀揚則非也，荀子極偏駁，只一句性惡，大本已失，……更說甚道。」（註四）與程同時代之蘇軾、更「惡屋及烏」，以其徒李斯相秦焚書坑儒，竟嫁罪荀卿，責「荀卿喜爲異說而不讓，敢爲高論而不顧……子思，孟軻，世之所謂賢人君子，荀卿獨曰：亂天下者，子思，孟軻也。……彼見其師歷詆天下之賢人，自是其愚，以爲古聖先王皆不足法……其父殺人報仇，其子必且行刼……而李斯以其學亂天下，其高談議論有以激之也。」（註五）此誠所謂欲加之罪，何患無辭也。降至清季，譚嗣同竟詆荀學爲鄉愿大盜之學（註六），幸喜其友人梁啓超主持公道，在其所著先秦的治思想史上，謂「荀子與孟子同爲儒家大師」（註七），一掃世俗陋儒尊孟毀荀之謬見，使唐楊倞孟荀並稱，俱有功于孔氏之說，重爲當代治學術史者所重，而發潛德之幽光。

壹、荀子對儒家之最大貢獻

顧荀子在儒家之地位，果何如乎？愚意以爲孟荀並稱，或可以杜尊孟屈荀者之口，究未足以服荀子之心，蓋就儒家學術之淵源言之，荀子之貢獻，殊有突出之點在。

吾人咸知六經爲儒學之根本，道統之藩籬，孟子雖自宋元以來，世人尊爲亞聖，與繼承道統之人，但於六經傳授，罕見其功，司馬遷謂孟子述唐虞三代之德，「與萬章之徒，序詩書，述仲尼之意，作孟子七篇」（註八），第所謂「序」，不過敍述其遺意，以爲立論根據耳。故孟子七篇中，常見引用詩書間或體樂辭句，以輝煌其議論，此與後世文人爲文，徵引論孟章句以發抒其個人之見解者，如出一轍，殊難與專事傳經，以重道統者之業績可比。

若荀子，不但根據六經之旨，以作荀子三十二篇，且於羣經傳授，有其莫大之貢獻。汪容甫說：「荀卿之學，出于孔子，而尤有功于諸經，……蓋自七十子之徒既歿，漢諸儒未興，中更戰國暴秦之亂，六藝之傳，賴以不絕者，荀卿也。周公作之，孔子述之，荀卿子傳之，其揆一也。故其說霜降逆女，與毛同義，禮論，大略二篇，穀梁義具在，又解蔽篇說卷耳，儒效篇說風雅頌，大略篇說魚麗，國風好色，並先師之逸典。又大略篇春秋賢穆公善胥命，則爲公羊春秋之學。楚元王交本學于浮邱伯，故劉向傳魯詩穀梁春秋。劉歆治毛詩左氏春秋，董仲舒治公羊春秋，故作書美荀卿，其學皆有所本。劉向又稱荀卿善爲易，其義亦見非相大略二篇，蓋荀卿于諸經無不通，而古籍闕亡，其授受不可盡知矣。史記載孟子受業于子思之門人，於荀卿則未詳焉」。（註九）

然汪氏對此「授受不可盡知」之傳經史實，推斷頗詳，謂毛詩、魯詩、韓詩、左氏春秋、穀梁春秋、曲臺禮記之傳授，皆與荀子有關。（同上註）

胡元儀在郇卿（卽荀卿）別傳中亦說：「郇卿善爲詩禮易春秋，從根牟子受詩，以傳毛亨，號毛詩，又傳浮丘伯，伯傳申公，號魯詩，從馯臂子弓受易，並傳其學，稱子弓比于孔子，從虞卿受左氏春秋，以傳張蒼，蒼傳賈誼，穀梁俶亦爲經作傳，傳郇卿，郇傳浮邱伯，伯傳申公，申公傳瑕丘江公，稱爲博士。郇卿尤精于禮，書闕有間，受授莫詳，由是漢之治易詩春秋者，皆源出于郇卿，郇卿弟子，今知名者，韓非、李斯、陳囂、毛亨、浮丘伯、張蒼而已。當時甚盛也。至漢時，蘭陵人多善爲學，皆卿之門人也。漢人稱之曰蘭陵人喜字爲卿，法郇卿也，教澤所及，蓋亦遠矣」。

然「荀卿所學本長于禮，儒林傳云：「東海蘭陵孟卿，善爲禮春秋，授后蒼疏廣」，（見註九）蘭陵人旣「喜字爲卿」，「皆卿之門人」，則孟卿之爲荀卿直接間接門徒，不問可知，其徒后蒼，實大小戴（德聖）之業師，故大小戴禮記，多載荀文。謝金圃荀子序云：「小戴所傳三年問，全出禮論篇，樂記、鄉飲酒義，所引俱出樂論篇、聘義、子貢貴玉賤珉，亦與法行篇大同。大戴所傳禮三本篇，亦出禮論篇，勸學篇，卽荀子首篇，而以宥坐篇末見大水一則附之，哀公問五義，出哀公篇之首，則知荀氏所著，載在二戴記者尚多。」（註十）確實，大戴禮曾子立事篇，尚載有荀子修身，大略二篇文，以是「曲臺之禮，荀卿之支與餘裔也」。（見註九）

孔孟周遊列國，志在行道，荀子由趙而燕秦齊楚，雖爲行道，却重在傳經講學，其在羣賢畢集之稷下，最爲老師，三任祭酒，（見註八）終老蘭陵，傳經授徒，學風丕盛，著書立說，首篇勸學，次篇修身，示人以爲學之本，故「荀子不僅爲傳道之儒，而且是傳經之儒」（註十一）；傳經者，多重師承，嚴師法，故荀子對師道之發揮，與孔孟亦有同異，且有孔孟所未言者。

就師之重要性言：孔子僅言「三人行，必有我師焉，擇其善者而從之，其不善者改之」（註十二）又曰：「當仁不讓于師」（註十三），從其反面見師道之尊。孟子謂弟子要「不恥受命于先師」（註十四），天子亦不得召師，（註十五）因師尊道嚴，匪異人任，故曰：「人之患在好爲人師」（註十六）荀子則曰：「師法者，人之大寶也」（儒效篇），蓋「禮者所以正身也，師者所以正禮也，無禮何以正身，無師吾安知禮之爲是也」（修身篇）？又曰：「禮有三本，天地者，生之本也，先祖者，類之本也，君師者，治之本也」（禮論篇）。後世將「天地君親師」列爲牌位，家家供奉，蓋亦有所本歟？

就擇師之目的言：孔子曾言及「擇善而從」，荀子亦言「非我而當者，吾師也，是我而當者，吾友也」（修身篇），若得「賢師而事之，則所聞者，堯舜禹湯之道也，得良友而友之，則所見者，忠信敬讓之行也，身日進于仁義而不知也者，靡使然也」（性惡篇）。

就教育對象而言：孔子謂「有教無類」（註十七），「自行束脩以上，吾未嘗無誨焉」，（註十八）孟子之館人，固謂「夫子之設科也，往者不追，來者不拒」（註十九），然孟子自云「得天下英才而教育之，三樂也」（註二〇）既云「英才」，當非人盡而教之，故曹交假館受業，而以「子歸而求之有餘師」（註二一）婉拒之，雖云「予不屑之教誨也者，是亦教誨之而已矣」（同上註），然由「取友必端」而論，究與及門弟子之授受有異也。荀子之教學態度，較嚴于孟子，而異于孔子，「四夫問學，不及爲士，則不教也」（仲尼篇），甚至認爲「非其人而教之，齎盜糧借寇兵也」（大略篇）。嘗思荀子收受生徒之嚴于孔孟，蓋孔孟重在行道，荀子則重在傳經，行道之學，有類于主義宣揚，故來者「多多益善」，傳經之學，則較爲專業，故取士也嚴，以是孟子傳食諸侯，「後車數十乘，從者數百人」（註二二），而荀子則無此場面，僅在使其遺言餘教，「所存者神，所過者化」（堯問篇）而已！

就教育方法而言：子曰：「不憤不啓，不悱不發，擧一隅不以三隅反，則不復也」。（註二三）程子註曰：憤悱，誠意之見于色辭者也，待其誠至而後告之，旣告之，又必待其自得乃復告爾。孟子教人之法有五：「有如時雨化之者，有成德者，有達財者，有答問者，有私淑艾者」，（註二四）蓋因人之資性高下，時地遠近，而因材施教，但「挾貴而問，挾賢而問，挾長而問，挾有勳勞而問，挾故而問」（同上註）者，皆不答也。荀子教學方法，近孔似孟，彼謂「禮恭而後可與言道之方，辭順而後可與言道之理，色從而後可與言道之致」（勸學篇），近于「憤悱啓發」，又曰：「不問而告謂之傲，問一而告二謂之囋，傲非也，囋非也，君子如嚮矣，學莫便乎近其人」（同上註）此亦擧一反三，因材而教之方也。

惟就師之資質言，孔孟甚少言及，荀子則曰：「師術有四，而博習不與焉，尊嚴而憚，可以爲師，耆艾而信，可以爲師，誦說而不陵不犯，可以爲師，知微而論，可以爲師」（致仕篇），荀子之所以嚴定師資，以其有關國家興衰，凡人「不學不成，堯學于君疇，舜學于務成昭，禹學于西王國」，（大略篇）「國將興，必貴師而重傅，貴師而重傅，則法度存，國將衰，必賤師而輕傅，賤師而輕傅，……則法度壞」（同上註）。荀子往往「君師」並稱，蓋荀子之意，唯聖方可以爲君，惟聖方可以爲師也。

以上所述，是就荀子傳經講學，宏揚師道有功于聖門者而言，然荀子對儒家之另一貢獻，則爲昌言大孝之道，爲尋常忠孝之說放一異彩也。

論語、孟子、孝經、禮記，對吾人立身處世之孝道，言之詳矣，子曰：「孝子之事親也，居則致其敬，養則致其樂，病則致其憂，喪則致其哀，祭則致其嚴，五者備矣，然後能事親。事親者，居上不驕，爲下不亂，在醜不爭。居上而驕則亡，爲下而亂則形，在醜而爭則兵。三者不除，雖日用三牲之養，猶爲不孝也。」（註二五）

專論如何爲不孝者，有曾子、孟子。曾子曰：「身也者，父母之遺體也，行父母之遺體，敢不敬乎？居處不莊，非孝也，事君不忠，非孝也，蒞官不敬，非孝也，朋友不信。非孝也，戰陣無勇，非孝也。」（註二六）孟子曰：「世俗所謂不孝者五，惰其四支，不顧父母之養，一不孝也，博弈好飲酒，不顧父母之養，二不孝也，好貨財，私妻子，不顧父母之養，三不孝也，從耳目之欲，以爲父母戮，四不孝也，好勇鬥狠，以危父母，五不孝也」（註二七）。孟子所言不孝，純就爲子者之私行爲言。曾子所言不孝，則兼及爲子者之公行爲，亦有夫子之遺教存乎其間。然則均就處常而言，若父母有過，則將如何？子曰：「事父母幾諫，見志不從，又敬不違，勞而不怨。」（註二八）曾子則謂「父母有過，諫而不逆」（註二九）「三諫而不聽，則號泣而隨之」（註三〇）。孟子則謂「父子之間不責善，責善則離」（註三一）。是以桃應設「瞽瞍殺人」之奇問以難孟子，孟子便無法使舜格親心之非，只好教舜「棄天下猶棄敝蹝，也竊負而逃，遵海濱而處，終身訢然，樂而忘天下」（註三二）。幸喜桃應之問，尙爲瞽瞍之私行爲，不足以害天下，如設「瞽瞍命舜施行暴政以禍天下」之問，則舜將從命乎？抑不從命乎？舜如直接違命固不孝，棄天下而逃，亦屬間接違命，仍爲不孝，如遵命而行，則是以私孝而害公，聖人其能爲乎？若以荀子當此難題，則迎刃而解矣。蓋「入孝出弟，人之小行也，上順下篤，人之中行也，從道不從君，從義不從父，人之大行也。若夫志以禮安，言以類接，則儒道畢矣。雖舜不能加毫末於是矣。孝子所以不從命有三，從命則親危，不從命則親安，孝子不從命乃衷，從命則親辱，不從命則親榮，孝子不從命乃義，從命則禽獸，不從命則修飾，孝子不從命乃敬。故可以從而不從，是不子也，未可以從而從，是不衷也，明於從不從之義，而能致恭敬忠信端愨以愼行之，則可謂大孝矣」。傳曰：『從道不從君，從義不從父』，此之謂也」。（子道篇）

孝經載曾子曰「……敢問子從父之令，可謂孝乎？」子曰：「是何言歟？是何言歟？言之不通也。昔者天子有爭臣七人，雖無道不失其天下，諸侯有爭臣五人，雖無道不失其國，大夫有爭臣三人，雖無道不失其家，士有爭友，則身不離于令名，父有爭子，則身不陷于不義，故當不義，則子不可以不爭于父，臣不可以不爭于君，故當不義則爭之，從父之令，又焉得爲孝乎？」（註三）一般學者，多認孝經爲漢儒之作，非曾子子思所撰，是否襲取荀子大孝之道，而演爲諫諍理論，亦可深長思矣。

荀子對孔門既有此三大貢獻，當自信其在儒家之地位不在孟子之下，陳東塾謂：「荀子書開卷卽曰學不可以已，青取之于藍而青于藍，冰水爲之而寒于水，然則所謂學不可以已者，欲求勝于前人耳，其非十二子，實專攻子思孟子，黃東發云欲排二子而去之，以自繼孔子之傳也。」(註三四)此所謂「當仁不讓」，不能爲荀子責也。是以荀子之徒，視其師之善行，認爲「孔子弗過」(堯問篇)，吾故曰：孟荀並列，實不足以服荀子之心也。

貳、荀子之中心思想

然荀子在儒家中之地位，宋明理學家却視之極爲卑下，此其故，由于荀子主張性惡，與彼等所服膺之孟子性善說，枘鑿不相入也。其實性之爲善，爲惡，皆屬臆說，人性爲先天的，善惡爲後天的，以後天的善惡觀念，強加于先天的人性，倘「性」能言語，必否認此性善性惡之說，如孟子曰：「人性之善也，猶水之就下也，人無有不善，水無有不下」(註三五)，易言之：「人性之惡也，猶水之就下也，人無有不惡，水無有不下」，亦合邏輯，孟子又焉能難之？荀子之主張性惡，其目的在「明禮」，「明禮」之目的，則在「定分」，「求平」與「和羣」，此其講學論政之中心思想也，試進而論之。

一、性惡說

荀子言性，兼情與欲，所謂「性者，天之就也，情者，性之質也，欲者，情之應也，以欲爲可得而求之，情之所必不免也」（正名篇），「夫人之情，目欲綦色，耳欲綦聲，口欲綦味，鼻欲綦臭，心欲綦佚，此五綦者。人情之所必不免也」（王覇篇）。然此皆人之本能，無所謂善惡，惟本能發展過度，則必與他人之本能相牴觸，於是善惡生，倘使社會無羣之組織，僅爲亞當與夏娃二人，則亦無所謂善惡矣，何來性善與性惡之分？荀子之言性惡，皆就人之本能向社會發展而言，故云：「今人之性，生而有好利焉，順是故爭奪生，而辭讓亡焉，生而有疾惡焉，順是故殘賊生，而忠信亡焉。生而有耳目之欲，有好聲色焉，順是故淫亂生，而禮義文理亡焉。然則從人之性，順人之情，必出于爭奪，合于犯法亂理而歸于暴，故必將有師法之化，禮義之道，然後出于辭讓，合于文理而歸于治，用此觀之，然則人之性惡明矣，其善者僞也」（性惡篇）。所謂「爭奪」，「辭讓」，「疾惡」，「殘賊」，「忠信」，「辭讓」，「淫亂」，「禮義」，「文理」，「犯法」等道德與非道德之觀念，皆由社會之羣，營集體生活而來，無羣固不能產生此道德與非道德之觀念，倘羣爲原始之羣，亦不能有此觀念，故善與惡，係羣體生活進化之產物，與人性無涉也。荀子之爲此性惡假說者，其目的在加強教育功效，使人明禮知義，遷善去惡也。故曰：「禮義者是生于聖人之僞，非故生于人之性也」（同上註），凡人「化師法，積文學，御禮義者，爲君子，縱性情，安恣睢而違禮義者爲小人。」（同上註），「堯舜之與桀跖，其性一也，君子之與小人，其性一也……堯禹君子者，能化性，能起僞，僞起而生禮義，然則聖人之于禮義，積僞也」(同上註)。人之能積禮義而爲聖人、君子，猶之「人積耕耨而爲農夫，積斲削而爲工匠，積販貨而爲商賈」(儒效篇)。積禮義之道，莫善于擇良師益友而學之，「專心一志，思索熟察，加日懸久，積善而不息，則通于神明，參于天地矣」(性惡篇)。

二、明禮說

「學惡乎始？惡乎終？曰！其數則始乎誦經，終乎讀禮，其義則始乎爲士，終乎爲聖人……禮者，法之大分，羣類之綱紀也，故學至乎禮而止矣，夫是之謂道德之極」，「故隆禮雖未明法，士也，不隆禮，雖察辨，散儒也」(勸學篇)。荀子所謂隆禮，卽重禮尊禮之意，通俗言之，明禮而已。

孔子言仁，孟子言義，其于政治上之主張，殆重在「道之以德」(註三六)，荀子言禮，自然重在「齊之以禮」(同上註)孔孟之言禮治，蓋從歷史觀點出發，如歷史無所考證者，就輕禮而尙德，故孔子曰：「夏禮吾能言之，杞不足徵也，殷禮吾能言之，宋不足徵也，文獻不足故也，足則吾能徵之矣」。(註三七)孟子亦曰：「諸侯之禮吾未之學也」(註三八)。荀子言禮治，殆從哲學觀點出發，只求滿足其性惡說的化性起僞之需要，有無歷史考證，則不遑聞問。

故荀子從禮之起源說起：「禮起于何也？曰人生而有欲，欲而不得則不能無求，求而無度量分界則不能不爭，爭則亂，亂則窮，先王惡其亂也，故制禮義以分之，以養人之欲，給人之求，使欲必不窮于物，物必不屈于欲，兩者相持而長，是禮之所起也」（禮論篇）。

禮「養人之欲」，猶芻豢稻粱五味調香之養口，椒蘭芬苾之養鼻，雕琢刻鏤黼黻文章之養目，鐘鼓管磬琴瑟竽笙之養目，疏房檖貌越席牀第几筵之養體，「故禮者養也，君子既得其養，又好其別，曷謂別？曰：貴賤有等，長幼有差，貧富輕重，皆有稱者也」（同上註）。

凡人之內心與外表生活，「治氣養生」以及「事生飾歡」，「送死飾哀」，「祭禮飾敬」，「師旅飾威」（同上註），均有禮則通，無禮則亂，故曰：「凡用血氣，志意，知慮，由禮則治通，不由禮則勃亂提僈，食飲，衣服，動靜，居處，動靜，由禮則和節，不由禮則觸陷生疾；容貌，態度，進退，趨行，由禮則雅，不由禮，則夷固僻違庸衆而野。故人而無禮則不生，事無禮則不成，國家無禮則不寧。詩曰：禮儀卒度，笑語卒獲，此之謂也。」（修身篇）

三、定分說

禮者，所以別貴賤，明尊卑，而其重點，則在人人安其分際，故曰：「無分者，人之大害也，有分者，天下之大利也，而人君者，所以管分之樞機也」（富國篇），天下有分則治，無分則亂，荀子反覆言其原因，一則曰：「貴爲天子，富有天下，是人情之所同欲也，然則從人之欲，則勢不能容，物不能贍也，故先王案爲之制禮義以分之，使有貴賤之等，長幼之差，知愚能不能之分，皆使人載其事而各得其宜」（榮辱篇），此就有分之利而言也。再就無分之害而言，則曰：「分均則不偏，勢齊則不一，衆齊則不使，有天有地，而上下有差，明王始立，而處國有制，夫兩貴之不能相事，兩賤之不能相使，是天數也，勢位齊而欲惡同，物不能贍，則必爭，爭則亂，亂則窮矣，先王惡其亂也，故制禮義以分之，使有貧富貴賤之等，足以相兼臨者，是養天下之本也，書曰：惟齊非齊，此之謂也」（王制篇）。

錢穆謂「荀子欲本此而別造人倫，重定階級，其與古異者，則古人本階級而制禮，先有貴賤而爲之分也。當荀子世，則階級之制，殆于全毀，乃欲本禮以制階級，則爲之分以別其貴賤也，荀子之分階級之貴賤者，則一視其人之志行知能以爲判」（註三九）。

故曰：「志不免于曲私，而冀人之以己爲公也，行不免于汙漫，而冀人之以己爲修也，其愚陋溝瞀，而冀人之以己爲知也，是衆人也。志忍私，然後能公，行忍情性，然後能修，知而好問，然後能才，公修而才，可謂小儒矣，志安公，行安修，知通統類，如是則可謂大儒矣。大儒者，天子三公也，小儒者，諸侯大夫也，衆人者，工農商賈也。」（儒效篇）亦卽「上賢祿天下，次賢祿一國，下賢祿田邑，愿慤之民完衣食」（正論篇）之意也。

然荀子之明禮重分，不僅就政治上之階級言，亦就社會上各人之品類言也。其言人也有五儀，「有庸人，有士，有君子，有賢人，有大聖」（哀公篇），其言士也，「有通士者，有公士者，有直士者，有慤士者，有小人者」（不苟篇），其言知也：「有聖人之知者，有士君子之知者，有小人之知者，有役夫之知者」（性惡篇），其言忠也，「有大忠者，有次忠者，有下忠者，有國賊者」（臣道篇）。其言勇也，不僅有上中下之分，且別爲「狗彘之勇」，「賈盜之勇」，「小人之勇」，與「士君子之勇」（榮辱篇）。而此諸種分別，各人之榮辱存焉，要在「志意修，德行厚，知慮明」（正論篇），則可趨于上流，得榮免辱也。

四、求平說

政治既分階級，社會又講品類，則是導人于不平等也，然荀子之意，適所以求人類之平也。蓋人之「材性知能，君子小人一也，好榮惡辱，好利惡害，是君子小人之所同也……爲堯禹則常安榮，爲桀跖則常危辱，爲堯禹則常愉佚，爲工匠農賈則常煩勞，然而人力爲此而寡爲彼，何也？曰陋也。堯禹者，非生而具者也，夫起于變故，成乎修修之爲，待盡而後備者也。」（榮辱篇）以是在政治上，要適材適所，「德必稱位，位必稱祿，祿必稱用」（富國篇），雖王公大夫之子孫，不能屬于禮義，則歸之庶人，「雖庶人之子孫，積文學，正身行，能屬于禮義，則歸之卿相士大夫」（王制篇）。「故賞不用而勸，罰不用而人服，有司不勞而事治，政令不煩而俗美，百姓莫敢不順……四海之人不待令而一，夫是之謂至平」（王覇篇）。

至一般人品類之高低，亦非天生，端在個人之造就何如耳。「士欲獨修其身，不以得罪于比俗之人也。夫驥一日而千里，駑馬十駕則亦及之矣……故學曰：遲彼止而待我，我行而就之，則亦或遲或速，或先或後，胡爲乎其不可以同至也？故蹞步不休，跛鼈千里，累土不輟，丘山崇成，厭其源，開其瀆，江河可竭，一進一退，一左一右，六驥不致，彼人之才性之相懸也，豈若跛鼈之與六驥足哉？然而跛鼈致之，六驥不致，是無他故焉，或爲之，或不爲之耳。道雖邇，不行不至，事雖小，不爲不成，其爲人也多暇日者，其出入不遠矣，好法而行，士也，篤志而體，君子也，齊明而不竭，聖人也」（修身篇）。

近代學者之講平等者，莫如盧騷，（1712—1778）彼承認天然之不平等，（如智力）而反對習俗所造成之不平等，（如政治經濟權力），（註四〇）就荀子思想言之，「天然之不平等」，可以人力克服之，即「聖賢才智平庸愚劣」之等級，在人而爲，至「習俗所造成之不平等」，如由人之學行努力而得，而非由世襲之制度而來，彼轉視爲平等，此與國父眞平等之理論有不謀而合之處，荀子約生于紀元前三三六年，較西哲亞里士多德（384—322）約小五十歲，而亞氏則以傳統的不平等爲當然者，盧騷之見解，則與亞氏針鋒相對，其出生較荀子約晚二千零五十年，惜乎未聞荀子之道，而糾正其天賦人權之陋說也。

五、和羣說

荀子思想，如汪洋萬頃之波，一波未平，一波又起，往往以前波為後波之手段，後波為前波之目的，如以「明禮說」為目的，則「性惡說」為其手段，如以「定分說」為目的，則以「明禮說」為手段，如以「求平說」為目的，則「定分說」為其手段，如以「和羣說」為目的，則「求平」、「定分」、「明禮」、「性惡」諸說皆為其手段。故「和羣」之說，在荀子中心思想中為其最後理想。

蓋人之所以異于其他生物，而為萬物之靈者，就在于有羣。「水火有氣而無生，草本有生而無知，禽獸有知而無義，人有氣有知亦且有義，故最為天下貴也。力不若牛，行不若馬，而牛馬為用，何也?曰：人能羣，彼不能羣也」。(王制篇)

「人何以能羣，曰分，分何以能行，曰義」(同上註)，義者，事之宜也，故能羣之道，在「善生養人」，「善班治人」，「善顯設人」，「善藩飾人」，「省工賈，衆農夫，禁盜賊，除姦邪，是所以生養之也；天子三公，諸侯一相，大夫擅官，士保職，莫不法度而公，是所以班治之也；論德而定次，量能而授官，皆使人載其事，而各得其所宜，上賢使之為三公，次賢使之為諸侯，下賢使之為大夫，是所以顯設之也：修冠弁衣裳，黼黻文章

，雕琢刻鏤，皆有等差，是所以藩飾之也」。（君道篇）

善羣之道，即在使賢愚不肖，各得其分，而合于禮義，故曰：「人生不能無羣，羣而無分則爭，爭則亂，亂則離，離則弱，弱則不能勝物，故宮室不可得而居也，不可少頃舍禮義之謂也。」（王制篇）

故仁人在上，明「羣居和一之道」（榮辱篇），得分工「至平」之理，以「求民之親愛」（君道篇），「百姓莫不安其處，樂其鄉，以至足其上」（樂論篇），益之以樂教，使民更加和睦，則入而揖讓，出而征誅，咸皆聽從，蓋政修民親，「臣之于君也，下之於上也，若子之事父，弟之事兄，若手足臂之扞頭目而覆胸腹也」（議兵篇）。和羣之道，寧有過于此者乎？此誠荀子之理想國也。

叁、結　論

荀子爲傳道傳經之儒，有志于政治而未逮，故退而著述，以明其道，蓋欲使後之來者，依據其學說，以爲從政施教之楷模也。惟就其中心思想而論，其成敗之關鍵，在于「定分」，分定則「明禮」與「性惡」之說，不致落空，而「求平」「和羣」之望，亦可實現。然「定分」之術，不外「強迫」與「說服」二者，用強迫的政治手段，使人民被動的安于分際，其事較易，用說服的教育手段，使人民自動的安于分際，其事較難。因人性本惡，食欲甘，衣欲美，居欲華，行欲適，體欲佚，心欲暢，此人之情也，君人能羣之道，要在齊之以禮，強之以法，使「農以力盡田，賈以察盡財，百工以巧盡械器，士大夫以至於公侯，莫不以仁厚知能盡官職，夫是之謂至平」（榮辱篇）。但使羣能明禮守法，各安其分，則賴于教育，故荀子曰：「我欲賤而貴，愚而智，貧而富，可乎？曰：其唯學乎。彼學者行之，曰士也，敦慕焉，君子也，知之，聖人也，上爲聖人，下爲士君子，孰禁我哉？鄉也混然塗之人也，俄而並乎堯禹，豈不賤而貴矣哉？鄉也效門室之辨，混然曾不能決也，俄而原仁義，分是非，圖回天下于掌上而辯白黑，豈不愚而知矣哉？鄉也胥靡之人，俄而治天下之大器舉在此，豈不貧而富矣哉？」（儒效篇）窺荀子之意，人之富貴貧賤，「農農士士工工商商」，皆由學以定分，不學者勞而卑，好學者逸而尊，人各得以自主，而無怨無尤，安于其一定之地位與分定之等級。則天下可大治，人民可大和。

但社會之等級甚多，人性又莫不欲居上而惡下，若有不安于其分定之地位，而妄思躐等以求，勢必使天下失其「平」，人羣失其「和」。且荀子之理想的政治秩序，在上者皆爲聖爲賢，爲明君子，倘使在上者，不聖不賢又如何？民初梁任公曾在國風報，發表「僥倖與秩序」一文，以鍼砭當時人人存非分之想，造成社會杌隉不安之象，其言甚痛：「吾始以爲地位居我上者，其聰明才力歷練必有以逾于我，夷考其實，則不過與我等耳，或反乃不如我，似此而欲生其敬服之念，決不可得也，與我等者或反不如我者，而反居我上，欲人人安其遇而忠其職焉，決不可得也。……夫在治安之國，學焉然後受其事，能焉然後居其職，無學無能，則終身爲人役，人亦孰不敢自勉，今也不然，不知兵而任兵，不知農而任農，不知法而任理，不知教育而任教育；不寧惟是，一人之身，今日治兵，明日司農，又明日司理司教育；不寧惟是，一人之身，同時治兵，同時司農，司理，司教育，在其人曾不聞以不勝爲患，而舉國亦視爲固然，莫之怪也。是故孰途人而命之割鷄，則謙讓未遑者什而八九，何也？以吾未學操刀而患不能也。孰途人而命之爲宰相，爲大將軍，爲方鎭，爲監守司令，則夫人而敢承，何也？舉國人共以此爲不學而能者也。夫旣已盡人不學而能，則吾卽學焉，而所能之有加于彼者幾何？卽有加于彼者，曾不足以爲吾身之輕重，然則吾之勵于學，徒自苦耳……無所謂職，故無所謂溺職，無所謂事，故無所謂僨事，無所謂紀，故無所謂干紀，人人各自適其私而已」。「人人各自適其私」，適足以證明人性皆惡之說，此時教育已失其說服之效，而惟有乞靈于政治上之強迫手段，使各安其分，勉致人和，以是荀子門徒，多流爲法家，蓋有其由來矣。

註一：孟子集注孟子序說：程子曰：孟子有功於聖門，不可勝言，仲尼只說一箇仁字，孟子開口便說仁義……。

註二：韓愈讀荀子。

註三：韓愈原道。

註四：伊川孟子序說。
註五：蘇試荀卿論。
註六：仁學卷下：二千年來之政，秦政也，二千來之學，荀學也，皆鄉愿也，惟大盜利用鄉愿，惟鄉愿工媚大盜。（引自梁啓超清代學術概論）
註七：楊倞荀子序。
註八：史記孟子荀卿列傳。
註九：汪中述學內外篇補遺荀卿子道論。
註十：陳澧：東塾讀書記卷十二。
註十一：任卓宣：孔孟學說底眞相和辨正二六四頁。
註十二：論語述而篇。
註十三：論語衛靈公篇。
註十四：孟子離婁篇上。
註十五：孟子萬章篇下。
註十六：孟子離婁篇上。
註十七：論語衛靈公篇。
註十八：論語述而篇。
註十九：孟子盡心篇上。

註二〇：同上註。

註二一：孟子告子篇下。

註二二：孟子滕文公篇下。

註二三：論語述而篇。

註二四：孟子盡心篇上。

註二五：孝經紀孝行章。

註二六：禮記祭義篇。

註二七：孟子離婁篇下。

註二八：論語里仁篇。

註二九：禮記祭義篇。

註三〇：禮記曲禮篇。

註三一：孟子離婁篇上。

註三二：孟子盡心篇上。

註三三：孝經諫諍章。

註三四：陳澧：東塾讀書記卷十二。

註三五：孟子告子篇上。

註三六：論語爲政篇。

註三七：論語八佾篇。
註三八：孟子滕文公篇上。
註三九：錢穆：國學概論第三章。
註四〇：羅素：西方文化論（張其昀著）。

墨子政治思想與儒墨之爭

墨子姓墨名翟，曾爲宋大夫，其生卒年月，俱無可考，「或曰並孔子時，或曰，在其後」（註一）有人謂墨非其姓氏，蓋「漢志九家，若儒、道、名、法、陰陽、縱橫、雜、農、莫不各舉其學術之宗旨以名家，無以稱姓者，且墨子前後亦絕無墨姓之人」，（註二）墨子之徒『多以裘褐爲衣，跂蹻爲服，日夜不休以自苦爲極』，當時非笑之者曰，『此刑徒之所爲，黥墨之所務也』，而因以呼之曰『墨』，墨者亦遂直承其名曰：吾固『墨』也。（註三）按通志氏族略，墨氏卽墨臺氏，宋成公子墨臺之後，墨子又爲宋人，其姓墨淵源有自。潛夫論載禹師墨和，墨臺氏之改爲墨氏，似亦沿襲古姓。孟子與墨子生卒相去不遠，稱楊朱爲楊氏，墨翟爲墨氏，亦可證明墨子姓墨。後世墨姓，至今不絕。且墨學爲墨子一人所獨創，而非他家學說乃採集衆說以成其學，無一人可爲其代表，是墨學之獨稱墨家，亦有其道矣。要之在先秦時，「儒墨並爲顯學」，爲世所重，墨子原爲七十一篇，至宋亡九篇，後又亡十篇，今本共五十三篇，惟「親士脩身及經上經下及說凡六篇，皆翟自著」，（註四）餘則門人小子所記錄，故尙賢，尙同，兼愛，非攻，節用，天志，俱有上中下篇，蓋各紀其所聞見之詞也，今就此所存各篇，概述墨學大要及其派別于後。

壹、墨學要略與派別

墨學全部，就五十三篇研究之，可分爲三大部門：第一爲「政治思想」，可包括墨學之大部份，亦卽世所謂墨家之說，可以代表之，如漢書藝文志所云：「墨家者流，蓋出于清廟之守，茅屋采椽，是以貴儉，養三老五更，是以兼愛，選士大射，是以尙賢，宗祀嚴父，是以右鬼，順四時而行，是以非命，以孝視天下，是以上同」。第二爲「軍事科學」如備城門，備高臨，備梯，備水，備突，備穴，備蛾傅……等篇，「具古兵家言」，雖「脫誤難讀」，殆亦公輸篇「子墨子解帶爲城，以牒爲械」之「守圉」科學也。第三爲「論理與數理科學」，於經說上下與大小取各篇，以及非命諸篇中所言之三表法，可以見之。

就數理言，墨經中于數學，物理，天文，地理智識，隨處可見，如經上五十四條云：「中：同長也」，五十八條云：圜：「一中同長也」，五十九條：「方，柱隅四讙」也，所言皆方圓之定義。經上六十一條：「端，體之無序而最前者也」，端，點也，體之無序，線也，此卽言積點成線之理，經下第十七至二十三各條，皆言光學之理，所謂：「景，光至，景亡若在……足蔽上光，故成景于上，首蔽下光，故成景于下……鑒者近中則所鑒大，景亦大，遠中，則所鑒小，景亦小」，皆今日攝影所用之光學原理，經下二十五六兩條，謂「負而不撓，說在勝……長重者下，短輕者上，上者愈得，下下者愈亡，繩直，權重相若，則正矣」。此卽言力學上重心與槓桿之理，經上第四十，四十一兩條，謂「久：彌異時也，宇：彌異所也」，卽言時間與空間之無限，經下第十四條「宇，或（域）徙」，卽地動之說也。惜其科學智識，當時無人繼起研究之，使其學理晦而不彰，殊可惜也。

再就論理學言，經說上下與大小取篇，實爲墨辯之中心理論。小取篇曰：「辯者將以明是非之分，審治亂之紀，明同異之處，察名實之理，處利害，決嫌疑，焉（乃）摹略萬物之然，論求羣言之比，以名舉實，以辭抒意，以說出故，以類取，以類予，有諸己不非諸人，無諸己不求諸人」。

是非明，則治亂審，同異處，則名實理，治亂名實有當，則利害處，嫌疑決矣。此可謂墨家論辯之主旨，至其方法，則力求客觀，一方要明察萬事萬物之所以然而下判斷，一方要將他人的論據與己之意見加以比較，而求折衷至當，方可見諸實行。所謂言有三表，「有本之者，有原之者，有用之者，於何本之？上本于古者聖王之事，（歷史法）；於何原之？下原察百姓耳目之實；（觀察法）於何用之？發以爲刑政，觀其中國家百姓人民之利。（實驗法）——非命篇上」

至「以名舉實」，經說上三十一條謂：「舉：擬實也」。卽「告以文名，舉彼實也」。「若實也者，必以是名也命之」。（經上第七十八條）

「以辭抒意」者，卽辭以達意，所謂「言：口之利也，執所言而意得見，心之辯也」（經上九十條）

「以說出故」者，卽說明其所以然之理，大取篇謂辭「以故生，以理長，以類行也者立辭而不明于其所生，妄也』。何謂故？：「所得而後成也」。（經上第一條）有「大故，有之必然」，如服毒必死之類；有「小故，有之不必然，無之必不然」，夫妻結合，爲生兒育女也，但結婚者，未必生子，此「不必然」也，但不結婚，決不會生子，此「必不然」也。論辯者，於大故，小故之未明，則不能爲說辭矣。

「以類取，以類予」者，別其同異，明其因果，審其虛實，辨其小大，此皆類推之事，大取篇云：「夫辭以類行者也——立辭而不明其類，則必困矣」。

採用以上諸方法之後，似乎可以決定人我之是非矣，然恐理有未明，辯有未當，而用其他方法以補足之。卽所謂「或也者，不盡也，假者，今不然也；效者，爲之法也，所效者，所以爲之法也，故中效，則是也，不中效，則非也，此效也。辟也者，舉他物而以明之也；侔也者，比辭而俱行也。援也者，曰：子然，我奚獨不可以然也；推也者，以其所不取之同于其所取者，予之也」。（小取篇）

惟墨辯理論，詳見墨經說上下及大取小取六篇，此不過略揭示其論理之微旨而已。

至墨學第二部份之「軍事科學」，意奧術奇，難以盡明，暫置而不論，而第一部份之「政治思想」，爲本文硏究之主題，容于下節詳述之。

玆就墨徒中傳習此三部份之學說者，試加論究。

呂氏春秋當染篇云：「孔墨徒屬彌衆，弟子彌豐」。並云：「禽滑釐學于墨子，許犯學于禽滑釐，田繫學于許犯」，呂氏尊師篇云：「索盧參，東方之鉅狡也，學于禽滑釐」。據陳灃東塾讀書記：「墨子弟子，見于墨子書者，程繁，管黔傲，游高，石子駱，滑釐，（按此處誤，耕柱篇謂子墨子使管黔傲游高石子于衞，故高石子爲一人，游乃游揚之意，駱滑釐好勇，駱蓋其姓也）弦唐子，公尙過，勝綽，禽滑釐，高孫子。見于漢書藝文志者：隨巢子，胡非子，又有我子，顏注，引劉向別錄云，爲墨子之學，不言墨子弟子；韓非子顯學篇，有相里氏之墨，相夫氏之墨，鄧陵氏之墨；集聖賢羣輔錄，有宋銒，（按或卽宋牼）尹文之墨，相里勤，五侯子之墨，苦獲，已齒，鄧陵子之墨、莊子天下篇，有相里勤之弟子，五侯之徒，南方之墨者，苦獲，已齒，鄧陵子；孟子書，有墨者夷之；呂氏春秋；有墨者孟勝，徐弱，田襄子，腹䵍；論衡福虛篇，有墨者之役纏子。晉魯勝注墨辯敍云：惠施，公孫龍祖述其學，孟子所謂墨翟之言盈天下，此可見其略也」。上述墨徒約三十人，其以名學（理論學）名者，有尹文，惠施，公孫龍；汪中述學墨子序云：「經上至小取六篇，當時謂之墨經，莊周稱相里勤之弟子，五侯之徒，南方之墨者，苦獲已齒，鄧陵子之屬以堅白同異之辯相訾，以倚偶不仵之辭相應者也」。大抵此輩皆屬傳墨學第三部份（論理學）之徒衆或鉅子也。

至傳墨學第二部份「軍事科學或躬行守國」之術者，當首推禽滑釐，公輸篇載「公輸盤九設攻城之機變，子墨子九距之，公輸盤之攻械盡，子墨子之守國有餘，公輸盤詘而曰吾知所以距子矣，吾不言。子墨子亦曰，吾知子之所以距我，吾不言，楚王問其故，子墨子曰，公輸子之意，不過欲殺臣，殺臣，宋莫能守，可攻也，然臣之弟子禽滑釐等三百人已持臣守圉之器在宋城上，而待楚寇矣，雖殺臣不能絕也」。備城門，備高臨，備梯，備穴各篇，與墨子研究攻守之術者亦只言禽滑釐，且謂其「事子墨子三年，手足胼胝，面目黧黑，役身給使，不敢問欲」（備梯篇），足見其人躬行其師之學而不怠，實可謂墨學第二部門之鉅子。

其次當爲孟勝，呂氏春秋上德篇載：「墨者鉅子孟勝，善荊之陽城君，陽城君令守于國，毀璜以爲符。約曰：符合聽之。荊王薨，羣臣攻吳，起兵于喪所，陽城君與焉。荊罪之，陽城君走，荊收其國。孟勝曰：受人之國，與之有符，今不見符，而力不能禁，不能死，不可。其弟子徐弱諫孟勝曰，死而有益陽城君，死之可也；無益也，而絕墨者于世，不可。孟勝曰：不然，吾於陽城君也，非師則友也，非友則臣也，不死，自今以來，求嚴師必不于墨者矣，求賢友，必不于墨者矣，求良臣必不于墨者矣，死之，所以行墨者之義而繼其業者也，我將屬鉅子于宋之田襄子。田襄子，賢者也，何患墨者之絕世也。徐弱曰，若夫子之言，弱請先死以除路，還歿頭前于孟勝，弟子死之者八十三人。二人以致令于田襄子，欲反死孟勝于荊，田襄子止之曰，孟子已傳鉅子于我矣，不聽，遂反死之」。

以此見墨者之守城守國，能守則盡其術以求勝，不能守，則身與職殉以盡責，其忠勇信義之節操，力行其學之實踐精神，誠足以驚天地而泣鬼神矣。

再其次爲胡非子，「事墨子，宗其學，其論勇論，釋屈將子之好勇，而誠服爲弟子，然則胡非固兼通兵家言，而有得于墨子備城門，備梯，備突諸篇之學者也」(註五)

至若從事於墨學第三部份（政治思想）之探究或參加實際政治，以期實踐墨學之理想者，有程繁、弦唐子、公尚過、勝綽、高石子、耕柱子、高孫子、管黔傲、魏越、與宋牼、夷子等，此證諸墨子三辯，非儒、貴義，公孟，耕柱，魯問等篇與孟子告子滕文公篇，即可知之。又考隨巢子好事鬼神，嘗曰：「聖人生于天下，未有所資，鬼神爲四時八節以紀育人，乘風雨潤澤而繁長之，皆鬼神所能也，豈不賢于聖人？」此有得于墨子明鬼之學也。(註六) 亦可歸于此類。

孫詒讓的墨學傳授考，於墨子徒眾，考證頗詳。
茲將墨徒各派所專心從事研究或實踐墨子各部門之學說者，列表于下：

墨學區分	專心研究或實踐墨學各部份之墨派學者	備註
第一部份　政治思想	程子(繁)　弦唐子　公尚過　勝綽　高石子　耕柱子　高孫子　管黔傲　魏越　宋牼　夷子　隨巢子	相夫氏之墨或屬此派
第二部份　軍事科學	禽滑釐　孟勝　徐弱　田襄子　胡非子　索盧參　許犯　田繫　屈將子	按禽滑黎，禽滑釐均爲禽滑釐
第三部份　論理學	尹文　惠施　公孫龍　相里勤之弟子　五侯之徒　苦獲　已齒　鄧陵子	墨子數理科學，似無傳人。有人謂惠施公孫龍爲墨辯之反對派，不能列爲墨家。

惟政治思想，爲墨子學說精神所寄，當爲各派所共同信仰，而治兵學與治名學者，當亦不能忘其師說之根本教義也。

貳、墨子政治思想的三大鋼領

墨子謂「三代聖王堯舜禹湯文武……其爲政乎天下也，……率天下之萬民，以尙尊天，事鬼，愛利萬民」（尙賢中）。又曰：「古者聖王明天鬼之所欲，避天鬼之所憎，以求興天下之利，除天下之害」（尙同中），「上利天，中利鬼，下利人，三利而無所不利，是謂天德」。（天志下）又有明鬼篇，力言鬼神之能賞善罰惡，亦如天志中篇所云「天子爲善，天能賞之，天子爲暴，天能罰之」，故總括墨子政治思想，可分爲三大綱領：一曰「尊天」，二曰「明鬼」，三曰「利人」。而此三大綱領之思想背景，則爲中國古代傳統文化，不得視之爲異端也。

一、尊天思想與天道古訓

(1) 中國敬天、畏天思想，載諸古籍，不可勝數，卽以五經論，亦難備述，姑徵引數則，以明其義，詩云：「皇矣上帝、臨下有赫」，（皇矣篇）「凡百君子，各敬爾身，胡不相畏，不畏于天，（雨無正篇）「天實爲之，謂之何哉?」（抑風篇），書云：「天視自我民視，天聽自我民聽」。（周書）「天聰明，自我民聰明，天明畏，自我民明畏」，（夏書）「惟上帝不常，作善降之百祥，作不善，降之百殃」（商書）。易云：「天行健，君子以自強不息」（乾卦象辭），「至哉坤元，萬物資生，乃順承天」（坤卦象辭）。「易其天地準，故能彌綸天地之道，仰以觀于天文，俯以察于地理，是故知幽明之故，原始反終，故知生死之說」。（繫辭）禮云：「夫禮，先王以承天之道，以治人之情」，「禮必本于太一」（禮運篇）。故「禮也者，合于天時，人心、理萬物者也」（禮器篇）。春秋所載尊天之訓，亦歷歷可考，如秦晉韓原之戰，晉惠公被俘，晉之大夫見秦繆公曰：皇天后天，實聞君之言，羣臣敢在下風」，秦公曰：「我食吾言，背天地也，背天不祥，必歸晉君」。楚莊王伐陸渾之戎。至雒，問鼎輕重，王孫滿曰：「天祚明德，有所底止，成王定鼎于郟郡，卜世三十，卜年七百，天所命也，周德所衰，天命未改，鼎之輕重、未可問也」。五經爲我文化學術思想之淵源，其重視天道之精神，當影響于後世，故先秦諸子，多言天道，不過墨子尊天思想，較儒道諸家，更爲突出耳。

(2) 墨子以天有意志，人人應以之爲法儀，猶之「百工爲方以矩，爲圓以規，直以繩，正以縣」（法儀篇），故治天下「莫若法天，天之行，廣而無私，其施厚而不德，其明久而不衰，故聖人法之。既以天爲法，動作有爲，必度于天，天之所欲，則爲之，天所不欲則止，然而天何欲何惡者也？天必欲人之相愛相利，而不欲人之相惡相賊也。奚以知天之欲人之相愛，相利，而不欲人之相惡相賊也？以其兼而愛之，兼而利之也。奚以知天兼而愛之，兼而利之也？以其兼而有之，兼而食之也」。（同上註）

故天之仁心，非天下任何父母賢君可及，其欲民之生，惡民之死，欲民之富，惡民之貧，欲民之治，惡民之亂，充分表示天心之仁愛，「欲義而惡不義」，故治天下者，「應率天下之百姓，以從事于義」（天志上）以是「子墨子曰：「萬事莫貴于義」（貴義篇）。

(3) 仁義愛利四者，皆墨子政治思想之重心，何以云「萬事莫貴于義」？蓋「義者政也」（正也），上必政下，下必從上，「是故庶人竭力從事，未得次已而爲政，有士政之，士竭力從事未得次已而爲政，有將軍大夫政之，將軍大夫竭力從事未得次已而爲政，有三公諸侯政之，三公諸侯竭力聽治，未得次已而爲政，有天子政之，天子未得次已而爲政，有天政之」。（天志上）

自天子以至于庶人，一級負一級責善之責，自庶人以至于天子，一級又對一級聽責善之命，而最高之責善者爲天，是則自天子以至于庶人，皆可聽天而治，遵命而理，形成庸人政治，而無須尚賢使能矣！然依墨子之意，「明哲維天，臨君下土」（天志中），「故選擇天下賢良聖知辯慧之人，立以爲天子」（尚同中），天既立賢爲天子，天子亦必以舉賢任能爲務，「國有賢良之士衆，則國家之治厚，賢良之士寡，則國家之治薄，故大人之務，將在于衆賢而已」。（尚賢上）

(4) 賢良之標準如何？「厚乎德行，辯乎言談，博乎道術」，（尚賢上），凡「據財不能以分人……守道不篤，偏物不博，辯是非不察者」，（脩身篇）皆非賢士也。凡合于標準者，爲義，否則爲不義，「是故古者聖王之爲政也，言曰：不義不富，不義不貴，不義不親，不義不近，是以國之富貴人聞之，皆退而謀曰：始我所恃者，富貴也，今上舉義不辟貧賤，然則我不可不爲義。親者聞之，亦退而謀曰；始我所恃者，親也，今上舉義不辟親疏，然則我不可不爲義。近者聞之，亦退而謀曰：始我所恃者，近也，今上舉義不辟近，然則我不可不爲義。遠者聞之，亦退而謀也，我始以遠爲無恃，今上舉義不辟遠，然則我不可不爲義。逮至遠鄙郊外之臣，門庭庶子，國中之衆，四鄙之萌人聞之，皆競爲義，其故何也？曰：上之所使下者，一物也，下之所以事上者，一術也。」（尙賢上）即以「尙賢事能爲政也」。（同上註）

(5)　賢能政治如能建立，則上下一體，朝野一心，「上之所是，必亦是之，上之所非，必亦非之，己有善，傍薦之，上有過，規諫之，尙同義其上，而無有下比之心，上得則賞之，萬民聞則譽之。意若聞見善，不以告其上，聞見不善，亦不以告其上，上之所是不能是，上之所非，不能非，己有善，不能傍薦之，上有過，不能規諫之，下比而非其上者，上得則誅罰之，萬民聞則非毀之。故古者聖王之爲刑政賞譽也，甚明察以審信，是以舉天下之人，皆欲得上之賞譽，而畏上之毀罰」。（尙同中）此種理想政治，如無極賢明，公平、正直之士以司權衡，難免流于專制，而使人民與各級主政者，成爲最高統治者之傀偏，毫無意志自由與精神暢舒之生趣矣。

然墨子仍持之有故，更申言其政治組織之實際運用曰：「是故里長順天子政而一同其里之義，里長既同其里之義，率其里之萬民，以尙同乎鄉長曰：凡里之萬民皆尙同乎鄉長而不敢下比，鄉長之所是，必亦是之，鄉長之所非，必亦非之，去而不善言，學鄉長之善言，去而不善行，學鄉長之善行，鄉長固鄉之賢者也，舉鄉人以法鄉長，夫鄉何說而不治哉？察鄉長之所以治鄉者，何故之以也？曰：唯以其能一同其鄉之義，是以鄉治，鄉長治其鄉，而鄉既已治矣，有率其鄉萬民，以尙同乎國君曰：凡鄉之萬民，皆上同乎國君，而不敢下比，國君之所是，必亦是之，國君之所非，必亦非之，去而不善言，學國君之善言，去而不善行，學國君之善行，國君，固國之賢者也，舉國人以法國君，夫國何說而不治哉？察國君之所以治國而國治者，何故之以也？曰：唯以其能一同其國之義，是以國治，國君治其國，而國既已治矣，有率其國之萬民以尙同乎天子，曰：凡國之萬民，上同乎天子，而不敢下比，天子之所是，必亦是之，天子之所非，必亦非之，去而不善言，學天子之善言，去而不善行，學天子之善行，天子者，固天下之仁人也，舉天下之萬民以法天子，夫天下何說而不治哉？察天子之所以治天下者，何故之以也，曰：唯以其能一同天下之義，是以天下治，夫既尙同乎天子，而未上同乎天者，則天菑將猶未止也」。（尙同中）

墨子似已知其理想政治之會生流弊，故特別尊天，而信天有最高意志與權力，以賞善罰惡，並舉禹湯文武之所以興，桀紂幽厲之所以亡以爲戒，是亦獨具慧眼者。

我國歷代每逢災難，天子皆撤樂減膳，以責己躬之不逮，致開罪于天，此雖明于天人感應之教，亦合于墨子尊天畏天之意。北宋名臣富弼曰：「人君所畏者，天耳，若不畏天，何事不可爲者」？墨子預防天子專政之術，除尊天而外，尙有明鬼之說也。

二、明鬼思想與神道說教

天神地祇人鬼，爲中國古代天地一氣、陰陽一貫之思想，所謂「大人者與天地合其德，與日月合其明，與四時合其序，與鬼神合其吉凶，先天而天不違，後天而奉天時，天且不違，而況于人乎？而況于鬼神乎？」（易經乾卦文言）禮記明鬼之教更多，如禮運篇曰：「夫禮必本于天，殽（效）于地，列于鬼神，……故天下國家可得而正也」，祭義篇云：「因物之情，制爲之極，明命鬼神，以爲黔首，則百衆以畏，萬民以服」，祭法篇謂「有天下者祭百神」，又曰：「人死曰鬼，此五代之所不變也」。因古昔教育不普及，民智未開化，無論上智下愚，對宇宙千奇萬怪之事象，不知其理，對人類生死病苦之由來，亦莫明其故，只好一切委之于天神人鬼，且作爲教育人民，維持社會秩序之良好手段，「聖人以神道設教而天下服矣」。（易觀卦彖辭）

春秋一書爲孔子寓褒貶，別善惡之作，而其所載明鬼之事，亦歷歷如繪，如昭公七年傳載，鄭大夫良霄（伯有），貪愎而多欲，子晳駟帶等攻之，霄死，死而爲厲，先期示夢殺駟帶及公孫段，帶、段果如期卒，於是鄭人大恐，常相驚曰：「伯有至矣」，輒皆走，不知所往。魯桓公十八年春與夫人如齊，齊襄公與夫人通，公怒夫人，夫人以告齊侯，夏四月，齊襄公饗公，公醉，使公子彭生抱魯桓公，因命彭生摺其脅，公死于車，魯人以爲讓，齊乃殺彭生以謝。八年後。襄公獵沛邱，見彘，從者曰，彭生，公怒射之，彘人立而啼，公懼，墜車，傷足，致遭公孫無知襲宮之難而死。（參引史記齊魯世家）可見不語怪，力，亂，神（論語述而篇）之孔子，亦不否認鬼，故曰：「祭如在，祭神如神在」（八佾篇）。又曰：「非其鬼而祭之，諂也」。（論語爲政篇）而且孔子對「非飲食而致孝乎鬼神」之大禹，亦有「吾無間然矣」（論語泰伯篇）之稱。更可知孔子雖重事人，亦重事鬼也。子思作中庸，稱「子曰，鬼神之爲德，其盛矣乎」？又謂「君子之道，……考諸三王而不繆，建諸天地而不悖，質諸鬼神而無疑」，師承其祖訓也明矣！。

淮南子要略謂「墨子學儒者之業，受孔子之術，以爲其禮煩擾而不悅，厚葬靡財而貧民，久服傷生而害事，故背周道而用夏政」，是則墨子明鬼之學，上本于大禹，下宗于孔子也。

墨子明鬼之說，與其天志，尚同，尚賢，法儀諸篇政治理論，同條共貫，爲使其政治理想免流于極端不負責任之專制制度，除力尊天意外，並加強鬼神之說，而謂「三代聖王既沒，天下失義，諸侯力正（征），是以存夫爲人君臣上下者之不惠忠也，父子弟兄之不慈孝弟長貞良也，正長之不強于聽治，賤人之不強于從事也，民之爲淫暴寇亂，盜賊，以兵刃毒藥水火，退無罪人于道路率徑，奪人車馬衣裘以自利者，並作，由此始，是以天下亂，此其故何以然也？則皆以疑惑鬼神之有與無之別，不明乎鬼神之能賞賢而罰暴也」。（明鬼下）

天下之亂，既由于不信鬼神，今欲天下之治，則惟有反其道而行之。「今若使天下之人，借若信鬼神之能賞賢而罰暴也，則夫天下豈亂哉？」（明鬼下）然鬼神之有與無，不可明察，故墨子師春秋之意，而舉實例，以明鬼爲人所共見。衆所同聞。

其一曰：「昔者……周宣王殺其臣杜伯而不辜，杜伯曰：吾君殺我而不辜，若以死者爲無知，則止矣，若死而有知，不出三年，必使吾君知之，其（期）三年，周宣王合諸侯而田于圃，田車數百乘，從數千人滿野，日中，杜伯乘白馬，素車，朱衣冠，執朱弓，挾朱矢，追周宣王，射入車上，中心折脊，殪車中，伏弢而死。當是之時，周人從者莫不見，遠者莫不聞，著在周之春秋，爲君者以教其臣，爲父者以譤其子，曰：戒之愼之，凡殺不辜者，其得不祥，鬼神之誅，若此之憯遬也。以若書之說觀之，則鬼神之有，豈可疑哉？」（明鬼下）

其二曰：「昔者燕簡公殺其臣莊子儀而不辜，莊子儀曰：吾君王殺我而不辜，死人毋知亦已，死人有知，不出三年，必使吾君知之。期年，燕將馳祖，燕之有祖，當齊之社稷，宋之有桑林，楚之有雲夢也，此男女之所屬而觀也。日中，燕簡公方將馳于祖塗，莊子儀荷朱杖而擊之，殪之車上，當是時，燕人從者莫不見，遠在莫不聞，著在燕之春秋。諸侯傳而語之曰：凡殺不辜者，其得不祥，鬼神之誅，若此其憯遬也。以若書之說觀之，則鬼神之有，豈可疑哉」？（明鬼下）

其他明鬼之例，不必俱引，要之墨子之意，在以神道設教，以鬼道畏人，使王公大人士君子，謹愼將事，「興天下之利，除天下之害」（明鬼下）而已！若以此謂墨子爲宗教家，實耶蘇之流亞，則惑矣！

三、利人思想與勤愛節儉

墨子利人思想，見于兼愛非攻、節用、節葬、非樂、非命、七患、辭過諸篇，其意義可以勤愛節儉四字概括之，然與孔子思想，不無淵源。孔子曰：「道千乘之國，敬事而信，節用而愛人，使民以時」（論語學而）。又曰：「汎愛衆，而親仁」（學而），「奢則不孫，儉則固，與其不孫也，寧固」。（論語述而篇）「子路問政，子曰：先之，勞之，請益，曰：無倦」。（子路篇）顏淵「無伐善，無施勞」。（雍也篇）「語之而不惰」（子罕篇），其勤勞亦爲孔子所讚許。墨子更發揮其精義，使之鞭辟近裏，以形成墨學之骨幹。

(1)　孔子言「汎愛」，墨子言「兼愛」，其義相若也。墨子謂「仁人之所以爲事者，必興天下之利，除其天下之害，以此爲事者也。然則天下之利何也？天下之害何也？子墨子言曰：今若國之與國之相攻，家之與家之相簒，人之與人之相賊，君臣不惠忠，父子不慈孝，兄弟不和調，此則天下之害也。然則崇此害，亦何用生哉？以不相愛生耶。子墨子言以不相愛生，今諸侯獨知愛其國，不愛人之國，是以不憚舉其國，以攻人之國，今家主獨知愛其家，而不愛人之家，是以不憚舉其家以簒人之家，今人獨知愛其身，不愛人之身，是以不憚舉其身以賊人之身，……天下之人，皆不相愛，強必執弱，富必侮貧，貴必敖賤，詐必欺愚。凡天下禍簒怨恨其所以起者，以不相愛生也。是以仁者非之。何以易之？子墨子言曰：以兼相愛交相利之法易之，……視人之國若視其國，視人之家若視其家，視人之身若視其身，……天下之人皆相愛，強不執弱，衆不刼寡，富不侮貧」。（兼愛中）蓋「愛人者，人必從而愛之，利人者，人必從而利之」，（兼愛中）於是國與國相親，家與家相善，君惠臣忠，父慈子孝，兄和弟順，盜賊蔑有，天下大治矣，故孫中山先生于民族主義第六講中，深讚墨子兼愛之說也。

(2)　然兼愛主義未得人人信服實行之前，猶有國與國相攻者，則唯有從義利觀點曉之以理，動之以情，使之遷善就義，而入于互利兼愛之域。

非攻上曰：「今有一人入人園圃，竊其桃李，衆聞則非之，上爲政者，得則罰之，此何也？以虧人自利也。至攘人犬豕鷄豚者，其不義又甚入人園圃竊桃李，是何故也？以虧人愈多，其不仁茲甚，罪益厚，至入人欄廐，取人馬牛者，其不仁義又甚攘人犬豕鷄豚，此何故也？以其虧人愈多，苟虧人愈多，其不仁茲甚，罪益厚。至殺不辜人也，扡其衣裘，取戈劍者，其不義又甚入人欄廐，取人馬牛，此何故也？以其虧人愈多，苟虧人愈多，其不仁茲甚矣，罪益厚。當此，天下之君子，皆知而非之，謂之不義。今至大爲攻國，則弗知非，從而譽之謂之義，此何謂知義與不義之別乎？殺一人謂之不義，必有一死罪矣，若以此說往，殺十人，十重不義，必有十死罪矣。殺百人，百重不義，必有百死罪矣。當此，天下之君子，皆知而非之，謂之不義，今至大爲不義攻國，則弗之非，從而譽之謂之義，情不知其不義也，故書其言以遺後世，若知其不義也，夫奚說書其不義以遺後世哉？」。

且攻人國者，非徒有害于人，亦無利于己，師徒之興，「冬行恐寒，夏行恐暑……春則廢民耕稼樹藝，秋則廢民穫斂……百姓飢寒凍餒而死者，不可勝數，……牛馬肥而往，瘠而反，往死亡而不反者，不可勝數，與其途道之脩遠，糧食輟絕而不繼，百姓死者不可勝數也，與其居處之不安，食飲之不時，飢飽之不節，百姓之道疾病而死者，不可勝數，喪師多不可勝數，喪師盡不可勝計，則是鬼神之喪其主后，亦不可勝數，國家發政，奪民之用，廢民之利，若此甚衆，然而何爲爲之？曰：我貪伐勝之名，及得之利，故爲之。子墨子言曰：計其所自勝無所可用也，計其所得反不如所喪者之多。」（非攻中）攻人國者反樂此不疲者，蓋欲效「禹征有苗，湯伐桀，武王伐紂」之故事，而「欲以義名立于天下以德來諸侯也」。（非攻下）然當時之好戰強國，無一能爲義于天下，而有征伐他國之德望也，故墨子非之，而且力行其說，不惜「摩頂放踵」，率其徒衆以爲被攻國家謀守圉之策，斯誠曠世之仁人也，歌頌之不暇，何忍責之?!

(3) 非攻之說，亦含有節用民財，愛惜民力之深意存乎其間，然究不若節用、辭過諸篇所言詳盡也。「古者聖王制爲節用之法曰：凡天下羣百工，輪車鞼匏，陶冶梓匠，使各從事其所能。曰：凡足以奉給民用則止，諸加費不加于民利者，聖王弗爲」（節用中），舉凡宮室，食飲，衣服，舟車，甲盾五兵，皆以實用爲主，踵事增華，徒費財力而不加利者，認爲勞民傷財，皆在摒棄之列。卽一切生活必需品，皆固定于需要階段，不必求舒適與繁華也，此就進化觀點言，固有其缺陷，然墨子「以自苦爲極者」，其行足以顧其言，蓋亦有見于當時諸侯之窮奢極慾，人民救死不暇，不得不矯枉過正，且以此節民財、蓄民力、而使國力倍增也。

人類爲滿足生活之需要，除衣食住行外，當爲男女之事，墨子所謂「眞天壤之情，雖有先王不能更也」。（辭過篇）惟「上世至聖，必蓄私不以傷行，故民無怨，宮無拘女，故天下無寡夫，內無拘女，外無寡夫，故天下之民衆。當今之君，其畜私也，大國拘女累千，小國累百，是以天下之男多寡無妻，女多拘無夫，男女失時，故民少；君實欲民之衆而惡其寡，當蓄私不可不節。」(同上註)昔人言節儉者只限于財貨，多寵好色，則指爲淫佚，墨子則于辭過篇中，以男女之事與衣食住行並論，均須有所節制，以滿足需要爲止，是誠獨具隻眼矣。

(4) 人類物質生活與生理需要之應節制，固足尙矣，精神生活所需之音樂；何以墨子亦非之？「非以大鐘鳴鼓琴瑟竽笙之聲以爲不樂也，……然上考之不中聖王之事，下度之不中萬民之利，是故子墨子曰，爲樂非也」。(非樂上)。今「民有三患：飢者不得食，寒者不得衣，勞者不得息，三者民之巨患也，然卽當爲之撞巨鐘、擊鳴鼓、彈琴瑟、吹竽笙而揚干戚，民衣食之財，將安可得乎？卽我以爲未必然也。意舍此。今有大國卽攻小國，有大家卽伐小家，強刼弱，衆暴寡，詐欺愚，貴傲賤，寇亂盜賊並興，不可禁止也，然卽當爲之撞巨鐘、擊鳴鼓、彈琴瑟、吹竽笙而揚干戚，天下之亂也，將安可得而治與？卽我未必然也。是故子墨子曰：姑嘗厚措斂乎萬民，以爲大鐘鳴鼓琴瑟竽笙之聲，以求興天下之利，除天下之害而無補也，是故子墨子曰：爲樂非也」。(非樂上)

爲樂不僅無利于人民，無益于國家，反有害于人民與國家，如「王公大人說樂而聽之，卽必不能蚤朝晏退，聽獄治政，是故國家亂而社稷危……士君子說樂而聽之，卽必不能竭股肱之力，亶其思慮之智，內治官府，外收斂關市山林澤梁之利，以實倉廩府庫，……

農夫說樂而聽之，即必不能蚤出暮入，耕稼樹藝，多聚升粟……婦人說樂而聽之，即必不能夙興夜寐，紡績織紝，多治麻絲葛緒綑布縿」。（非樂上） 故從求治興利，民生在勤的觀點言，樂亦要節制。

(5) 物質生活，精神生活，男女生活，皆屬生人之事，出以節制之道，可裕民財，可遂民生固矣。若「死別」之事，衣衾棺槨，有關于物質，喪戚哀悼，有關于精神，其簡約繁奢，合于禮制孝道與否，在在遭時物議。主厚葬者：「棺椁必重，葬埋必厚，衣衾必多，文繡必繁，邱隴必巨，存乎匹夫賤人死者，殆竭家室，存乎諸侯死者，虛車府」。（節葬下）甚至以人殉葬，「天子殺殉，衆者數百，寡者數十，將軍大夫殺殉，衆者數十，寡者數人」（節葬下），此在墨子視之，既違反人道，又虛耗資財，無益于死者，有害于生者。至處喪之法，主久喪者，父母死，喪三年，「哭泣不秩聲翁，縗絰，垂涕，處倚廬，寢苫枕甴，又相率強不食而爲飢，薄衣而爲寒，使面目陷陬，顏色黧黑，耳目不聰明，手足不勁強，……必扶而能起，杖而能行」。（節葬下）「親死列尸弗歛，登屋窺井，挑鼠穴，探滌器，而求其人焉，以爲實在，則戇愚甚矣，如其亡也必求焉，僞亦大矣」。（非儒下），墨子不但以此種居喪行狀爲愚爲僞，且以其有害于生人之事，而背于治理，故曰：「使王公大人行此，則必不能蚤朝五官六府，辟草木，實倉廩；使農夫行此，則必不能蚤出夜入，耕稼樹藝；使百工行此，則必不能修舟車爲器皿矣；使婦人行此，則必不能夙興

夜寐，紡績織絍」。（節葬下）

是以厚葬久喪，墨子皆與反對，以「厚葬爲多埋賦之財者也」，「久喪爲久禁從事者也」（節葬下），有背于其勤儉哲學，故主張「棺三寸足以朽體，衣衾三領，足以覆惡，及其葬也，下毋及泉，上無通臭……死者旣以葬矣，生者必無久哭，而疾而從事，人爲其所能，以交相利也」。（節葬下）且「節喪」所以「安死」，亦孝子重親慈親之深謀遠慮也。（見呂氏春秋孟冬紀）。

(6)　墨子以其利人的勤儉觀念，反對厚葬久喪，其非命主張，亦根諸此思想，蓋天下之安危治亂，存乎上之爲政而力行，個人之貧富貴賤，亦存乎己之勤勞而不息，而無關乎命，自王公大人卿大夫以至于農夫農婦之所以早作暮息，竭力從事于本身之職責者，皆以爲強則有功，不強必貧，賤必飢寒，故不敢無時或懈。惟「昔三代暴王，桀紂幽厲，貴爲天子，富有天下，于此乎不矯其耳目之欲，而從其心意之辟，外之敺騁田獵畢弋，內湛于酒樂，而不顧其國家百姓之政，繁爲無用，暴逆百姓，遂失其宗廟，其言不曰吾罷不肖，吾聽治不強，必曰吾命固將失之；雖昔也三代罷不肖之民，亦猶此也，不能善事親戚君長，甚惡恭儉，而好簡易，貪飲食而惰從事，衣食之財不足，是以身有陷于飢寒凍餒之憂，其言不曰：吾罷不肖，從事不強，又曰：吾命固將窮」。（非命下）故欲「求興天下之利，除天下之害」（非命下），非「非命」不可也。

墨子之政治思想，概如上述，其尊天明鬼思想，雖已不合時代潮流，然其勤儉兼愛之說，固萬古如新，儒家當時所以非之者，皆以其薄葬短喪爲不孝，遂並其兼愛之說而抨擊之歟？是則儒墨之爭，不可不辯也。

叁、儒墨之爭的評議

儒家反對墨家最力者，當爲孟子，其言曰：「聖王不作，諸侯放恣，處士橫議，楊朱墨翟之言盈天下，天下之言不歸楊，則歸墨，楊氏爲我，是無君也，墨氏兼愛，是無父也，無父無君，是禽獸也」。（滕文公下）又謂「楊墨之道不息，孔子之道不著，是邪說誣民，充塞仁義也，仁義充塞，則率獸食人，人將相食，吾爲此懼，閑先聖之道，距楊墨，放淫辭、邪說者不得作……能言距楊墨者，聖人之徒也」。（滕文公下）孟子之視墨學、有如洪水猛獸，故大聲疾呼，鼓勵人人反對其學。惟其反對論據似極薄弱，蓋兼愛者，視人之身，若己之身，視人之父，若己之父，仍從己身己父以推諸他身他父，雖云與標榜愛有等差之意旨，微有不同，然大體相似，孟子亦主張「老吾老以及人之老」（梁惠王上），禮運大同之道，有「不獨親其親之說」，何獨以墨子兼愛之論，視爲無父，而詈之爲禽獸哉？通觀墨子全書，其言慈孝父母之理者十數處，此觀于天志，尚賢，尚同，兼愛，非攻，非命，節葬諸篇，卽信而有徵，經上並有「孝、利親也」之釋，更可闢墨子無父之說爲無據。孟子如未讀墨子之書，而斥其爲無父，未免近于妄，如讀墨子之書，而責其無父，則未免近于誣矣！惜乎後世腐儒，惑于孟子之說，囿于儒墨門戶之見，竟有人讀墨子之書後，仍詆墨子爲無父者，如清之陳灃云：

「孟子謂墨子無父，嘗疑其太甚，讀墨子書，而知其實然也，墨子書云：公孟子曰：三年之喪，學吾之慕父母，子墨子曰：夫嬰兒子之知，獨慕父母而已，父母不可得也，然號而不止，此其故何也，卽愚之至也，然則儒者之知，豈有以賢于嬰兒子哉，此之謂無父」。（註七）墨子此處知（智）愚之辯，應看其前文：「公孟子謂子墨子曰：知有賢于人，則可謂知（智）乎？子墨子曰：愚之知有以賢于人，而愚豈可謂知（智）乎」？（公孟篇），公孟子謂愚者有一知賢于人，卽可稱爲智者，墨子謂愚者縱有一知賢于人，亦不能稱爲智者，而嬰兒不知父母之不可得而泣，是愚不是智，卽責儒者居喪時「親死列尸……探滌器而求其人」（非儒下），非智者，乃類于嬰兒之愚行，又焉得以此證實墨子無父之罪乎？

最令人嗟嘆者，爲曠世奇才之梁任公，亦欲以兩難法，佐實「孟子兼愛無父之斷案」，其于先秦政治思想史上論述墨家思想時，舉一「例爲凶歲，二老飢欲死，其一吾父，其一人之父也，墨子得飯一盂，不能兼救二老之死，以奉其父耶？以奉人之父耶？吾意「爲親度」之墨子，亦必先奉其父矣。信如是也，則墨子亦別士也。如其不然，而曰吾父與人父等愛耳，無所擇，則吾以爲孟子「兼愛無父」之斷案，不爲虐矣」。今若以此二老，易爲一儒者之父母，則將以此一盂飯奉父乎？抑奉母乎？奉父則無母，奉母則無父，由父母自擇，必有一飢死，吾人可斷定此儒者爲不孝其父或不孝其母之人乎？故任公之例，實不足以爲兼愛無父之斷案彰彰明矣。

要之儒家主張原葬久喪者，爲反對墨子薄葬短喪之說，不得不醜詆之。最可笑者，爲王充在論衡上譏墨子既主「薄葬而又右鬼，死者審有知，而薄葬之，是怒死人也」。不知墨子理想中之鬼，爲贊成其薄葬之說者，又何得而怒之？如薄葬墨子，墨子之鬼豈怒乎？

至墨子非儒之理，與其本諸非儒篇，不如本諸公孟篇。子墨子謂程子（繁）曰：「儒之道足以喪天下者，四政焉。儒以天爲不明，以鬼爲不神，天鬼不說，此足以喪天下；又厚葬久喪，重爲棺椁，多爲衣衾，送死若徙，三年哭泣，扶然後起，杖然後行，耳無聞，目無見，此足以喪天下，又弦歌鼓舞，習爲聲樂，此足以喪天下；又以命爲有，貧富壽夭，治亂安危有極矣，不可損益也，爲上者行之，不必聽治矣，爲下者，必不從事矣，此足以喪天下」。

然墨子尊天明鬼思想，多出于五經，五經固孔子所删定述作，孔子亦嘗言天矣，如「天之將喪斯文也，後死者不得與于斯文也，天之未喪斯文也，匡人其如予何？」（論語子罕）又云：「獲罪于天，無所禱也」（論語八佾篇），「吾誰欺，欺天乎」？（子罕篇）論語上言天之處，不一而足。至孟子，則云：「夫天之不欲平治天下也，如欲平治天下，當今之世舍我其誰也」。(公孫丑篇),其答萬章問堯舜禪讓大禹傳子之事,不惜反覆申言天與天受之道,而謂「天與賢,則與賢,天與子,則與子」(萬章上),是孔孟皆尊天矣。

孔子之敬鬼神,上文已言之,孟子謂民貴君輕,「社稷次之」,(盡心篇下)所謂社者,土神也,稷,穀神也,「諸侯重社稷,則變置,犧牲既成,粢盛既潔,祭祀以時,然而旱乾水溢,則變置社稷」。(盡心篇下)所謂「變置社稷」,是舊神不能救「旱乾水溢」而再建社稷,以乞靈于新神。無宗廟祭祀之祉者,孟子斥之爲「貉道」。(告子下)是孔孟皆明鬼矣。

孔孟雖皆尊天明鬼,究不若墨子堅持天鬼之說,以敦明教化;蓋孔孟以天鬼在不可知之數,與其信其無,不如信其有。墨子則以天鬼爲必可知之數,只能信其有,不能信其無,此屬于信仰之強弱問題,而非根本問題也。

儒墨最大歧見,實在厚葬薄葬,久喪短喪之爭,然孔子恐非絕對主張厚葬者,曾謂「禮與其奢也寧儉」,(八佾篇)顏淵死,「顏路請子之車以爲之椁,子曰:才不才,亦各言其子也,鯉也死,有棺而無椁」,故「門人欲厚葬之,子曰,不可。」(論語先進篇),又曰,「始作俑者,其無後乎?爲其象人而用之也」。(孟子梁惠王上)象人之俑都反對,以人殉葬當更反對。「孟子之後喪踰前喪」,薄葬其父,厚葬其母,因「前以士,後以大夫,前以三鼎,後以五鼎」,而異其棺椁衣衾,(梁惠王下),是孟子亦喪葬稱家之有無，而非絕對主張厚葬者。「蓋上世嘗有不葬其親者，其親死，則舉而委之于壑，他日過之，狐狸食之，蠅蚋姑嘬之，其顙有泚，睨而不視，夫泚也，非為人泚，中心達于面目，蓋歸反虆梩而掩之，掩之誠是也，則孝子仁人之掩其親也，亦必有道矣」。（滕文公上）掩之有道，主厚葬者固有道，主薄葬者亦焉得謂無道？

三年之喪，在春秋戰國時均未通行，故宰予與公孫丑皆主朞年之喪，滕文公接受孟子主張服三年之喪時，「父兄百官皆不欲，曰：吾宗國魯先君莫之行，吾先君亦莫之行也」。（滕文公上），墨子反對三年久喪，而主三月之喪，謂喪葬乃一種習俗，厚薄長短，於仁義無關，故引越東輆沐國，楚南炎人國，秦西儀渠國之食子，拋棄鬼妻，剮死人肉，焚死人尸等怪俗，以為之辯。（節葬下）以愚之見，墨子反對三年之喪，其注重點不在時間之長短，而在居喪之法，不食不飲，哀毀逾恒之矯揉造作，傷情害性，倘已死之父母地下有知，必不贊成其子女寢苫枕塊，損害身體，蓋「父母惟其疾之憂」，因居喪而致疾，亦非孝親之道，倘只行三年之喪，僅「無改于父之道」（論語學而篇）想墨子亦不堅持其三月之喪也。

孔子不否認命，亦罕言命，論語中言命者，不過數處，如曰：「道之將行也與？命也！道之將廢也與？命也，公伯寮其與命何？」（論語憲問篇）「伯牛有疾，子問之，自牖執其手曰：亡之，命矣夫」！（雍也篇），子夏謂聞之夫子：「死生有命，富貴在天」。（顏淵篇）孟子謂孔子「於衞主顏讎由，彌子之妻與子路之妻，兄弟也。彌子謂子路曰：孔子主我，衞卿可得也。子路以告。孔子曰：有命。孔子進以禮，退以義，得之不得曰有命。而主癰疽與侍人瘠環，是無義無命也」。（孟子萬章上）

孟子自稱私淑孔子，孔子旣言命，孟子當不諱言命，故曰：「莫之爲而爲者，天也，莫之致而至者，命也」。（同上註）又曰：「口之於味也，目之於色也，耳之於聲也，鼻之於臭也，四肢之於安佚也，性也，有命焉。君子不謂性也。仁之於父子也，義之於君臣也，禮之於賓主也，智之於賢者也，聖人之於天道也，命也，有性焉，君子不謂命也」。（孟子盡心章下）

孔子言命，大抵就「不可抗力」與自然機遇而言，孟子則謂耳目口鼻之享受，亦有命定，近于宿命論，墨子所非之命，亦卽宿命主義，然孔孟皆熙熙攘攘，周遊列國，以講道行義，並非聽天由命者，則墨子所非之命，似非孔孟之命，而爲世俗鄙儒迷信之命矣。

墨子非樂，爲其學說中最大之弱點，其所持非樂之理論，謂朝野上下皆將因樂而廢其所事，旣不合于事實，亦違背情理，故其門徒程繁亦反對之，「問于子墨子曰：夫子曰：聖王不爲樂。昔諸侯倦于聽治，息于鐘鼓之樂，士大夫倦于聽治，息于竽瑟之樂，農夫春耕夏耘，秋斂冬藏，息于聆缶之樂，今夫子曰：聖王不爲樂，此譬之猶馬駕而不稅，弓張而不弛，無乃非有血氣者之所不能至邪」？（墨子三辯篇）

儒家荀子非之曰：「樂者，人情之所不免，人不能無樂，樂則不能無形，無形而不爲道，則不能無亂，先王惡其亂也，故制雅頌之聲以道之，使其聲足以樂而不流，使其文足以辨而不諰，使其曲直繁省，廉內節奏，足以感動人之善心，使夫人之邪汚之氣，無由得接焉。是先王立樂之法也，而墨子非之奈何？」（荀子樂論）

莊子謂「其道太觳，……天下不堪，墨子雖能獨任，奈天下何？」（莊子天下篇）即責其有張無弛，「歌而非歌」，「樂而非樂」（同上）也。

雖然，墨子生于戰國，目擊戰亂相循，生民塗炭，貴族生活，驕奢淫佚，生縱其聲色犬馬之慾，死尚肆其殉葬殺人之惡，故矯枉不得不過正，而有非樂薄葬節用主張，但心存救世，其所持兼愛非攻諸說，均能身體力行，孟子，莊子雖不贊其言，亦重其行，而稱其「汲汲利天下」，斯誠千古之豪傑，倘生于今之世，願爲之執鞭者，當大有人在。

且墨子非膠柱鼓瑟之徒，尤能善用其學者，彼謂「凡入國必擇務而從事焉，國家昏亂，則語之尚賢，尚同，國家貧，則語之節用，節葬，國家憙音湛湎，則語之非樂，非命，國家淫僻無禮，則語之尊天，事鬼，國家務奪侵凌，即語之兼愛，非攻」（魯問篇），其圓通博大，非一意以所謂「唯一眞理」而亂天下之徒所可比擬于萬一者，撫今思昔，更使人心儀其人而嚮往之矣！

註一：史記孟荀列傳。

註二：江瑔讀子卮言論墨子非姓墨，引自錢著國學概論四三頁。
註三：錢穆國學概論第二章四四頁。
註四：清孫星衍墨子後序。但胡適在中國哲學史大綱上謂此諸篇皆非墨自著。
註五：高維昌周秦諸子概論。
註六：墨家佚書輯本隋巢子。
註七：陳澧東塾讀書記卷十二。

名墨兩家邏輯思想之異同

墨出于儒（註一）而非儒，名襲于墨（註二）而難墨，名家有七（註三），而以惠子公孫龍子爲世所重，龍書現僅存六篇，惠之歷物十事及名家二十一辯，保存于莊子天下篇中，世之論名墨異同者，多以此爲根據，而與墨經比較之。有人謂墨家主合而名家主離（註四），亦有人謂名家主一（合）而墨家主分（離）者（註五），適成針鋒相對之爭，其實名墨兩家所用思想方法，雖多相異，亦間有相同者，若執一以繩，爭論不已，殊難起古人于地下而決其是非也。

玆據墨家學說，勘對惠龍所辯各點而詮釋之，如未能比勘者，則以他意解之，以求折衷至當，而明兩家之異同焉。

壹、公孫龍子與墨經

公孫龍字子秉，趙人，以堅白之辯鳴于時，嘗客平原君，以齊使鄒衍之譏而見絀，然鄒子謂「辯者別殊類，使不相害，序異端，使不相亂，抒意通旨，明其所謂，使人與知焉，不務相迷也」。（註六），墨子小取篇，謂「辯也者，將以明是非之分，審治亂之紀，明同異之處，察名實之理，……以名舉實，以辭抒意，以說出故，以類取，以類予……」。

由是可見龍之辯學，亦有所本矣。故其駭世驚俗之奇論，多與墨經有關，試分論于下。

一、白馬論

「白馬非馬，可乎？曰：可。曰：何哉。曰：馬者所以命形也，白者，所以命色也，命色者，非命形也，故曰：白馬非馬」。（白馬論）

據墨經經上七十八條（註七），名有「達」名，有「類」名，有「私」名，如以生物爲達名，則動物爲一類名，如以動物爲達名，則馬又爲一類名，若以馬爲達名，則白馬成爲類名。辯者要「別殊類」，故曰：「白馬非馬」，蓋「求馬，黃黑馬皆可致，求白馬，黃黑馬不可致」（白馬論），以黃馬，黑馬不類于白馬也。因馬爲共相，白、黃、黑三色之馬，皆爲殊相也，以殊相爲共相，則「名實散亂」（跡府篇），公孫龍之所「疾」也。小取篇有「盜人，人也，……殺盜人，非殺人也」之說，蓋亦「白馬非馬」之論所本歟。

二、堅白論

「堅白石三可乎？曰不可。曰二可乎？曰：可。何哉？曰：無堅得白，其舉也二，無白得堅，其舉也二。……視不得其堅，而得其所白者，無堅也；拊不得其所白而得其所堅者，無白也……得其白，得其堅，見與不見離，見與不見，一一不相盈，故離，離也者，藏

也」。（堅白論）

依公孫龍之意，白爲石之色，堅爲實之質，觸方知其堅，視方知其白，故只能謂爲堅石，或白石，不能謂爲堅白石，不知就「石」之空間言，堅之中有白，白之中有堅，堅白不可離，就「覺」之時間言，觸覺與視覺可同時並舉，在知覺中，堅白同知而不可分，一一相盈。

墨經經上六十六條：「堅白：不相外也」，亦卽「天下無白，不可以視石，天下無堅，不可以謂石，堅白石不相外，藏三可乎」（堅白論）之義。

墨經經下第五條：「不可偏去而二，說在見與俱，一與二，廣與脩」。說：「不：見不見離，一二不相盈，廣脩堅白」。此蓋言石之爲物，旣堅且白，合爲一體，不能因見與不見而離，猶之石有寬度（廣），長度（脩），不可分也。所謂「石之白，石之堅，見與不見，二與三若廣修而相盈也，其非擧乎？」（堅白論），蓋「脩長也，白雖自有實然，是石之白也，堅雖自有實然，是石之堅也，故堅白二物與石爲三，見與不見只爲體，其堅白廣脩，皆與石均而相滿，豈非擧三名而合于一實乎？」（謝希深注）

墨經經下第十五條，三十六條，三十七條，皆言堅白相盈之理。公孫龍子亦固知「其白也，其堅也，而石必得以相盈」（堅白論），然猶強謂之別堅白者，蓋欲靑出于藍而勝于藍歟？

三、名實論

「天地與其所產焉，物也。物以物其所物，而不過焉，實也。實以實其所實，不曠焉，位也。位其所位焉，正也。以其所正，正其所不正，疑其所正，其正者，正其所實也。正其所實者，正其名也。」（名實論）意謂天生萬物，必當其用，適其分，而無過與不及之弊，才合于名實之理，如聖賢名也，其人之品格學養，實也，如無聖賢之品格學養，而錫以聖賢之名，則失位而不正矣。

「其名正，則唯乎其彼此焉，謂彼而彼，不唯乎彼，則彼謂不行，謂此而此，不唯乎此，則此謂不行，其以當不當也，不當而亂也。故彼彼當乎彼，則唯乎彼，其謂行彼。此此當乎此，則唯乎此，其謂行此，其以當而當也，以當而當，正也。故彼彼止于彼，此此止于此，可。彼此而彼且此，此彼而此且彼，不可」。（名實論）

這一段話，乃賡續上文而解釋其義。要彼此名實相當，說他是聖人，而不當乎聖人，則聖人之名不可行，說他是賢人，而又不當乎賢人，則賢人之稱亦不可行。以是甲是甲，乙是乙，方謂之當，若以甲為乙，乙為甲，則不可矣。

其立論與墨經下六十七條完全相同，

經：彼此彼此，與彼此同，說在異。

說：彼：正名者彼此，彼此可，彼彼止于彼，此此止于此。彼此不可，彼且此也，彼此亦可。彼此止于彼此，若是而彼此也，則彼亦且此此也。

「夫名實謂也，知此之非此也，知此之不在此也，則不謂也；知彼之非彼也，知彼之不在彼也，則不謂也。至矣哉，古之明王——審其名實，愼其所謂，至矣哉，古之明王」。（名實論）

四、通變論

本篇所言名實之理，亦多祖述墨經，如「曰：二有一乎？曰：二無一。曰：二有右乎？曰：二無右。曰：二有左乎？曰：二無左」。蓋左右合爲一位，不可合二以爲右，或爲左，卽言二必無爲一之理，揆之墨經經下第四條，說：「二與一亡，不與一在」。與，給也，意卽兩一成二後，一卽隨之而消逝，不能與二並存，故龍子云「二無一」也。

左與右亦可謂二矣，設左置一羊，右置一牛，不可成一馬，或左置一牛，右置一羊，亦不可成爲一鷄，故曰：「羊合牛非馬，牛合羊非鷄，曰：何哉？曰羊與牛唯異，羊有齒牛無齒，而牛之非羊也，羊之非牛也，未可是不俱有而或類焉。羊有角，牛有角，牛之而羊也，羊之而牛也，未可是俱有而類之不同也。羊牛有角，馬無角，馬有尾，牛羊無尾，故曰：羊合牛非馬也。……牛羊有毛，鷄有羽，謂鷄足一，數足二，二而一故三；謂牛羊足一，數足四，四而一，故五，牛羊足五，鷄足三，故曰：牛合羊，非鷄……與馬以鷄，寧馬，材不材，其無以類審矣，擧是，亂名，是謂狂擧」（名實論），蓋「馬以譬正，鷄以喻亂，故等馬與鷄，寧取于馬，以馬有國用之材，而鷄不材，其爲非類審矣，故人君擧是不材而與有材者並位，以亂名實，謂之狂擧」（謝希深注）

墨經下六十五條：

經：狂擧不可以知異，說在有不可。

說：狂：牛與馬唯異，以牛有齒，馬有尾，說牛之非馬也不可。是俱有，不偏有偏無有，曰：牛之與馬不類，用牛有角，馬無角，是類不同也。若擧牛有角，馬無角，以爲是類之同也，是狂擧也，猶牛有齒，馬有尾。

狂擧者，不當不正，亂名實者也，龍子之推理，出于墨經，蓋可知矣。故又曰：「非正擧者，名實無當，驪色章焉」。驪色者，青白相混之色，不黃不碧，所謂「一于青不可一于白不可，惡乎其有黃矣，黃其正矣，是正擧也」，正擧，則知驪色有以異于黃色，青白相混亦非眞黃矣。

五、指物論

龍子云：「物莫非指，而指非指，天下無指，物無可以爲物，非指者天下，而物可謂指乎？指也者，天下之所無也，物也者，天下之所有也，以天下之所有，爲天下之所無，未可。天下無指，而物不可謂指也。不可謂指者，非指也。非指者，物莫非指也。天下無指，而物不可謂指者，非有非指也。非有非指者，物莫非指也，物莫非指者，而指非指也。天下無指者，生于物之各有名不爲指也。不爲指而謂之指，是兼不謂指，以有不爲指之無不爲指，未可。且指者，天下之所兼，天下無指者，物不可謂無指也。不可謂無指者，非有非指也。非有非指者，物莫非指，指非非指也，指與物非指也。使天下無物指，誰徑謂非指，天下無物，誰徑謂指，天下有指無物指，誰徑謂非指，徑謂無物非指，且夫指固自爲非指，奚待于物而乃與爲指」。是篇大意，舊注謂：「「指」皆謂是非也，惟萬物萬殊，各自爲物，各有所宜，無是非，亦無無是非，應兩忘之。」

然細玩之，是篇思想，與莊子齊物論有相類似處。蓋物方成方毀，指爲甲物時，又轉化爲乙物，而成爲「非指」，指爲乙物時，又轉化爲丙物，而成另一「非指」；如指冰爲冰，它又轉爲非冰的水，指水爲水，它又轉爲非水之氣，指氣爲氣，它又轉爲非氣之雲之雨矣。

茲先將其原文，譯爲白話，再以莊子之言證之。

「物體無非是人所指定的一個名稱概念，可是此一物體要變化，而此名就不能再指此物了。然而天下若無名稱，一切物就無所分別而不知爲何物了。因天下之物皆變化無常，那末，物體何能以一定之名稱指之？本來，物是天下實有的東西，所指之名是無中生有的，以無中生有的名，而強加諸天下實有的物體之上，那是不可以的。名既是天下無中生有的東西，物體就不能以空有之名稱之，既不能以空有之名稱之，此物就不能名此矣，此物固不能名此，但個體之物，又莫非所指之名稱概念。

名既是天下無中生有的東西，物體亦不能以空有之名稱之，那就是物非物，指非指了，物亦非物，指亦非指，即所有物體莫非一個空名而已，物既莫非一個空名，「皮之不存，毛將焉傅？」名自亦落空，那指就非其所指了。

天下之名既是空的，它又來自何處？由于物體之不能不暫有一個空名，而又不能長以此名指定之。既不能長以此名指定之，而又暫予以空名，是此物可兼爲非此名所指之他物也。以不能指名之物，却無一不指之以一定之名，于理未當。而且名稱爲天下之物所兼有，天下之名縱是空的，每一物體也不得不有一個名稱，每一物體雖不得不有一個名稱，然此物會變爲他物，他物又有他名，故物非物，指非指了。

物非物，指非指的眞意，謂物不過是一空名而已，指既非物，（非指），即指與物，都不能保持已有之空名，因物已轉化爲他物，而另有其名以指之矣。

倘使天下無物之名，誰能指出物（非指）是什麼，倘使天下無物，誰能指之以名？使天下有名之概念，而不以名物，又誰能稱物爲何物，或徑謂一切物都是一個空名呢？

況且名固非物，又何待于物而使之附於物以得物名乎？」

以譯文與原文相對照，當可更瞭然于指物之大意。莊子曰：「以指」喻「指」之「非指」，不若以「非指」喻「指」之「非指」也。以「馬」喻「馬」之「非馬」，不若以「非馬」喻「馬」之「非馬」也。天地一「指」也，萬物一「馬」也。可乎可，不可乎不可，道行之而成，物謂之而然。惡乎然？惡乎不然？不然於不然。物固有所然，物固有所可；無物不然，無物不可。故爲是舉莛與楹，厲與西施，恢恑憰怪，道通爲一，其分也，成也；其成也，毀也，凡物無成與毀，復通爲一」。此卽言萬物進化之理，轉輾變化，今指爲此物者，又將變爲非此物，而成「非指」，故列子天瑞篇說：「易變而爲一，一變而爲七，七變而爲九，九者究也，乃復變而爲一，一者形變之始也」。在昔視爲玄談，今因進化之理，昌明于世，其說乃有證。天演論者赫胥黎說：

「變形蟲（Ameaba）消費氧氣，發出炭酸氣，可行動，生長與生殖；此皆「原形質」之基本性質也。生物界中幾近一兆數之種類，皆自原始之「原形質」演化而成；無論其爲動物或植物，鯨魚或跳蚤，橡或蕈，帶蟲或飛鳥，細菌或百合，水母或螞蟻，蚯蚓或科學家也」。

由此我國二千年前之龍莊玄談，已得科學理論之支持。惟龍子指物論所用思想方法，實爲辯證邏輯，而非其慣常襲用之墨家形式邏輯思想，蓋由主靜而進于主動歟？亦可見龍子非膠柱鼓瑟之徒也。

貳、惠施歷物十事與墨學

惠施，宋人，曾爲梁相，與莊周善，猶恐莊奪其位，幸莊曠達，譏以腐鼠，而未演斯非故事，故惠縱爲智者，亦非賢者，有書一篇，已佚，其歷物十事，見于莊子天下篇，分而釋之。

一、至大无外，謂之大一，至小无內，謂之小一。

外者，外延也，內者，內包與內涵也，外延之最大者，則不能再有外延，此之謂大全，宇宙是也；內包與內涵之最小者，自不能再有內包與內涵；「大一」之名，本諸禮運，「小一」之名，惠子所創也。然其理則，皆本諸墨經，「施亦墨徒」（註八），試以墨經再解之。

墨經經上第四十條：

經：久：彌異時也。

說：久：古今旦莫。

經上第四十一條

經：宇：彌異所也。

說：宇：東西（家）南北（家衍文）

久爲時間，宇爲空間，古今且莫，卽「往古來今」之意，東西南北，卽「四方上下」之意，時間無限長，故曰：「彌異時也」，空間無限大，故曰：「彌異所也」，經上第四十二條，接着闡釋「有窮」，「無窮」之理，「無窮」者，卽「至大無外」之意也。

墨經經上第六十一條：

經：端：體之無序而最前者也。

說：端：是無同也。

孫詒讓、陳東塾解「端」爲點，「體之無序」爲線，線最前之處曰點，曰端，根據幾何原本：「點者無分」，故端亦不可分。惟「無同」二字，均無適當解釋。

愚意墨經之端有作兩端解者，亦有作一點之「端」解者，此條之「端」，卽不可分之點，物體「內包」與「內涵」之最小者也。因一般物體，按其外延內包均有一定次序，如「物」之內包：爲「有生物」與「無生物」；有生物，可包植物，動物，動物可包人類，獸類，鳥類，蟲類，各類復有其內包，以至于對每類之個體，不可再作有次序之分類，只可就每一個體分析其生命之來源，而求其最前卽最元始之一物，如「生元」之于一切生物，再無可分，亦無一物與之相同，故曰：「端，是無同也」。以此解「無生物」，可將其

「內包」與「內涵」推演至最小之原子，或原子內之電子，質子，中子，或將來可再分析之「X子」，皆所謂端也，無與同者也。卽「至小無內」之「小一」也。亦卽易所謂「退藏于密」之密也。

二、無厚不可積也，其大千里。

有人解謂：「無與有相表裏，有者，其厚可積，但必有形，無者，其厚雖不可積，但無所不在，故曰：無，厚不可積也，其大千里」。（註九）

惟一個體積必須有長寬厚（高），有長有寬而無厚，可以成爲面，但不能成爲體積，線可以無限延長，面亦可以延之無限，故曰：「其大千里」，墨經上第六十五條：經：「盈，莫不有也」。說：「盈：無盈無厚」。所謂「莫不有」，卽長寬厚俱有之意，故曰：「盈」；「無盈」，則「無厚」矣。經說上五十六條，經：「厚：有所大也」。說：「厚：惟無所大」，無厚，則無所不大矣，故可謂之「其大千里」。

三、天與地卑，山與澤平。

墨經上第五十二條：經：「平，同高也」，卽所謂平者，其高度必相同，惠子反其說，謂山澤高度雖不同，其實同一水平線，猶之上天與地下，高度雖不同，然同處于低卑之地。此蓋運用萬物皆齊的辯證之理，以難墨者，所謂「天下莫大于秋毫之末，而泰山爲小，莫壽乎殤子，而彭祖爲夭，天地與我並生，而萬物與我爲一，既已爲一矣，且得有言乎。」（註十）豈得有所謂高與卑之分乎？若以現在（一九六九年七月廿一日）太空人阿姆斯壯與艾德林登陸月球之情況言之，彼等轉視地球爲空中之一星球，是月球低而地球高，天與地卑之理更得實驗之證明矣。

四、日方中方睨，物方生方死。

墨經經上五十六條：「日中，缶（同正）南也」。因「中國處赤道北，故日中爲正南」（註十一）但地是動的，墨經上四十九條：動，「或（域正字）徙也」。經下十四條，亦言：「宇，或徙」，則日正南之時，卽因宇徙而偏斜矣。是惠子仍襲取墨經之理以爲辭說，至「物方生方死」之理，亦可云由此推論而出，莊子所謂「方生方死，方死方生，方可方不可，方不可方可」。（註十二）之論，也許受惠施之影響，而爲墨學張目也。

五、大同而與小同異，此之謂小同異；萬物畢同畢異，此之謂大同異。

小取篇云：夫辯者，將以明是非之分，……明同異之處」，何謂同，經上八十六條：

經：同：重、體、合、類。

說：同：二名一實，重同也。不外于兼，體同也。俱處于室，合同也。有以同，類同也。

所謂「重同」，如一人或一物之有二名，「體同」，如兄弟姊妹同爲父母之子女，「合同」如樹木之如森林，「類同」如金、銀、銅、鐵、錫同爲金屬之類。

何謂異？經上八十七條：

經：異：二，不體，不合，不類。

說：異：二必異，二也。不連屬，不體也，不同所，不合也，不有同，不類也。

二必異者，即二物之形狀，質料，顏色顯然不一致者，則其物必異。不連屬者，如二人無關連或二物異屬（如礦物之于植物），則謂之不體之異，兩人國籍不同，是謂不合之異，凡一切不同類之物，謂之不類之異。

故墨子主張「法同則觀其同」，（經上九十三條），「法異則觀其異」（經上九十四條），然又云「同異交得」（經上八十八條），似亦主張同中有異，異中有同者。惠子襲其說，謂「大同而與小同異」，其意蓋謂如各色人種皆爲人類，此其「大同」也，然各色人種中之同色者，則爲「小同」，「大同」畢竟與「小同」有相異處，此其謂第一義，再進爲論之，天地萬物，林木總總，人種之有同有異，就全體視之，不過一「小同異」而已，此其第二義。萬物畢同畢異，方可謂之「大同異」，此其第三義。

萬物何以畢同？蓋就進化之原因言，一切有生物，均由阿米巴變化而來，一切無生物，均由原子發展而成。但各物「化」「成」之後，其型，構造，性質……亦非原始之物，而千形萬態矣，故曰：萬物畢異。然「天地雖大，其化均也，萬物雖多，其治一也……記曰：「通于一而萬事畢」（註十三）更無所謂同與異矣。

六、南方無窮而有窮。

無窮與有窮之意義，墨經上四十二條亦有闡釋。

經：窮：或（域同）有前不容尺也。

說：窮：或不容尺，有窮；莫（同漠）不容尺，無窮也。

「或有前不容尺」者，言其前面的區域，不容再有尺（線）予以延伸，故云「有窮」；「莫不容尺」者，言廣漠無垠，不能以尺限止之，故云「無窮」。然此就空間言也。

時間亦有「有窮」，「無窮」之分，其義見經下六十三條：

經：行修以久，說在先後。

說：行，遠近修也，先後久也，民行修必以久也，久有窮無窮。

「行修以久」者，謂天體之運行于空間，應有先後，則時間因空間而生矣，故「說在先後」。「遠近修也」，代表空間，「先後久也」，代表時間；「久有窮無窮」，卽時間亦有「有窮」與「無窮」之分；無窮者，時間之整體，有窮者，整體時間中分年分季分月分日分時分秒之謂也。

墨子更於經下七十二條，釋有窮寓于無窮之義。

經：無窮不害兼，說在盈否。

說．無．南者有窮則可盡，無窮則不可盡，有窮無窮未可智（知），則可盡不可盡未可智（知）。（下略）

「無窮不害兼」者，無窮與有窮可並存也。經說意義甚明，無庸辭費。惠子所謂「南方無窮而有窮」之出處，盡在于此。蓋南方固無窮，有窮實含于無窮之中。如以X代表南方無窮之域，則向X前進之A、B、C、D……各段，皆無窮中之各有窮階段也。

七、今日適越而昔來。

「今日適越而昔至」，齊物論認爲「是以無有爲有」而非之。然以前條所引經文之時間觀念言，所謂「今」「昔」，皆無窮之時間中之「有窮」階段，若就整個「時間之流」而言，昔日實爲過去之今日，今日又將爲未來之昔日，惠子卽據此理以推論之，雖稱巧致，實無特創之新義。

八、連環可解也。

世之解此條者，均從「物象」以觀連環，或曰：「連環雖不可解，然兩環之相貫，貫于空處，不貫于環也。兩環貫空，不相涉入，各自通轉，故可解也」。(註十四)或云這「是從認識論上說明分離中的關連性與關連中分離性問題」……所謂連環，究竟是二抑是一？謂之爲「二」，則環明明相連，謂之爲「一」，則兩環並非「一」體，是「二」是「一」，非「二」非「一」，那就在乎你的認識，從「環」來看則爲二，從「連」來看，又爲「一」了，然而「一」與「二」仍然是不可分的」。故「一」與「多」仍統于「一」了，這就是天地一體論的大勝利」。(註十五)

但惠施所言之連環，不一定專指物象言，指事象或意象言，均無不可。如就事象言，士農工商在社會生活中，就有連環之關係，士要依農工商而生，農要依士工商而活，工要依士農商而存，商要依士工農而在，此一連環現象在裏層言之，實無可分，然就表層言之，士爲士，農爲農，工爲工，商爲商，而各有獨立性，是其連環可解也。

若就意象言，胡漢民先生著三民主義連環性，謂「革命必定實行連環的三民主義，而實行連環的三民主義，其要義就在：㈠實行民權主義和民生主義的民族主義；㈡實行民族主義和民生主義的民權主義；㈢實行民族主義和民權主義的民生主義。這三個連環的意思，我們可以引孫中山先生的話來說明。先生說：『要解決民族問題，同時不能不解決民權問題，要解決民權問題，同時不能不解決民生問題」。但連環的三民主義，其民族、民權、民生仍可解而爲三也。

以是連環可解，就事象與意象言，無一不合。若專就物象言，亦容有可解者，如兒童玩要之橡片套的連環是也。

九、我知天下之中央，燕之北越之南是也。

燕處北而越處南，惠子所謂之「天下」，如指中國言，當云天下之中央在燕南越北，今言燕北越南者，則惠子心目中之天下，當非中國一國，因當時有騶衍者，「以爲儒者所謂中國者，於天下乃八十一分居其一分耳，中國名曰赤縣神州，赤縣神州內，自有九州，禹之序九州是也。不得爲州數，中國外如赤縣神州者九，乃所謂九州也。於是有裨海環之，人民禽獸莫能相通者，如一區中者乃爲一州，如此者九，乃有大瀛海環其外，天地之際焉」。（註十六）是則惠子言天下之中央在燕之北越之南，實以「大九州」爲天下，於理亦可通，墨子所謂「中央旁也」，（經說上八十八條）可爲惠子之說所借鏡。

據胡適之先生論別墨引墨經下第十四條「宇或徙」云：「當時的學者，不但知道地是動的，並且知道地是圓的，如周髀算經說：『日運行處極北，北方日中，南方夜半。日在極東，東方日中，西方夜半。日在極南，南方日中，北方夜半。日在極西，西方日中，東方夜半』，這雖說日動而地不動，但似含有地圓的道理。又如大戴禮記天員篇，辯天圓地方之說云：『如誠天圓而地方，則是四角之不揜也』。這分明說地是圓的」。緯書言「地有四遊」，卽尚書考靈曜有云：「地體雖靜，而終日旋轉，如人在舟中，而人不自覺，春星西遊，夏星北遊，秋星東遊，冬星南遊，一年之中，地有四遊」，此爲地球之自轉與公轉，其理甚明。想墨子早知地動與地圓之理，而有「中央旁也」之說，吾人若以北極圈爲現今天下之中央，美適處其北，俄則處其南，所謂中央，就在美俄之旁，揆以墨惠之言，可謂與現實頗相巧合，墨家之想像力，眞令人嘆觀止矣。

十、氾愛萬物，天地一體也。

解此條者，多就「天地一體」立論，將「氾愛萬物」四字，置而不言，不知「氾愛」卽「兼愛」，由此更足證明惠爲墨徒，如將此條文字倒過來，爲「天地一體也，氾愛萬物」，其辭亦通。以是審其原文，可有二義：就吾人言，當體「天地一體」之心以氾愛萬物；就天地言，萬物皆陰陽所造化，天地一體愛之，猶父母之愛其子女，一視同仁也。故此條解爲惠子理論主一而不主多，主合而不主分固可，謂其闡明墨家兼愛主張，亦無不可。

叄、名家二十一辯與墨辯

惠施理論，與公孫龍子異曲同工，天下篇云：「惠施以此（指十事）爲大觀于天下而曉辯者，天下之辯者相與樂之」，又曰：「辯者以此（指二十一辯）與惠施相應，終身無窮，桓團公孫龍辯者之徒，飾人之心，易人之意，能勝人之口，不能服人之心，辯者之囿也」。其所舉辯者在當時侈談之怪論，有二十一事，玆分而解之。

一、卵有毛

鷄孵卵，漸成鷄而羽出矣，則一切卵生鳥類之羽，均來自卵中，謂「卵有毛」，卽卵有毛性之意，晉司馬彪注云：「胎卵之生，必有毛羽，鷄伏鵠卵，卵不爲鷄，則生類于鵠也。毛氣成毛，羽氣成羽，雖胎卵未生，而毛羽之性已著矣」。

二、鷄三足

鷄三足，牛羊五足，龍子已于通變論中言之，蓋一足來自觀念，二足來自實體也，故云鷄三足。惟司馬彪云：「鷄兩足，所以行而非動也，故行由足發，動由神御，今鷄雖兩足，須神而行，故曰三足也」。

三、郢有天下

郢為楚都，楚人郢人，常見史籍，郢人若不知郢以外尚有其他域，而自視郢為天下，亦猶中國先賢視中國為天下，皆井蛙一孔之見，未足為怪。

且泰山成于土壤，河海成于細流，無局部則無全體，無胚胎則無嬰兒，視郢為天下，亦猶視嬰兒為成人也。惟辯者之意，似在「齊大小」，蓋就無限大之空間言，天下亦不過滄海之一粟，郢在天下中之若滄海一粟，亦猶天下之于無限空間而已，同為滄海一粟，在觀念上郢固等于天下也。

四、犬可以為羊

司馬彪云：「名以名物，而非物也；犬羊之名，非犬羊也，非羊可以名為羊，則犬亦可以名為羊」。惟名已約定俗成，則以犬為羊，無異指鹿為馬，是亂名實也。辯者此論大抵在否認同異之理，而係有謂而發也。

觀墨經下三十四條，可以知之。

經：謂辯無勝，必不當，說在辯。

說：謂：所謂非同也，則異也。同則或謂之狗，其或謂之犬也。異，則或謂之牛，其或謂之馬也。俱無勝，是不辯也。辯也者，或謂之是，或謂之非，當者勝也。

此條意謂辯論在求明是非，誰當誰勝，而是非關鍵，在名詞的界說淸晰，牛就是牛，馬就是馬，如果我認爲是牛，你把它當作馬，則爾我對名詞概念之意義不同，是無法辯論，也無法判別誰當誰不當，孰勝孰不勝的。現今蘇俄所用諸政治名辭，如「和平」，「民主」，「侵略」，「帝國主義」等，就與西方民主國家所用的這些名辭的界說兩樣，故在外交談判上，雙方總是格格不入。

五、馬有卵

凡胎生動物，皆由精子與卵子結合而成，馬胎之內，旣有卵子，則謂馬有卵，從其生命來源上觀，亦非怪論。

六、丁子有尾

章太炎于「莊子解故」上云：「丁子蓋頂趾之借，頂趾與尾本殊體，而云頂趾有尾，猶云白狗黑，犬可以爲羊耳」。惟楚人呼蝦蟆爲丁子，蝦蟆由蝌蚪變化而來，蝌蚪原有尾，及其蛻變爲蝦蟆時，已無尾矣，猶之人類由有尾之猿猴進化而來，迨其形成人類時，已無尾矣，就進化歷史言，不但可說丁子有尾，亦可說人有尾。

惟1.、5.、6.三條，其理論均與墨經上四十五條有關。

經：化：徵易也。

說：化：若鼃爲鶉。

化者，徵諸易變之理而可知也。蓋「易者，變化之總名，改換之殊稱」，(註十七)，若鼃（古蛙字）爲鶉，卽蝦蟆化爲鶉，「按周禮春官大宗伯，『合天地之化』，註：『能生非類曰化』。疏：鳩化鷹等，皆身在而心化，若田鼠化爲鴽，雀雉化爲蛤蜃等，皆據身亦化，故曰『能生非類曰化』也」。(註十八)，是以淮南子齊俗訓曰：「夫蝦蟆爲鶉，生非其類，唯聖人知其化」。所謂「卵有毛」，「馬有卵」，「丁子有尾」，徵諸易變生化之理，皆可作圓滿之解釋矣。

七、火不熱

齊物論曰：「至人神矣，大澤焚而不能熱，河漢冱而不能寒」，辯者謂「火不熱」，殆非專就神人言，而就一般常人言也。其意有二：(1)熱由火而生，而火之本身並非熱，如光由電生，電本身並無光，古人鑽木取火，打石取火，木石並非火也。(2)火由人感覺而知其熱，倘人無感覺，則火不熱矣。若列子所謂華胥氏之國民，「入水不溺，入火不熱」，（黃帝篇）亦至人「潛行不空，蹈火不熱」之幻想而已！

惟名家此論似對墨經下四十六條而發。

經：（火）必熱，說在頓。

說：火：謂火熱也，非以火之熱我有，若視日。

有人解謂「頓者，遽也，謂火一經燃燒，其熱之傳，必立時知之，故火之熱，實由火而傳，非由我有，故曰：非以火之熱我有，若視日者，謂猶視日然，日之熱由日而傳，亦非我有也」。(註十九)

愚謂：頓者，挈也。荀子勸學篇：「詘五指而頓之」。「說在頓」者，如曰「火不熱」，你可以用手拿火起來嗎？有一法國故事，對此問題可作解答。有一學者(Savant)在嚴寒之際，圍爐讀書，鄰家幼童叩門而入，乞火種，學者對幼童說：你要火種，拿東西來裝，幼童卽伸其五指曰：可放在手上，學者說：那不可以。童子隨卽取炭灰少許安放于其手心中，置炭火于灰上，携火種而出，學者嘆氣說：世界還有一件事我不知道哩！學者以爲「火必熱」，而童子則以灰隔離之，使手不覺其熱。且火之熱，不僅可由觸覺直接知之，亦可由視覺間接知之，故曰：「非以火之熱我有，若視日」。以是名墨兩家之論，就常識言，墨勝，就推理言：名勝。

八、山　出　口

墨經上說第七十八條，有云：「聲出口，俱有名」。卽一切名稱，必由口表達之，山之名爲山，實由口出，如八卦之時，初無文字，劃☶（艮卦）爲山，甲骨文則劃爲山，皆象形也，文字出于語言，山從口出，無山字之前，已有山字之聲出諸口矣。

九、輪不輾地

古代車輪，爲平圓形，「舊制，用堅木爲之，中虛容軸者曰轂，輪內周廻直木，三十曰輻，外行地而周廻抱輻者曰牙」，「一木之屈曰輮，合衆輮以成大圓曰輞，兩輮交合之牡齒曰牙，此其本義也」（俱見辭海輪輞二字注），故所謂輪者，合「輮」而言也，如不視其全體，只就局部言，是輮輾地，全輪實未同時輾行于地上也。

其說似與墨經上四十七條「儇（環）：稘秖」（俱底）針鋒相對，環爲圓形，輪亦爲圓形，環行地面，各點輪底于地，而繞成一環，故曰「環俱底」，此由分而合視之，固是也。若就分而不合視之，則全輪實未輾地，只輮與牙輾地也。

若以人行于地譬之，實脚（步）行于地，人固未行于地，然脚附在人身，故皆曰人行，馬路上車行道外有「人行道」，如讓名家命名，當作爲「脚行道」或「步行道」矣，豈不可哂耶。

十、日不見

吾人之智識，純恃感官，尤以耳聞目見者爲多，但天下之物理太繁，事理太密，耳不能聞，目不能見者，何只億萬！空間之廣大，時間之久長，更非目所能及，墨經下第四十五條：

經：知而不以五路，說在久。

說：智以目見，而目以火見，而火不見，惟以五路智。久，不當以目見，若以火見。

五路者，五官也，智識由目視而得，目無火（光）則不能視，但火不能自見，惟以五路知之。至時間（久），亦不能以目見，若以火觀火，火不能見也。

龍子堅白論謂「且猶白以目以火見，而火不見，則火與目不見而神見，神不見而見離」，較「目不見」之論更深入一層，然皆出于墨經「知而不以五路」之說也。

十一、指不至，至不絕。

司馬彪云：「指之取物，不能自至，要假物故至也。然假物由指不絕也」。可謂不知所云。公子牟解「有指不至，有物不盡」，爲「無指則皆至，盡物者常有」，（註二十）深合辯者意旨，蓋堅指一物爲此物，則不能推至于萬物轉化之理，無指則皆至，萬物轉化不絕，以盡其物理轉化之性，則常有物矣，其意出于「指物論」，而公子牟爲龍子之知已，是深知個中三昧者。若解釋「指不至」，「至（物）不絕」爲對空間時間之解釋，恐風馬牛

太穿鑿矣。（註二一）

十二、龜長于蛇

「夫尺有所短，寸有所長」，（註二二）以尺比量最長之物，則尺為短，以寸比量最短之物，則寸為長，如智者千慮之一失，適為愚者千慮之一得，則愚者賢于智者矣。蛇固多長于龜，然亦有短于龜者，且蛇為線形，龜為方形，如等長之龜蛇，從周圍量之，則龜長于蛇矣。

若就用途言，龜可卜筮，蛇無能為力，就壽命言，蛇更短于龜矣。辯者之意，蓋不贊成墨經說下七十九條所謂「物：甚長，甚短，莫長于是，莫短于是」之長短的肯定論也。

十三、矩不方，規不可以為圓。

何謂方圓，墨經上五十八、九兩條確定其義：

經：圜：一中同長也。

說：圜：規寫支（交）也。

經：方：柱隅四讙也。

說：方：矩見支也。

由此經說，可知規矩爲方圓之意，辯者反此定義，蓋從權變立論，而且其用意尤在反對儒法墨諸家之固定理論，勸彼等通權達變也。儒法墨三家恆喜以「不以規矩不能成方圓」，譬喻其主張爲不易之理，故儒家以仁義忠孝爲治國之規矩，法家以法制爲治國之規矩，墨家以兼愛爲治國之規矩。但「規」有時損壞，就不能劃圓，「矩」有時彎折，便不能成方。以儒家主張言，臣下必忠于君主，然君主失其規矩，則湯可放桀，武王可伐紂，是儒家之規矩，一時不能成方圓矣。

十四、鑿不圍枘

枘爲木端以入鑿者，鑿，受枘之孔也，驟視之，枘在鑿孔之中，是鑿圍枘也。然其間有微末間隙焉，鑿實未圍枘也。

按墨經上第六十二、三、四各條對此理有闡明。

經：有間：中也。

說：有間：謂夾之者也。

卽言兩個物體相夾之中，必有間隙。

經：間：不及旁也。

說：間：謂夾者也。尺前于區穴，而後于端，不夾于端與區內，及，及非齊之及也。所謂「間不及旁」，卽兩體相夾之間，仍有空隙，所謂「及」者，兩體相接之意，但「及非齊之及也」，卽兩體雖相接，而不能密合無間，若一體之整齊劃一也。

經：纑：間虛也。

說：纑：間虛也者，兩木之間，謂其無木者也。

兩木之間無木，卽所謂間虛，墨家稱謂纑。纑者，布縷也，組織雖密，仍有間隙可漏水，透風也。

此種間隙，間虛之內，實爲空氣，故鑿枘間之空隙，爲空氣，表面視之，圍枘者，鑿也，精密觀察之，圍枘者空氣也，非鑿也，因鑿與枘無論如何密接，究不能成爲一體也。

十五、飛鳥之影，未嘗動也。

墨經下第十七條：「景不徙，說在改爲」，列子仲尼篇公子牟謂「影不徙者，說在改也」。因飛鳥飛行時，後影與前影連續不斷，後影不能隨鳥而飛，故云未嘗動也。

十六、鏃矢之疾，而有不行不止之時。

希臘芝諾有名的四辯之一，爲「飛矢不動（行）辯」，飛矢何以不動？因所謂動者，是在同一時間在兩個空間位置之故，空間固可以分爲若干單位，時隨空轉，同時亦可以分爲若干單位，故飛矢的位置總是在同一時間的同一空間內，故在有限的時間單位與空間單位內，飛矢未動。若飛矢不停的飛，則在無限的時間與空間內，它並沒有止，故曰：鏃矢之疾，而有不行不止之時。

墨經上第五十條，似可解釋此義。

經：止：以久也。

說：止：無久之不止……若矢過楹。有久之不止……若人過梁。

所謂「止」者，以時間（久）言也。有時間「無久」（無限）的不止，如矢之飛；有時間「有久」（有限）的不止，若人之過橋樑。不通過不止。如矢在有限的時空內飛行，若過橋樑然，不過不止，惟就矢之進行與時空相對性言，並沒有飛動，故曰「不行」，但就時空絕對性言，則矢之飛行却不能自已，故曰「不止」。

十七、狗非犬

狗與犬，一物二名也，猶之公孫龍，字子秉，如曰公孫龍，非公孫子秉，亦猶狗非犬也，辯者立異鳴高，不但不能服人之心，亦不能服人之口。

墨經下三十九條：「知狗而自謂不知犬，過也，說在重」。經下五十三條：「狗：犬也，而殺狗非殺犬也，說在重」。因狗犬之名，謂爲「重同」，辯者知異而不知同，亦惑矣。

十八、黃馬驪牛三

馬與牛二形也，黃與驪，二色也，二形可謂眞二，二色統可謂之色，色只一名，故黃馬驪牛三也。且色與馬牛皆由視覺而知，非堅白石要分由視覺與觸覺而得，只能稱之爲二，不能稱之爲三也。

十九、白狗黑

在命名之始，如命白爲黑，黑爲白，則白狗黑矣。惟名已定之後，則白者曰白，黑者曰黑，故墨經說上第八十八條，謂「兩絕勝，白黑也」，卽白黑不可相淆混之意，而於經說下六十九條，又重覆其意，謂「聞：在外者所不知也，或曰：在室者之色若是其色，是所不智若所智也。猶白與黑也，誰勝？是若其色也，若白者必白，今也智其色之若白也，故知其白也」。意謂室內顏色是白或黑，在外者不可知，若有人告知其爲白，則知其爲白矣，因吾人知識，多從見聞來，見黑白方知爲黑白，聞人說黑白，亦知其黑白也。倘人告我曰室內有一白狗，若開門見知爲黑狗，則告者誤矣。白狗曰白，黑狗曰黑，不可易也。

二十、孤駒未嘗有母

列子仲尼篇公子牟曰：「孤犢未嘗有母，非孤犢也」。似較其他解者爲簡當。愚謂此條仍係「狗非犬」的理論之運用，蓋馬與駒，二名也，馬非駒，如駒由駒生，則孤駒有母矣，今駒由馬生，則孤駒無駒爲母，可謂孤駒未嘗有母矣。是否得辯者之眞意，有待高明釋之。

廿一、一尺之捶，日取其半，萬世不竭

意謂一尺之木，日斫一半，永遠斫不完，卽由1.變爲2.，再度變爲4.，爲8.，爲16，爲32，爲64，爲128，以至無限小，從形下看，物質可分，就形上看，物質不可分。因此有人認爲名家是否認分之可能性者，亦有人謂名家主分者，(註二三)，實源于形下與形上看法之不同故。

墨經下第五十九條與此說相彷彿。

經：非半弗斱（斫）則不動，說在端。

說：非：斱半，進前取也。前則中無爲半，猶端也。前後取，則端中也。斱必半，毋與非半，不可斱也。

就經解之：謂由1.分爲2.，由2.分爲4.，總是每段之一半，形雖變，而爲半則未動，因均有兩端在，而兩端均有其不可分之最後一點（端）在。

就說解之：「斵半」「進前取也」，卽將一尺之木，先分爲兩半；再將其前一半中斷之，但與後一段比較，各節均已非後一段之一半，因已由兩端而分爲四端矣。如將前後兩段，同時分爲二，則均爲前後兩段的兩端之中點。再以同樣斫法，均分爲半，故曰斵必半，毋與非半，不可斵（分）也。

其意實與辯者之意相同，惟辯者多與惠龍同時，而在墨子之後，是辯者襲取墨經之說，非有雜于墨經也，然有人謂墨實主分而不主合者，亦有謂墨實主合而不主分者(註二四)，誠惑矣。

由此以觀，名墨兩家之邏輯思想，實同中有異，異中有同矣。

註一：淮南子要略訓謂：子墨子學儒者之業，受孔子之術，以爲其禮煩擾而不悅，厚葬靡財而貧民，久服喪生而害事，故背周道而用夏政。

註二：晉魯勝注墨辯序云：惠施，公孫龍祖述其學，梁任公墨經校釋讀墨餘記，亦認定施龍輩確爲別墨，其學說確從墨經衍出，無可置疑。

註三：班固漢書藝文志所載名家著作，共七家，有三十六篇，鄧析子二篇，尹文子一篇，公孫龍子十四篇，成公生五篇，惠子一篇，黃公四篇，毛公九篇。

註四：見章士釗名墨訾應論一文及李漁叔墨辯新注一九五頁。
註五：張鐵君國父理則學探賾第六章。
註六：史記平原君列傳集解引劉向別錄。
註七：墨經條文次序，依據李著墨辯新注，下仿此。
註八：錢穆國學概論第二章五一頁。
註九：林尹：中國學術思想大綱七一頁。
註十：莊子齊物論。
註十一：李漁叔墨辯新注九二頁。
註十二：莊子齊物論。
註十三：莊子天地篇。
註十四：林尹：中國學術思想史大綱七二頁。
註十五：張鐵君：論名墨之爭。
註十六：史記卷七十四。
註十七：孔穎達周易正義。
註十八：引自李漁叔墨辯新注八三頁。
註十九：同上一八九頁。
註二十：列子仲尼篇。

註二一：張鐵君論名墨之爭。
註二二：楚詞：卜居。
註二三：（同註四）
註二四：（同註五）

管子政治思想之研究

管子一書，包羅宏富，除法家學說外，陰陽儒道兵名諸家思想，亦兼而有之，全書現有七十六篇，漢列道家，隋列法家，後世因之，各篇出諸管夷吾手撰者，均難指其篇名，恐只一小部份，餘多爲後人搜集其言行而撰述之，亦猶論語孟子二書，非孔孟親撰，乃後世門徒纂輯孔孟言行之作也。歷代治管子者，如晉之傅玄，唐之孔顥達，宋之葉適、朱熹，明之宋濂，淸之戴望諸先賢，對此多有論證，大抵認爲書雖不全出諸仲手，而與仲之思想則在在有關也。故吾人根據是書以研究管子政治思想，當非無的放矢之論。

壹、誠信無私

管子雖被列爲法家，但其論政之根本思想，却與儒家接近，他說：「形不正者德不來，中不精者心不治，正形飾德，萬物畢得……無以物亂官，無以官亂心，此之謂內德，是故意氣定然後反正。氣者身之充也，行者正之義也，充不美，則心不得，行不正，則民不服，是故聖人若天然，無私覆也，若地然，無私載也，私者，亂天下者也。」（管子心術篇下）故曰：「先王貴誠信，誠信者，天下之結也。」（樞言篇）惟有誠信無私，才可以牧民，才可以治世，才可以團結天下。反是，則站在個人私派私系之立場，以一鄉之利益作爲一家之利益，以一國之利益，作爲一鄉之利益，以天下之利益，作爲一國之利益，則天下事便無可爲，如今日美國既要領導世界，又處處漠視他國利益，而只知美國的「國家利益」爲其國家安全與「國家戰略」之最高原則，故處處援助，處處受挫，而難獲他人之眞正愛戴，故曰：「以家爲鄉，鄉不可爲也，以鄉爲國，國不可爲也，以國爲天下，天下不可爲也。」（牧民篇第一六親五法章）然則如之何而後可，要在使一家之人治一家之事，一鄉之人，治一鄉之事，一國之人，治一國之事，天下之人，共治天下之事，故曰：「有聞道而好爲家者，一家之人也，有聞道而好爲鄉者，一鄉之人也，有聞道而好爲國者，一國之人也，有聞道而好爲天下者，天下之人也。」（形勢篇）以天下之人爲天下，其間有許多私人的自私自利觀念，必須克服，故又曰：「以家爲家，以鄉爲鄉，以國爲國，以天下爲天下，毋曰不同生，遠者不聽，毋曰不同鄉，遠者不行，毋曰不同國，遠者不從，如地如天，何私何親，如月如日，唯君之節。」（同上註）此正所謂「天無私覆，地無私載」之義，唯仁者能之，以是孔子推許管仲爲「如其仁，如其仁」也。

管仲之所以能「如其仁」，不僅在其事功與學說，亦在其爲人處世之本，以「誠」爲出發點也。觀其自述曰：「吾始困時，與鮑叔分財多自予，鮑叔不以我爲貪，知吾貧也，吾嘗爲鮑叔謀事而更窮困，鮑叔不以我爲愚，知吾有利有不利也。公子糾敗，召忽死之，吾幽囚受辱，鮑叔不以我爲無恥，知吾不羞小節而恥功名不顯於天下也，生我者父母，知我者鮑叔。」（註一）此種個人貧困不遇之缺點，一般顯者常諱莫如深，而管子坦率自道，雖云感鮑叔之愛己知己，亦見其誠以律己之道德，非常人所可企及，無怪其下令如流水之原，政從民順，蓋誠信所孚，衆望歸之故也。

貳、尊重民意

孟子論政，以民爲本，所謂「得天下有道，得其民斯得天下矣。」（註二）如何得民？孟子說：「得其民有道，得其心斯得民矣，得其心有道，所欲與之聚之，所惡勿施爾也。」（註三）孟子之見，與管子如出一轍，管子說：「古之聖王所以取明名廣譽，厚功大業，顯於天下，不忘於後世，非得人者，未之嘗聞。暴王之所以失國家，危社稷，覆宗廟，滅於天下，非失人者，未之嘗聞。今有土之君，皆處欲安，動欲威，戰欲勝，守欲固，大者欲王天下，小者欲霸諸侯，而不務得人，是以小者兵挫而地削，大者身死而國亡，故曰，人不可不務也，此天下之極也。曰：然則得人之道，莫如利之。」（五輔篇第十）利民之道爲何？在施政的原則上，一切要以順民心爲本，在施政實務上，則以裕民生爲依歸。故曰：「政之所興，在順民心，政之所廢，在逆民心，民惡憂勞，我佚樂之，民惡貧賤，我富貴之，民惡危墜，我存安之，民惡滅絕，我生育之。」（牧民篇第一四順章）又曰：「德有六興，……所謂六興者何？曰：辟田疇，利壇宅，脩樹蓺，勸士民，勉稼穡，脩墻屋，此所謂厚其生；發伏利，輸墆積，脩道途，便關市，愼將宿，此謂輸之以財；導水源，利陂溝，決潘渚，潰泥滯，通鬱閉，愼津梁，此謂遺之以利；薄徵斂，輕征賦，弛刑罰，赦罪戾，宥小過，此謂寬其政；養長老，慈幼孤，恤鰥寡，問疾病，弔禍喪，此謂匡其急；衣凍寒，食飢渴，匡貧窶，賑罷露，資乏絕，此謂賑其窮，凡此六者，德之興也。（五輔篇）管子又名此六興爲「九惠之教，一曰老老，二曰慈幼，三曰恤孤，四曰養疾，五曰合獨，六曰問疾，七曰通窮，八曰振困，九曰接絕。」（入國篇）頗有近代社會主義思想，較孟子所謂「所欲與之聚之」，更爲深切詳明。

以是管子對人民意見，非常注意，謂「以天下之目視，則無不見也，以天下之耳聽，則無不聞也，以天下之心慮，則無不知也。」（九守篇主位章）故齊桓問政，管子主張設嘖室之議，以求民隱，「毋以私好惡，害公正，察民所惡，以自爲戒。」（桓公問篇）管子之意：「身不善之患，毋患人莫己知……我有過爲，而民無過命，民之觀也察矣，不可遁逃……我有善則立譽我，我有過，則立毀我，……故先王畏民。」（小稱篇）「畏民」的哲學較「愛民」的哲學，更具有前進的意義，蓋「愛民」思想，出於私天下的觀念，爲上者視人民若其家中之子弟，以父兄愛護子弟之心理愛而利之；「畏民」思想，似出於公天下的觀念，君與民，爲一權利義務的關係，人民有權利要求君上予以保養之福利，君上對人民亦有此義務，否則，人民可望望然而去之。故管子說：「操名從人無不強也，操名去人無不弱也，雖有天子諸侯，民皆操名而去之，則捐其地而走矣，故先王『畏民』」，(同上註) 因「畏民」而「順民心」，因「畏民」而「裕民生」，與美國獨立宣言使政府畏懼人民的思想可說不謀而合。獨立宣言認爲「一切的人是生來平等的」，他有「由上帝賦予某些不可讓渡的權利，其中有生存的權利，自由的權利，和追求幸福的權利。人們爲了要保障這些權利，於是有了政府的設立……任何形式的政府，祇要它一旦破壞了上述的目標，人民自有權利去改革它，或廢掉它而重新建立一個新政府」。(註四) 美國的政治家由於畏懼人民改革政府或廢掉政府，故皆以戒愼恐懼的心情，尊重民意，管子能於二千多年以前有此「畏民」的思想，誠可謂豪傑之士矣，豈僅一偉大政治家而已哉？

叁、任賢使能

管子旣尊重民意，順民好惡，以天下之人治天下之事，則其用人行政，當一本至公，而無專擅獨裁之私，故曰：「明主之舉事也，任聖人之慮，用衆人之力而不自與焉，故事成而福生；亂主自智也，而不因聖人之慮，矜奮自功，而不因衆人之力，專用己而不聽正諫，故事敗而禍生。」(形勢解篇) 政治本爲衆人之事，實應用衆力以赴事功，且智有高下，才有短長，應「任其所長不任其所短」(同上註) 而無求全責備於一人，明主不僅要用賢才，而且要用專才，忠臣亦應專用其才，切不可逞才兼務，自以爲無所不能，以誤國事。

管子曰：「明君不以祿爵私所愛，忠臣不誣能以干爵祿，君不私國，臣不誣能，行此道者，雖未大治，正民之經也。今以誣能之臣，事私國之君，而能濟功名者，古今無之。誣能之人易知也，舜之有天下也。禹爲司空，契爲司徒，皋陶爲李（理也），后稷爲田，此四士者，天下之賢人也，猶尚精一德以事其君，今誣能之人，服事任官，皆兼四賢之能，自此觀之，功名之不立，亦易知也。」（法法篇）專才專任，固足尚矣。尤須使其職責，與其德業、功勳、才能相匹配，而無輕重倒置之嫌，此卽管子所謂立政之三本，「君之所審者三，一曰德不當其位，二曰功不當其祿，三曰能不當其官……故國有德義未明於朝者，則不可加於尊位，功力未見於國者，則不可授以重祿，臨事不信於民者，則不可使任大官，故德厚而位卑，謂之過，德薄而位尊者，謂之失，寧過於君子，毋失於小人，過於君子，其爲怨淺，失於小人，其爲禍深，是故國有德義未明於朝而處尊位者，則良臣不進，有功力未見於國而有重祿者，則勞臣不勸，有臨事不信而任大官者，則材臣不用」。（立政篇第四三本章）管子論用人之道，不徒見於上述各篇，五輔、宙合、小匡、覇言、君臣等篇，亦屢有提示，綜而論之，爲政在人，用人惟賢，雖賢不專，仍爲「誣能」，專而不「當」，亦不足以服人心而立政本。惟賢才何以知之，求之於大衆者外（說見下節），則在保擧，尤其是大臣，要「見賢能讓」。（立政篇第四四固章）管子能言能行，薦賢如不及，他對桓公說：「公子擧爲人博聞而知禮，好學而辭遜，請使游於魯，以結交焉；公子開方爲人巧轉而兌利，請使游於衞，以結交焉；曹孫宿其爲人也，小廉而苛忕，足恭而辭結，正荆之則也，請使往游，以結交焉。」(小匡篇)桓公皆納之。又曰：「升降揖讓，進退閑習，辨辭之剛柔，臣不如隰朋，請立爲大行；墾草入邑，辟土聚粟多衆，盡地之利，臣不如寧戚，請立爲大司田；平原廣牧，車不結轍，士不旋踵，鼓之而三軍之士，視死如歸，臣不如王子城父，請立爲大司馬；決獄折中，不殺不辜，不誣無罪，臣不如賓胥無，請立爲大司理；犯君顏色，進諫必忠，不辟死亡，不撓富貴，臣不如東郭牙，請立以爲大諫之官。」(同上註)然此五子者，皆專才而非通才，不足以當國家之大任，故管子曰：「此五子者，夷吾一不如，然而以易夷吾，夷吾不爲也。君若欲治國強兵，則五子者存矣，若欲霸王，夷吾在此，桓公曰善。」(同上註)，倘使五子者中果有一人才德均賢於夷吾者，彼亦將如鮑叔之讓賢而退矣。倘使夷吾不明「誣能」之弊，彼亦將兼理五子之職而唯我獨尊矣，故管子者，可謂深知政本，而又「當仁不讓」者也。

肆、敎民育才

國家之人才，來自民衆，民衆才德之培養，則在敎育，管子深知其理，故以四維立國，四維設敎，他說：「國有四維，一維絕則傾，二維絕則危，三維絕則覆，四維絕則滅，傾可正也，危可安也，覆可起也，滅不可復錯也。何謂四維？一曰禮，二曰義，三曰廉，四曰恥。禮不踰節，義不自進，廉不蔽惡，恥不從枉。故不踰節則上位安。不自進，則民無巧詐，不蔽惡，則行自全，不從枉，則邪事不生。」（牧民篇四維章）

四維者，管子立國之根本思想，欲貫澈此根本思想，則在教育，使民咸知禮義廉恥，其教育之方，在以政施敎，以身行教，故曰：「凡牧民者，使士無邪行，女無淫事，士無邪行，教也，女無淫事，訓也，教訓成俗，而刑罰省數也；凡牧民者，欲民之正也，欲民之正，則微邪不可不禁也。微邪者，大邪之所生也，微邪不禁，而求大邪之無傷國，不可得也；凡牧民者，欲民之有禮也，欲民之有禮，則小禮不可不謹也，小禮不謹於國，而求百姓之行大禮，不可得也；凡牧民者，欲民之有義也，欲民之有義，則小義不可不行，小義不行於國，而求百姓之行大義，不可得也：凡牧民者，欲民之有廉也，欲民之有廉，則小廉不可不修也，小廉不修於國，而求百姓之行大廉，不可得也；凡牧民者，欲民之有恥也，欲民之有恥，則小恥不可不飾也，小恥不飾於國，而求百姓之行大恥，不可得也；凡牧民者，欲民之修小禮，行小義，飾小廉，謹小恥，禁微邪，此厲民之道也；民之修小禮，行小義，飾小廉，謹小恥，禁微邪，治之本也。」（權修篇）

然管子四維之教，禮義尤重，故曰：「義有七體，七體者何？曰：孝悌慈惠以養親戚，恭敬忠信以事君上，中正比宜以行禮節，整齊撙詘以辟刑僇，纖嗇省用以備饑饉，敦懞純固以備禍亂，和協輯睦，以備寇戎，凡此七者，義之體也。……民知義矣。而未知禮，然後飾八經以導之。所謂八經者何？曰：上下有義，貴賤有分，長幼有等，貧富有度，凡此八者，禮之經也……是故聖王飭此八禮以導其民，八者各得其義，則爲人君者，中正而無私，爲人臣者忠信而不黨，爲人父者慈惠以教，爲人子者，孝弟以肅，爲人兄者，寬裕以誨，爲人弟者，比順以敬，爲人夫者，敦懞以固，爲人妻者，勸勉以貞。」（五輔篇）

禮義廉恥之教既敷，然恐實效未著，故須實地考察，一以明教育之成果，一以訪賢才而舉之草野，其法爲「正月之朝，鄉長復事，公親問焉。曰：於子之鄉有居處爲義，好學聰明質仁，慈孝於父母，長弟聞於鄉里者，有則以告，有而不以告，謂之蔽賢，其罪五。有司已於事而竣，公又問焉，曰：於子之鄉，有拳勇股肱之力，筋骨秀出於衆者，有則以告，有而不以告，謂之蔽才，其罪五。有司已於事而竣，公又問焉，曰：於子之鄉，有不慈孝於父母，不長弟於鄉里，驕躁淫暴，不用上令者，有則以告，有而不以告，謂之下比，其罪五。有司已於事而竣，於是乎鄉長退而修德進賢，桓公親見之，遂使役之官……是故匹夫有善故可得而舉也，匹夫有不善故可得而誅也。」（小匡篇）教化興，政令行，人才舉，三者交相爲用，誠綱舉目張，庶政維新矣。

伍、明法重令

管子一書，明法重令之義，幾隨處可見，尤以法法，任法，明法，重令諸篇，言之綦詳，綜其要義，不外言法之起源及其重要性，與其實施之原則與效果，玆分論之於下：

孟子言性善，荀子言性惡，告子言性善惡混，管子生於此三子之前，其思想當不受彼等之影響，然管子固主性惡者，謂「人故相憎也，人之心悍，故爲之法，法出於禮，禮出於治，治禮道也。萬物待治禮而後定。」（樞言篇）此與荀子所謂「今人之性惡，必待師法然後正，得禮義然後治。」（註五）之理論，前後如出一轍。

「法者，天下之至道也，聖君之實用也。」（任法篇）「所謂仁義禮樂者，皆出於法」。（同上註）「不法法，則事無常。」（法法篇）故法立之後，必須遵守，不能爲任何人枉法以徇私，更不能廢法以治國，蓋「規矩者，方圜之正也，雖有巧目利手不如拙規矩之方圜也。故巧者能生規矩，不能廢規矩而正方圜，雖聖人能生法，不能廢法而治國，故雖有明智高行，倍法而治，是廢規矩而正方圜也。」（同上註）

立法者欲法之實行，不但不能廢法徇私，尤須以身作則，方能使人民守法。「凡民之從上也，不從口之所言，從情之所好者也。上好勇則民輕死，上好仁則民輕財，故上之所好，民必甚焉。是故明君知民之必以上爲心也，故置法以自治，立儀以自正也。故上不行，則民不從，……是以有道之君，行法修制，先民服也。」（同上註）

法律之推行，有賴於命令，故曰：「令重於寶。」（同上註）國家賞罰，一是以令爲本，凡「令未布而民或爲之而賞從之，則是上妄予也，上妄予，則功臣怨，……令未布而罰及之，則是上妄誅也，上妄誅，則民輕生……令已布而賞不從，則是使民不勸勉，不行制，不死節；民不勸勉，不行制，不死節，則戰不勝，而守不固……則國不安矣；令已布而罰不及，則是教民不聽，民不聽則彊者立……則主位危矣。故曰憲律制度必法道，號令必著明，賞罰必信密，此正民之經也。」(同上註)

管子認爲「君國之重器，莫重於令，令重則君重，君重則國安，……故曰：虧令者死，益令者死，不行令者死，留令者死，不從令者死，五者死而無赦，惟令是視。」(重令篇)「故遵主令而行之者，雖有傷敗無罰，非主令而行之者，雖有功利罪死。」(任法篇)。

顧行令之道有二，一、令不可過多，二、令不可時時更易。大抵「君有三欲於民，三欲不節，則上位危。三欲者，何也？一曰求，二曰禁，三曰令，求必欲得，禁必欲止，令必欲行，求多者其得寡，禁多者其止寡，令多者，其行寡，求而不得，則威日損，禁而不止，則刑罰侮，令而不行，則下凌上，故未有能多求而多得者也，未有能多禁而多止者也，未有能多令而多行者也。故曰上苛則下不聽，下不聽而彊以刑罰，則爲人上者，衆謀矣，爲人上而衆謀之，雖欲毋危不可得也。號令已出又易之，禮義已行又正之，度量已制又遷之，刑法已錯又移之，如是，則慶賞雖重，民不勸也，殺戮雖繁，民不畏也。故曰，上無固植，下有疑行，國無常經，民力必竭，數也。」(法法篇)

這一段話，就政治原則言，有其永恆性，任何朝令夕改，殘民以逞的政權，其覆亡必可立而待也。

陸、政軍合一

管子相齊，欲使桓公「速得意於天下」，乃「作內政而寓軍令。」（小匡篇）其法為「參國五鄙」，何謂「參國」，「制國以為二十一鄉，商工之鄉六，士農之鄉十五，公帥十一鄉，高子帥五鄉，國子帥五鄉。參國故為三軍，公立三官之臣，市立三鄉，工立三族，澤立三虞，山立三衡。制五家為軌，軌有長，十軌為里，里有司，四里為連，連有長，十連為鄉，鄉有良人，三鄉一帥。」（同上註）何謂「五鄙」？「制五家為軌，軌有長，六軌為邑，邑有司，十邑為率，率有長，十率為鄉，鄉有良人，三鄉為屬，五屬一大夫，武政聽屬，文政聽鄉，各保而聽，無有淫佚者。」（同上註）至「參國」與「五鄙」之分，大抵以文野為準，「參國」猶如今之都市，五鄙猶如今之農村，故其組織微有差異，然其目的，在「定民之居，成民之事。」（同上註）春蒐秋獮，振旅治兵，使「卒伍之人，人與人相保，家與家相愛，少相居，長相游，祭祀相福，死喪相恤，禍福相憂，居處相樂，行作相和，哭泣相哀，是故夜戰其聲相聞，足以無亂，晝戰其目相見，足以相識，驩欣足以相死，是故以守則固，以戰則勝。」（同上註）此所謂「寄兵於政」，（註同上）寓兵於農之良法，雖百世之後行之，亦可無敵於天下，益以獎勵生育之策，凡「士三出妻，逐於境外」（同上

註）、使「內無怨女，外無曠夫。」（註六），造成人多兵強，「以衆擊寡」（七法篇第六選陳章）之勢，「使百姓皆知勇」（小匡篇），故齊桓公得以稱霸，「九合諸侯，一匡天下。」（註七）司馬遷稱之，孔子贊之也。

柒、重農尚儉

管子所處的時代，爲封建制度的農業社會，主要生產來自農田，人民財富多爲糧食，「治國之道，必先富民……富國多粟生於農，故先王貴之，凡爲國之急者，必先禁末作文巧，末作文巧禁，則民無所游食，民無所游食，則必農，民事農，則田墾，田墾則粟多，粟多則國富。」（治國篇）故國之貧富，端視其農業經營，即可知之，所謂「行其田野，視其耕耘，計其農事，而飢飽之國，可以知也。其耕之不深，耘之不謹，地宜不任，草田多穢，耕者不必肥，荒者不必墝，以人猥計其野，草田多而辟田少者，雖不水旱，飢國之野也。若是而民寡，則不足以守其地，若是而民衆，則國貧民飢，以此遇水旱，則衆散而不收。」（八觀篇）此就農業經營方法之優劣言，可以影響國家之前途者，而農業生產有主要與次要之分，主要者爲粟米，次要者爲桑麻與六畜，粟多國富，固爲重農政策之所希冀，然桑麻與六畜之生產，亦與國家貧富有密切之關係。故曰：「行其山澤，觀其桑麻，計其六畜之產，而貧富之國可知也。夫山澤廣大，則草木易多也，壤地肥饒，則桑麻易植也。薦草多衍，則六畜易繁也，山澤雖廣，草木毋禁，壤地雖肥，桑麻無數，薦草雖多，六畜有征，閉貨之物也。故曰時貨不遂，金玉雖多，謂之貧國，故曰，行其山澤，觀其桑麻，計其六畜之產，而貧富之國可知也。」（同上註）

國富則民易治，國貧則民難治，蓋「倉廩實則知禮節，衣食足則知榮辱」（牧民篇第一國頌章），管子亦主張富而後教，非空言「禮義廉恥」爲「國之四維」也。

理財之道，不外開源節流，重農所以開國富之源，倘無節流之方，以儲蓄國力，其貧困亦可立而待，故管子重農之外，更尚節儉。「入國邑，視宮室，觀車馬衣服，而侈儉之國可知也。……主上無積而宮室美，氓家無積而衣服修，乘車者飾觀望，步行者雜文采，本資少而末用多者，侈國之俗也；國侈則用費，用費則民貧，民貧則姦智生，姦智生則邪巧作，故姦邪之所生，生於匱不足，匱不足生於侈，侈之所生生於毋度，故曰，審度量，節衣服，儉財用，禁侈泰，爲國之急也，不通於若計者，不可使用國。」（八觀篇）

戰國時之墨子，亦尚儉而主節用者，然與管子之出發點微有不同，墨子謂「國家貧則語之節用」，而管子則在論如何富國之時，強調去奢尚儉之重要性者，蓋墨子針對戰國貴族生活奢靡之時弊，以救世爲目的而主節用，管子之着眼，則在富國強兵也。

捌、積富儲材

管子不僅爲一大政治家，實爲一大軍事家，方之近世各國偉大戰略家，亦無多讓，拿破崙謂戰爭之重要條件，第一是錢，第二是錢，第三是錢，管子則曰：「歲藏一，十年而十也，歲藏二，五年而十也，……視歲而藏，縣時積歲，國有十年之蓄，富勝貧……發如風雨，動如雷霆，獨出獨入，莫之能禁止。」（事語篇），所謂「爲兵之數」存乎聚財，而財無敵，存乎論工，而工無敵，存乎制器，而器無敵。」（七法篇第六爲兵之數章）故管子論兵，不僅重在財富，而且兼及軍工兵器，實寓有現代戰爭，重在後勤，勝負之數，端賴軍需工業之意。

重農尙儉，固爲富民之策，然未足以積國之富，故管子對桓公「藉於樹木」，「藉於六畜」之問，而應以「官山海」也。「何謂官山海」（海王篇），卽鹽鐵公賣，蓋鹽鐵爲人人必需之物，「十口之家，十人食鹽，百口之家，百人食鹽……一女必有一鍼一刀，若其事立。耕者必有一耒一耜一銚，若其事立。行服連，軺輦者，必有一斤一鋸一錐一鑿，若其事立。」（同上註）且輕重其量，低昂其值，其利倍蓰，官山海之利，猶未足以富國也，則益以鑛藏國有。桓公問於管子曰：「請問天財所出，地利所在？」管子對曰：「山上有赭者，其下有鐵，上有鉛者，其下有銀，一曰上有鉛者，其下有鉒銀，上有丹沙者，其下有鉒金，上有慈石者，其下有銅金，此山之見榮者也。苟山之見榮者，謹封而爲禁，有動封山者，罪死而不赦。」（地數篇）鑛業國有，一以利於鹽鐵之專賣，一以利於錢幣之專鑄，俾使國富之源，不賴租稅，而得民心。「夫民者，親信而死利，海內皆然，民予則喜，奪則怒，民情皆然，先王知其然，故見予之形，不見奪之理，故民愛可洽於上也。租籍者所以彊求也，租稅者，所慮而請也。王霸之君，去其所以彊求，廢其所慮而請，故天下樂從也。利出於一孔者，其國無敵，出二孔者，其兵不詘，出三孔者，不可以舉兵，出四孔者，其國必亡……故予之在君，奪之在君，貧之在君，富之在君，故民之戴上如日月，親君若父母。」（國蓄篇）今「五穀食米，民之司命也，黃金刀幣，民之通施也，故善者執其通施，以御其司命，故民力可得而盡也……人君鑄錢立幣，民庶之通施也。」（同上註）故取於民而民不以爲貪，其利則十百倍於租稅也。

富國之謀，在於強兵，強兵之道，在於器利，利器之道，在於儲材，材者，造器修器之人材與器材也。管子皆注意及之。故曰「兵不完利與無操者同實，甲不堅密與俴者同實，弩不可以及遠，與短兵同實，射而不能中與無矢者同實，中而不能入與無鏃者同實。」（參患篇）雖「財蓋天下，而工不蓋天下，不能正天下，工蓋天下，而器不蓋天下，不能正天下。」（七法篇第六爲兵之數章）「故聚天下之精材，論百工之銳氣。」（同上註）其「聚」「論」之術，有如現今之國勢調查，對人民生活狀況，土地生產情形，人口品質與財富積儲，均備加查察，其情詳見管子問篇，對兵器修造與器材儲備，亦加調查。「問男女有巧伎能利備用者幾何人？處女操工事者幾何人？……問兵車之計幾何乘也？牽家馬軶家車者幾何乘？……工之巧，出足以利軍伍，處可以修城郭，補守備者幾何人？……」大夫疏器，甲兵兵車旌旗鼓鐃帷幕帥車之載幾何乘？疏藏器，弓弩之張，衣夾鋏，鉤弦之造，戈戟之緊，其厲何若？其宜修而不修者故何視？而造修之官，出器處器之具，宜起而未起者何待？鄉師車輜造修之具，其繕何若？工尹伐材用，毋於三時，羣材乃植，而造器定冬，完良備用必足，人有餘兵。」（問篇）以此當可戰勝攻取，無敵於天下。

玖、存亡繼絕

然管子之志，不在滅人之國，而在扶人之國，不在破壞當時政治秩序，而在維持當時政治秩序，故欲「以大牵小，以彊使弱，以衆致寡，德利百姓，威振天下，令行諸侯而不拂，近無不服，遠無不聽。」（覇言篇）蓋管子對周之封建制度，有深厚之信心，欲維持其餘緒於不墜。蓋以「西周封建，並不專在狹義的統治方面打算，除却分封同姓姻戚外，以前夏殷兩朝之後裔，以及其他古代有名各部族的後代，周人也一一爲他們規劃新封地或保留舊疆域，這所謂「興滅繼絕」，而且允許他們各在自己封域內，保留其各部族傳統的宗教信仰與政治習慣，因此我們還可以說，西周封建，實在包含着兩個系統，和兩種意味，一個家族系統的政治意味，一個則是歷史系統的文化意味。」（註八），管子於這種興滅繼絕的文化歷史，頗爲心服，故於中匡、小問、覇言各篇，均言及存亡繼絕的美德，認爲「按彊助弱，圉暴止貪，存亡定危，繼絕世，此天下之所載也，諸侯之所與也，百姓之所利也。」（覇言篇）事實上述及存亡繼絕者，有覇形大匡小匡等篇。當時宋伐杞，桓公欲以兵救之，管仲謂「古之人聞先王之道，不競於兵……令人以重幣使之，使之而不可，君受而封之……公乃命曹孫宿使於宋，宋不聽，宋伐杞，桓公築緣陵以封之，予車百乘，甲一千。明年，狄人伐邢，邢君出，致於齊，桓公築夷儀以封之，予車百乘，卒千人。明年，狄人伐衞，衞君出，致於虛……桓公築楚丘以封之，與車三百乘，甲五千。」（大匡篇）後楚欲吞宋鄭，乃興兵而南，以存宋鄭，實則以武力爲外交後盾，與楚周旋，未曾與楚兵交綏，至宋伐杞不援之以兵，狄侵邢衞，亦不急急於攘夷者，蓋鄰國未親，諸侯未附，內政外交均有待部署，此可於小匡篇中管仲對桓公問見之，蓋管仲之覇業，在組織大聯盟，「糾合諸侯」，以禁亂止暴，安定中原也。

拾、尊王攘夷

管仲之強兵富國政策徐徐進行之際，對內部重要人事則薦引鮑叔牙，王子城父，寧戚，隰朋等負兵，農，司法，與外交重責，復派大員游士，游說各國，如「曹宿孫處楚，商容處宋，季勞處魯，徐開封處衞，匽尚處燕，審支處魯，又游士八千人，奉之以車馬衣裘，多其資糧，財幣足之，使出游於四方，以號召收求天下之賢士，飾玩好，使出周游於四方，鬻之諸侯，以觀其上下之所貴好，擇其沉亂者而先攻之。」（小匡篇）迨其內政定，兵教成，外事備，審時度勢，然後展其尊王攘夷，平亂禁暴之抱負，當其時，齊有「教士三萬人，革車八百乘，諸侯多沉亂不服於天子，於是乎桓公東救徐州，分吳半，存魯蔡陵，割越地，南據宋鄭，征伐楚，濟汝水，踰方地，望文山，使貢絲於周室，成周反胙於隆嶽，荊州諸侯莫不來服，中救晉公，禽狄王，敗胡貉，破屠何，而騎寇始服。北伐山戎，制冷支，斬孤竹，而九夷始聽，海濱諸侯，莫不來服。西征，攘白狄之地，遂至於西河，方舟投柎，乘桴濟河，至於石沈，懸車束馬，踰大行，與卑耳之貉拘秦夏，西服流沙西虞，而秦戎始從。故兵一出而大功十二，故東夷西戎，南蠻北狄，中諸侯國，莫不賓服……然後率天下定周室，大朝諸侯於陽穀，故兵車之會六，乘車之會三，九合諸侯，一匡天下，甲不解壘，兵不解翳，弢無弔，服無矢，寢武事，行文道，以朝天子。」（同上註）葵丘之會，天子致胙桓公，謂「伯舅毋下拜。」（同上註）桓公亦志得意滿，而有封禪之意，謂「九合諸侯，一匡天下，諸侯莫違我，昔三代受命，亦何以異乎？」（封禪篇）故不欲下拜，管仲則謂「爲君不君，爲臣不臣，亂之本也。」（小匡篇）遂使桓公下拜受胙，而以「鳳凰麒麟不來，嘉穀不生，而蓬蒿藜莠茂，鴟梟數至。」（封禪篇）爲藉口，反對封禪，打銷桓公稱王之意。

至戰國時，孟子對公孫丑問，謂管仲，曾西恥而不爲，彼更高於管仲而羞爲之，蓋嫌於管仲以「齊王，猶反手。」（註九）竟未能捨霸而王也。不知管仲實當時最具有遠見之大政治家，「齊人有言曰：雖有智慧，不如乘勢，雖有鎡基，不如待時。」（註十）其「時」其「勢」，未許齊國稱王也。當時諸侯衆多，齊國雖強，尚不足以統一之，假使勉而王之，而周王尚在，則「使天下兩天子，天下不可理也。」（霸言篇）猶之「一國而兩君，一國不可理也，一家而兩父，一家不可理也。」（同上註）縱使齊桓公勉強稱王，藉曰行仁政於天下，然當時齊國而外，秦晉楚宋相繼稱霸，其國勢之可與齊國並駕齊驅，管子深知之，仁政之施，雖足以使被統治者之人民，望而趨之，然統治者大權在握，其與齊國爭欲抗衡，或單獨行釁，或聯合攻齊，皆在意想之中，故曰：「彊國衆而言王勢者，愚人之智也，彊國少而施霸道者，敗事之謀也。」（同上註）不幸管子所處之時，爲「彊國衆」，倘使「彊國少」，則管子當以齊王矣。所謂「神聖視天下之形，知動靜之時，視先後之稱，知禍福之門，彊國衆先舉者危，後舉者利，彊國少先舉者王，後舉者亡，戰國衆，後舉可以霸，戰國少，先舉可以王。」（同上註）此其理，行之於二十世紀，亦信而有徵，如德國在兩次大戰中之失敗，皆因強國衆多，先發動戰爭而敗，今之彊國減爲美蘇兩強，已少之又少矣，誰先發動戰爭，誰就可以王天下，掌握世界霸權，惜美國政治家未知此理，倘管子有靈，當竊笑於九泉矣。孟子固爲一講道德，說仁義之政治家，然對於春秋時代之國際大勢，實未能如管子之有實際體驗而瞭若指掌，明其利害得失之所在也。

要之管仲爲齊社稷之臣，志在富國強兵，協和諸侯，以內尊周王，外攘夷狄，興滅國，繼絕世，以發揚西周之傳統的歷史文化，觀其自魯返齊，首次對桓公問，即曰「昔吾先王周昭王穆王，世法文武之遠跡，以成其名，合羣國。」（小匡篇）即可見其乃心嚮周室，景慕西周文化，其政治思想最高原則，爲「誠信無私」，「尊重民意」；其推行政治之基本技術，爲「任賢使能」，「教民育才」，「明法重令」；至若「政軍合一」，「重農尚儉」，「積富儲材」，爲圖致富強，達成其政治目的之根本方略；而「存亡繼絕」，「尊王攘夷」實爲鞏固民族統治，發揚王道文化精神之長策，允宜爲後人所師法也。

註一：史記管晏列傳上。
註二：孟子離婁篇上。
註三：同上。
註四：美新聞處編美國歷史大綱五八頁。
註五：荀子性惡篇。
註六：孟子梁惠王下。
註七：史記管晏列傳。
註八：錢穆中國文化史導論第二章。
註九：孟子公孫丑上。
註十：同上。

晏子言行與傳統道德

晏子名嬰，字平仲，齊之東萊人也，歷事齊國靈莊景三公，晏子春秋所記者，多爲晏子對景公進諫與問對之辭，對靈公問，只見于內篇雜下第六第一章，對莊公進諫一次，見于內篇諫上第一，對莊公問二次，見于內篇問上第三第一、二兩章。內篇雜下第五第一、二兩章，記莊公不悅晏子，晏子致邑而退之事，其他記晏子對當時諸侯，名臣，名士，如楚王，吳王，叔向，仲尼，曾子、司馬期等應對之辭，其分量不出全書十分之一，總計是書分內篇諫上第一凡二十五章，內篇諫下第二凡二十五章，內篇問上第三凡三十章，內篇問下第四凡三十章，內篇雜上第五凡三十章，內篇雜下第六凡三十章，外篇重而異者第七，凡二十七章，外篇不合經術者第八，凡十八章，內外八篇，共二百十五章，書非晏子親撰，乃後人對其嘉言懿行之記載，漢時列之儒家，唐以後列之墨家，亦有列之法家者，然晏子生于春秋，年歲長于孔子，其時儒未成家，何能以晏子隸于孔聖，至墨法以家名，乃墨翟、申韓諸子學說所造成，更不能厚誣先賢，強列于其後輩之門牆，吾人據是書以研究晏子，深覺其非一談天說地之空泛的思想家與學術家，乃一脚踏實地，躬行實踐之事功家與道德家也。特將其言行與我民族傳統道德有關者表而出之。

壹、事君以忠

語云：忠臣必出于孝子之門。晏子固以孝事其親者，觀其居父「晏桓子之喪，麤衰、斬。苴絰帶，杖。菅屨，食粥，居倚廬，寢苫枕草」。（晏子春秋內篇雜上第五第三十章）其家老以彼位爲大夫，過于悲戚，竟謂爲「非大夫喪父之禮」（同上註）孔子則美其孝思，晏子素來服膺忠孝兩全之道，故曰：「事親孝，無悔往行，事君忠，無悔往辭」。（內篇問下第四第二十六章）歷事三公，三公皆敬之，蓋彼以一心事三君，亦可以一心「事百君」也。（外篇重而異者第七第十九章）

且晏子之忠于事君，非若一般小丈夫以殉難死節爲標榜者，要在納君于善，獻可替否，而使國無危難之虞，「景公問于晏子曰：忠臣之事君也，何若？晏子對曰：有難不死，出亡不送。公不悅曰：君裂地而封之，疏爵而貴之，君有難不死，出亡不送，可謂忠乎？對曰：言而見用，終身無難，臣奚死焉？謀而見從，終身不出，臣奚送焉？若言不見用，有難而死之，是妄死也，謀而不見從，出亡而送之，是詐僞也。故忠臣也者，能納善于君，不能與君陷于難」。（內篇問上第三第十九章）此其忠君之義，實已高人一等，寧不使後世「平時袖手談心性，臨危一死報君王」者，愧怍千古歟？以是晏子對國家之利害，與君上之過失，知無不言，言無不盡，如諫靈公「好婦人而丈夫飾者」（內篇雜下第六第一章）諫莊公「矜勇力不顧行義」（內篇諫上第一第一章）及迭次諫景公以細故而草菅人民，皆曲盡其理，以補三君之失，仲尼所謂：「靈公汙，晏子事之以整齊，莊公壯，晏子事之以宣武，景公奢，晏子事之以恭儉，晏子，君子也」。（外篇重而異者第七第廿七章）

尤其難能可貴者，晏子之忠諫，在能以善歸君，以過歸己，不若一般直言敢諫之士，徒知「批逆鱗，觸忌諱」，以暴君之惡，而彰己之直，觀「晏子使于魯，比其返也，景公使國人起大臺之役，歲寒不已，凍餒之者鄉有焉。國人望晏子，晏子至，已復事，公延坐，飲酒樂，晏子曰，君若賜臣，臣請歌之，歌曰：庶民之言曰：凍水洗我用之何？太上靡散我若之何？歌終，喟然歎而流涕。公就止之曰：夫子曷爲至此？殆爲大臺之役夫？寡人將速罷之。晏子再拜，出而不言，遂如大臺，執朴，鞭其不務者，曰：吾細人也，皆有蓋廬以避燥濕，今君爲壹臺而不速成，何以爲役？國人皆曰：晏子助天爲虐。晏子歸，未至，而君出令，趣罷役，車馳而人趨。仲尼聞之喟然嘆曰：古之善爲人臣者，聲名歸之君，禍災歸之身，入則切磋其君之不善，出則高譽其君之德義，是以雖事惰君，能使垂衣裳，朝諸侯，不敢伐其功，當此道者，其晏子是耶？」（內篇諫下第二第五章）

孔子亦嘗以君子稱許晏子。「君子和而不同」（論語子路），晏子之以忠事君，固實行「和而不同」之原則者，如「景公至自畋，晏子侍于遄臺，梁丘據造焉。公曰：維據與我和夫？晏子對曰，據亦同也，焉得爲和？公曰，和與同異乎？對曰：異，和如羹焉，水火醯醢鹽梅，以烹魚肉，燀之以薪，宰夫和之，齊之以味，濟其不及，以洩其過，君子食之，以平其心。君臣亦然，君所謂可而有否焉，臣獻其否，以成其可；君所謂否而有可焉，臣獻其可，以去其否；是以政平而不干，民無爭心。故詩曰：亦有和羹，既戒且平，鬷嘏無言，時靡有爭，先王之濟五味和五聲也，以平其心，成其政也，聲亦如味，一氣、二體，三類，四物，五聲，六律，七音，八風，九歌，以相成也；清濁大小，短長疾徐，哀樂剛柔，遲速高下，出入周疏，以相濟也。君子聽之，以平其心，心平德和。故詩曰：德音不瑕。今據不然，君所謂可，據亦曰可，君所謂否，據亦曰否，若以水濟水，誰能食之？若琴瑟之專一，誰能聽之？同之不可也如是，公曰善。」（外篇重而異者第七第五章）蓋梁丘據爲一小人，「同而不和」者，即西人之所謂 Yes man，隨毀隨譽，以迎合當權握勢者之心理，而毫無主見者，雖不能主動作威作福，亦「逢君之惡臣也」（孟子告子下）

貳、臨民以愛

大凡仁人主政臨民，莫不與民共甘苦，同休戚，所謂「禹思天下有溺者，由己溺之也，稷思天下有饑者，由己饑之也」。（孟子離婁下）不仁者在位，則視人民之疾苦，猶秦人視越人之肥瘠，而無所動于中，齊景公即其一也，幸有晏子當政，時時予以匡救，而免生民塗炭。「景公之時，霖雨十有七日，公飲酒，日夜相繼」。晏子請發粟于民，三請不見許。公命柏遽巡國，致能歌者，晏子聞之不說，遂分家粟于氓，致任器于陌，徒行見公曰：霖雨十有七日矣，懷室鄉有數十，饑氓里有數家，百姓老弱，凍寒不得短褐，饑餓不得糟糠，敝撤無走，四顧無告，而君不恤，日夜飲酒，令國致樂不已，馬食府粟，狗饜芻豢，三保之妾，俱足粱肉，狗馬保妾，不已厚乎？民氓百姓，不亦薄乎？故里窮而無告，無樂有上矣，饑餓而無告，無樂有君矣，嬰奉數之筴，以隨百官，使民饑餓窮約而無告，使上淫湎失本而不卹，嬰之罪大矣！再拜稽首，請身而去，遂走而出。」（內篇諫上第一第五章），經晏子以去就爭之後，景公乃罷樂歌，散粟賑饑，全活貧氓數萬家。

　此乃一時霖雨之災，致人民饑餓凍餒者，其困于橫徵暴斂之民，流爲餓莩，囚于囹圄者，又不知凡幾？晏子皆時予以諫阻，造福生靈。

「景公出遊于寒途，睹死胔，默然不問。晏子諫曰：昔吾先君桓公出遊，睹饑者與之食，睹疾者與之財，使令不勞力，籍斂不費民，先君將遊，百姓皆悅曰：君當幸吾鄉乎？今君遊于寒途，據四十里之氓，殫財不足以奉斂，盡力不能以周役，民氓饑寒凍餒，死胔相望，而君不問，失君道矣！財屈力竭，下無以親上，驕泰奢侈，上無以親下，上下交離，君臣無親，此三代之所以衰也。今君行之，嬰懼公族之危，以爲異姓之福也。公曰：然，爲上而忘下，厚藉斂而忘民，吾罪大矣。于是斂死胔，發粟于民，據四十里之氓，不服政其年」。（內篇諫上第一第十九章）

古代農業社會的政治，凡稅斂薄，則刑罰省，稅斂重，則刑罰繁，良以稅重則民困，民困則財疏，財疏則民饑，民饑則除死亡與轉徙流離外，必放僻邪侈，殺人越貨，以致刑苛獄煩，囹圄有人滿之患。齊景公時，「藉重而獄多，拘者滿圄，怨者滿朝，晏子諫，公不聽，公謂晏子曰：夫獄，國之重官也，願託之夫子，晏子對曰：君將使嬰勑其功乎？則嬰有壹妄能書，足以治之矣。君將使嬰勑其意乎？夫民無欲殘其家室之生，以奉暴上之僻者，則君使吏比而焚之而已矣。景公不悅曰：勑其功，則使一妄，勑其意，則比焚，如是，夫子無所爲能治國乎？晏子曰：嬰聞與君異。今夫胡貉戎狄之蓄狗也，多者十有餘，寡者五六，然不相害傷，今束鷄豚妄投之，其折骨決皮可立見也。且夫上正其治，下審其論，則貴賤不相踰越；今君舉千鍾爵祿而妄投之于左右，左右爭之，甚于胡狗，而公不知也。寸之管無當，天下不能足之以粟，今齊國丈夫耕，女子織，夜以接日，不足以奉上，而君側皆彫文刻鏤之觀，此無當之管也，而君終不知，五尺童子操寸之烟，天下不能足之以薪，今君之左右，皆操烟之徒，而君終不知。鐘鼓成肆，干戚成舞，雖禹終不能禁民之觀，且夫飾民之欲，而嚴其聽，禁其心，聖人所難也，而況奪其財而饑之，勞其力而疲之，常致其苦，而嚴聽其獄，痛誅其罪，非嬰所知也」。（內篇諫下第二第一章）此蓋晏子有見于齊之君臣，嗜慾無度，欲從節崇儉之根本政策着手，以減國用而竭民力，使稅斂自薄，刑罰自省，愛民之情，思慮周致，其用心亦良苦矣。

叁、在朝重禮

古者學人論政，或重政刑，或重德禮，晏子則尚禮治，認爲禮可以統攝諸德，其言曰：「禮之可以爲國也久矣，與天地並立，君令臣忠，父慈子孝，兄愛弟敬，夫和妻柔，姑慈婦聽，禮之經也。君令而不違，臣忠而不二，父慈而教，子孝而箴，兄愛而友，弟敬而順，夫和而義，妻柔而貞，姑慈而從，婦聽而婉，禮之質也。」（外篇重而異者第七第十五章）惟禮儀禮節，有其拘束性，往往爲佚樂無度，放浪形骸的人所不喜，不幸晏子所事之齊景公，左右多小人，往往逢君之惡以酣歌宴舞，「景公飲酒數日而樂，釋衣冠，自鼓缶，謂左右曰：「仁人亦樂是乎？梁丘據對曰：仁人之耳目，亦猶人也，夫奚爲獨不樂此也？公曰：趣駕迎晏子，晏子朝服而至，受觴再拜，公曰：寡人甚樂此樂，欲與夫子共之，請去禮。晏子對曰：君之言過矣，羣臣皆欲去禮以事君，嬰恐君之不欲也。今齊國五尺之童子，力皆過嬰，又能勝君，然而不敢亂者，畏禮義也。上若無禮。無以使其下，下若無禮，無以事其上，夫麋鹿維無禮，故父子同麀，人之所以貴于禽獸者，以有禮也。嬰聞之：人君無禮，無以臨邦，大夫不禮，官吏不恭，父子無禮，其家必凶，兄弟無禮，不能久同。詩曰：人而無禮，胡不遄死，故禮不可去也。公曰：寡人不敏，無良左右，淫蠱寡人以至于此，請殺之。晏子曰：左右何罪？君若無禮，則好禮者去，無禮者至；君若好禮，

則有禮者至，無禮者去。公曰：善。」（外篇重而異者第七第一章）

晏子既重禮，孔子亦主禮治者，何以孔子至齊，景公欲封之以爾稽，晏子大事反對，謂「彼浩裾自順，不可以教下，好樂緩于民，不可使親治，立命而怠事，不可使守職，厚葬、破民貧國，久喪、循哀費日，不可使子民，行之難者在內，而儒者無其外，故異于服，勉于容，不可以道衆而馴百姓，自大賢之滅，周室之卑也，威儀加多，而民行滋薄，聲樂繁充，而世德滋衰，今孔丘盛聲樂以侈世，飾弦歌鼓舞以聚徒，繁登降之禮以示儀，務趨翔之節以觀衆，博學不可以儀世，勞思不可以補民，兼壽不能殫其教，當年不能究其禮，積財不能贍其樂，繁飾邪術以營世君，盛爲聲樂，以淫愚民，其道也，不可以示世，其教也，不可以導民，今欲封之以移齊國之俗，非所以導衆存民也。」（外篇不合經術者第八、第一章）景公乃不用孔子，孔子遂行。史記孔子世家，亦有類此記載，則其事蹟當非虛構。吾人細加研究晏子與孔子之均重禮治固矣，然有其大異者在，蓋晏子所重者，在禮之大體，而忽視其細節，且可因環境之不同，而修正其細節者，觀「晏子使魯，仲尼命弟子往觀，子貢反報曰：孰謂晏子習于禮乎？夫禮曰：登階不歷，堂上不趨，授玉不跪，今晏子皆反此，孰謂晏子習于禮者？晏子既已有事于魯君，退見仲尼，仲尼曰：夫禮登階不歷，堂上不趨，君行授玉不跪，夫子反此，禮乎？晏子曰：嬰聞兩楹之間，君臣有位焉，君行其一，臣行其二，君之來遬，是以登階歷，堂上趨，以及位也。君授玉卑，故跪以下之。

且吾聞之，大者不踰閑，小者出入可也。晏子出，仲尼送之以賓客之禮。」（內篇雜上第五第廿一章）以是見晏子之反對孔子。乃在其「繁登降之禮，趨翔之節……累壽不能殫其教，當年不能究其禮」之繁文褥節也。

肆、對外鬪智

西人謂「智識卽道德」，機智（Ready wit）亦亞里士多德認爲中庸道德之一也。我國五常——仁義禮智信，智亦屬于道德範疇。晏子出使各國，折衝樽俎之間，其機辯智慧，膾炙人口，震燿古今。

「晏子使楚，以晏子短，楚人爲小門于大門之側而延晏子，晏子不入，曰：使狗國者，從狗門入，今臣使楚，不當從此門入，儐者更道，從大門入，見楚王，王曰：齊無人耶？晏子對曰：臨淄三百閭，張袂成陰，揮汗成雨，比肩繼踵而至，何爲無人？王曰：然則子何爲使乎？晏子對曰：齊命使各有所主，其賢者使使賢王，不肖者，使使不肖王，嬰最不肖，故宜使楚矣！」（內篇雜下第六第九章）

楚王又欲辱之，「賜晏子酒，酒酣，吏二縛一人詣王，王曰：縛者曷爲者也？對曰：齊人也，坐盜。王視晏子曰：齊人固善盜乎？晏子避席對曰：嬰聞之：橘生淮南則爲橘，生于淮北則爲枳，葉徒相似，其實味不同，所以然者何？水土異也。今民生長于齊不盜，入楚則盜，得無楚之水土使民善盜耶？王笑曰：聖人非所與熙也，寡人反取病焉？」（同上篇第十章）是晏子之智壓倒楚國矣。

「晏子使吳，吳王謂行人曰：吾聞晏嬰蓋北方辯于辭，習于禮者也。命儐者曰：客見，則稱天子請見。明日、晏子有事，行人曰：天子請見。晏子蹙然！行人又曰：天子請見，晏子蹙然者三，曰：臣受命敝邑之君，將使于吳王之所，以不敏而迷惑入于天子之朝，敢問吳王惡乎存？然後吳王曰：夫差請見，見之以諸侯之禮」。（同上篇第八章）吳王設計以難晏子，而晏子處之泰然，從容應付，以杜吳王僭越之心，誠可謂「使于四方，不辱君命」矣。（論語子路）

晏子出使之智能，聞于當時，其對外賓之來聘而意存窺探者，亦有以制其機而折其謀。時「晉平公欲伐齊，使范昭往觀焉。景公觴之，飲酒酣，范昭起曰：請君之棄罇。公曰：酌寡人之罇。進之于客。范昭已飲，晏子曰：徹罇，更之，罇觶具矣。范昭佯醉，不悅而起舞，謂太師曰：能爲我調成周之樂乎？吾爲子舞之。太師曰：冥臣不習。范昭趨而出。景公謂晏子曰：晉大國也，使人來觀吾政，今子怒大國之使者，將奈何？晏子曰：夫范昭之爲人也，非陋而不知禮也，且欲試吾君臣，故絕之也。景公謂太師曰：子何以不爲客調成周之樂乎？太師對曰：夫成周之樂，天子之樂也，調之，必天子舞之。今范昭人臣，欲舞天子之樂，臣故不爲也。范昭歸，以報平公，曰：齊未可伐也。臣欲犯其君，而晏子識之，臣欲犯其樂，而太師知之。於是輟伐齊謀。仲尼聞之曰：善哉！不出尊俎之間，而折衝於千里之外，晏子之謂也，而太師其與焉！」（內篇雜上第五第十六章）范昭可爲當時之外交特務，名爲使者，實屬間諜，藉以刺探政情，揣度虛實而爲軍事行動之準據，晏子識奸於俄頃之間，其智慮之敏捷周至，誠非常人所可企及。無怪孔子深許之也。

伍、進退勇毅

出處進退之道，孟子論之詳矣。謂伯夷「非其君不事，非其民不使，治則進，亂則退，橫政之所出，橫民之所止，不忍居也」；伊尹則「何事非君？何使非民？治亦進，亂亦進。曰：天之生斯民也，使先知覺後知，使先覺覺後覺，予，天民之先覺者也，予將以此道覺此民也」。柳下惠「不羞汙君，不辭小官，進不隱賢，必以其道，遺佚而不怨，阨窮而不憫，」至孔子，乃「可以速而速，可以久而久，可以處而處，可以仕而仕」，故曰：「伯夷聖之清者也，伊尹聖之任者也，柳下惠，聖之和者也，孔子聖之時者也。」（俱見孟子萬章下）晏子與孔子同時，其所持進退之原則，似與孔子同。晏子使吳，吳王問曰：「國如何則可處？如何則可去也？晏子對曰：嬰聞之，親疏得處其倫，大臣得盡其忠，民無怨治，國無虐刑，則可處矣。是以君子懷不逆之君，居治國之位，親疏不得居其倫，大臣不得盡其忠，民多怨治，國有虐刑，則可去矣。是以君子不懷暴君之祿，不處亂國之

位」。（內篇問下第四第十章）

然晏子固忠於其君，非不得已不輕於言退者，「叔向問晏子曰：齊國之德衰矣！今子何若？晏子對曰：嬰聞事明君者竭心力以沒其身，行不逮則退，不以誣持祿；事惰君者，優游其身，以沒其世，力不能則去，不以謏持危。且嬰聞君子之事君也，進不失忠，退不失行，不苟合以隱忠，可謂不失忠，不持利以傷廉，可謂不失行。叔向曰：善哉！詩有之曰：進退維谷，其此之謂歟？」（同上篇第十八章）

然晏子亦非貪戀祿位者，行有未逮時，則毅然引退，如莊公不悅晏子，言不見用，並以「已哉，已哉，寡人不能說也，爾何來爲？」（內篇雜上第五第一章）之樂諷之，晏子進最後之忠言，謂「……無義無禮，好勇而惡賢者，禍必及其身……遂趨而歸……徒行而東……耕於海濱，居數年，果有崔杼之亂。）（同上註）晏子赴難，「立崔杼之門……門啓而入，崔子曰：子何不死！子何不死？晏子曰，禍始吾不在也，禍終吾不知也，吾何爲死？且吾聞之，以亡爲行者，不足以存君，以死爲義者，不足以立功，嬰豈婢子也哉？其縊而從之也。遂袒免坐，枕君尸而哭，興、三踊而出，人謂崔子必殺之。崔子曰：民之望也，舍之得民。」（同上註篇第二章）

「崔杼既弒莊公而立景公，杼與慶封相之，劫諸將軍大夫及顯士庶人於太宮之坎上，令無得不盟者，……盟曰：不與崔慶而與公室者，受其不祥，……晏子奉桮血，仰天歎曰嗚呼！崔子爲無道而弒其君，不與公室而與崔慶者，受者不祥，俛而飮血。崔杼謂晏子曰：子變子言，則齊國吾與子共之，子不變此言，戟旣在脰，劍旣在心，維子圖之也。晏子曰：刼吾以刄而失其志，非勇也，回吾以利，而倍其君，非義也，崔子、子獨不爲夫詩乎？詩云：莫莫葛藟，施於條枚，愷悌君子，求福不回，今嬰豈可以回而求福乎？曲刄鉤之，直兵推之，嬰不革矣。」（同上註篇第三章）崔子終畏其爲齊國之人望，而莫可如何？此亦可見晏子見義勇爲，非可以富貴功名而動其操守，忘其進退之大節也。

後有人譖晏子於景公，謂其「廢置不周於君前謂之專，出言不諱於君前謂之易，專易之行存，則君臣之道廢」（外篇重而異者第七第廿二章）故晏子不得爲忠臣，蓋晏子相景公時，「其論人也，見賢而進之，不同君所欲，見不善則廢之，不辟君所愛，行己而無私，直言而無諱」（同上註）也。景公竟以爲然，不悅晏子，晏子乃以「老悖無能，毋敢服壯者事，辭而不爲臣，退而窮處，東耕海濱……七年燕魯分爭，百姓惛亂，而家無積，公自治國，權輕諸侯，身弱高國，公恐，復召晏子。晏子至，公一歸七年之祿，而家無藏，晏子立，諸侯忌其威，高國服其政，燕魯貢職，小國時朝，晏子沒而後衰」（同上註）。一人進退，竟關係舉國休戚，非徒春秋時所罕見，亦後世所不可多覯者也。

陸、自奉儉約

諺云：「嚼得菜根何事不可爲」，？晏子之進退裕如，蓋無所求于世，而能以最節約之生活，滿足其個人慾望者，晏子朝見時，亦「衣緇布之衣，麋鹿之裘，棧軫之車而駕駑馬」。（內篇雜下第六第十二章）居家，則「衣十升之布，食脫粟之食，五卵，苔菜而已」。（同上註篇第十九章）晏子方食，景公使使者至，分食食之，使者不飽，晏子亦不飽，使者反，言之公，公曰：嘻！晏子之家若是其貧也！寡人不知，是寡人之過也！使吏致千金與市租，請以奉賓客，晏子辭、三致之，終再拜而辭。」（同上註篇第十八章）「公爲之封邑，使田無宇致臺與無鹽」（同上註篇第十九章）亦不受。「景公謂晏子曰：昔吾先君桓公以書社五伯封管仲，不辭而受，子辭之何也？晏子曰：嬰聞之，聖人千慮，必有一失，愚人千慮，必有一得，意者管仲之失而嬰之得者耶？」（同上註篇第十八章）的確管仲「富擬公室，有三歸反坫。」（史記管晏列傳）雖主政尚儉，實注重國人之節約，自奉甚泰，不若晏子之自刻也。以是景公賜以衣裘，贈以車駕，營以居室，皆恭却之。窺晏子之用心，殆欲以躬行儉約，導君於節儉者。是以「景公築路寢之臺，三年未息」（內篇諫下第二第七章）晏子諫之。「爲長庲將欲美之」。（同上註篇第六章）晏子亦諫之。

景公欲侈其居服，以聖王爲藉口曰：「吾欲服聖王之服，居聖王之室，如此，則諸侯其至乎？晏子對曰：法其節儉則可，法其服室無益也。三王不同服而王，非以服致諸侯也。誠於愛民，果於行善，天下懷其德而歸其義，若其衣服，節儉而衆悅之。夫冠足以修敬，不務其飾，衣足以掩形禦寒，不務其美……身服不雜綵，首服不鏤刻。且古者嘗有紩衣攣領而王天下者，其政好生而惡殺，節上而羡下，天下不朝其服，而共歸其義，古者嘗有處檜巢窟穴而王天下者，其政而不惡，予而不取，天下不朝其服，而共歸其仁。及三代作服，爲益敬也。首服足以修敬而不重也，身服足以行潔，而不害於動作，服之輕重便於身，用財之費順於民，其不爲檜巢者，以避風也，其不爲窟穴者，以避濕也。是故明堂之制，下之潤濕，不能及也，上之寒暑，不能入也。土事不文，木事不鏤，示民之節也。及其衰也，衣服之侈，過足以敬，宮室之美，過避潤濕，用力甚多，用財甚費，與民爲讐。今君欲法聖王之服，不法其制，法其節儉也，則雖未成治，庶其有益也。今君窮臺榭之高，極汙池之深而不止，務於刻鏤之巧，文章之觀而不厭，則亦與民而讐矣。若臣之慮，恐國之危，而公不平也。公乃願致諸侯，不亦難乎？公之言過矣！」（同上註篇第十四章）由此，可知晏子「居簡而行儉」之苦心矣。其病將死之際，猶戒其妻曰：「吾恐死而俗變，謹視爾家，毋變爾俗也」。（內篇雜下第六第二十九章）

儉者多吝，晏子待人，則慷慨豪爽，「叔向問晏子曰：嗇，吝愛之於行何如？晏子對曰：嗇者，君子之道，吝愛者，小人之行也。叔向曰：何謂也？晏子曰：稱財多寡而節用之，富無金藏，貧不假貸，謂之嗇，積多不能分人而厚自養，謂之吝，不能分人又不能自養，謂之愛，故夫嗇者，君子之道，吝愛者，小人之行也。」（內篇問下第四第廿三章）當時晏子之自奉過儉，嗇而不吝，同列如田桓子亦不知其故，故誤責其「隱君之賜」，（內篇雜下第六第十二章）叔向之問，殆亦懷疑晏子爲愛錢如命之守財虜，而故發是問乎？

柒、處世仁厚

「晏子仁人也」（同上註篇第十二章亦見外篇重而異者第七第廿一章）聲聞諸侯，晏子之仁風厚誼，見於晏子春秋者，略述於下：

一、以誠待人

曾子魯人也，遊於齊，將行，「晏子送之曰：君子贈人以軒，不若以言，吾請以言之以軒乎？曾子曰：請以言。晏子曰：今夫車輪，山之直木也，良匠揉之，其圓中規，雖有槁暴，不復嬴矣。故君子愼隱揉。和氏之璧，井里之困也，良工修之，則爲存國之寶，故君子愼所修，今夫蘭本，三年而成，湛之苦酒，則君子不近，庶人不佩，湛之麋醢，而賈匹馬矣。非蘭本美也，所湛然也。願子之志，必求所湛。嬰聞之：君子居必擇居，游必就士，擇居所以求士，求士所以避患也。嬰聞汩常移質，習俗移性，不可不愼也」。（內篇雜上第五第二十三章）此曾子想爲曾皙，因皙子曾參少孔子四十六歲，晏子長孔子約三十歲，曾參似乎難於晏子時至齊國，但不論其爲父爲子，與晏子必無深交，而晏子竟能規以修養之理，交游之道，其待人誠懇可知，故孔子美之曰：「晏平仲，善與人交，久而敬之

。」（論語公治）

二、以義交友

晏子對景公曰：「君之賜……寵之百萬，以富其家，嬰非敢爲富受也，爲通君賜也……國之間士待臣而後舉火者數百家。」（內篇雜下第六第十二章）此數百家之名氏，固不見於春秋，然齊之義士北郭騷乞米養母，「晏子使人分倉粟府金而遺之」（內篇雜上第五第廿七章）後竟自刎以白晏子之忠而見疑。晏子往晉於中牟見越石父爲人臣僕，解左驂贖之與歸，以爲上客，（同上註篇第廿四章）均記載甚詳。

其尤難能而可貴者，在能成人之美而不彰其惡，匡以之失而不耀巳能。「景公問太卜曰：汝之道何能？對曰，臣能動地，公召晏子而告之曰：寡人問太卜曰，汝之道何能？對曰：能動地。地可動乎？晏子默然不對。出，見太卜曰：昔吾見鉤星在四星之間，地其動乎？太卜曰：然。晏子曰，吾言之，恐子死之也，默然不對，恐君之惶也，子言，君臣俱得焉。忠於君者，豈必傷人哉？晏子出，太卜走入見公，曰：臣非能動地，地固將動也。陳子陽聞之曰：晏子默而不對者，不欲太卜之死也，往見太卜者，恐君之惶也。晏子仁人也，可謂忠上而恩下也」。（外篇重而異者第七第廿一章）

晏子宅心仁厚，齊景公之寵臣梁丘據眞小人也，亦受其感化，「謂晏子曰：吾至死不及夫子矣。晏子曰：嬰聞之，爲者常成，行者常至，嬰實非有異於人也，常爲而不置，常行而不休者，故難及也」。（內篇雜下第六第廿七章）蓋其「常行」者，皆「居仁由義」之事，使人心悅而誠服之也。

三、以情篤倫

晏子之治家也，孝其父母，愛其妻子，且能擴充其孝思與情誼，使「父之黨無不乘車者，母之黨無不足於衣食者，妻之黨無凍餒者」。（同上註篇第十二章），其族人待彼之資助「以祀其先人者數百家」。（外篇重而異者第七廿七章）如此篤於情誼之人，而景公竟欲其易妻。「景公有愛女，請嫁於晏子，公迺往燕晏子之家，飲酒酣，公見其妻曰：此子之內子耶？晏子對曰：然，是也。公曰：嘻？亦老且惡矣！寡人有少女且姣，請以滿夫子之宮。晏子違席而對曰：乃此則老且惡，嬰與之居故矣，故及其少而姣也，且人固以壯託乎老，姣託乎惡，彼嘗託而嬰受之矣，君雖有賜，可以使嬰倍其託乎？再拜而辭」。（內篇雜下第六第廿四章）此與數百年後漢光武欲以其姊湖陽公主妻宋弘，勸其「富易交，貴易妻」，而宋之回答，則爲「貧賤之交不可忘，糟糠之妻不下堂」（後漢書宋弘傳）的故事，可先後映輝。讀書明禮之人，篤情重義，固不可以勢力易其情愛也。

四、以恩御下

晏子謂：「和柔足以懷衆」，（內篇問下第四第二十章）故其御下以恩。「晏子爲齊相，出，其御之妻從門間而闚其夫爲相御，擁大蓋，策駟馬，意氣揚揚，甚自得也。既而歸，其妻請去，夫問其故，妻曰：晏子長不滿六尺，身相齊國，名顯諸侯，今者妾觀其出，志念深矣，常有以自下者，今子長八尺，廼爲人僕御，然子之意，自以爲足，妾是以求去也。其後夫自抑損，晏子怪而問之，御以實對，晏子薦以爲大夫」。（內篇雜上第五第廿五章）蓋嘉其婦能責夫之善，其夫亦能深自改悔，而有上進之心理者，誠善莫大焉，故拔擢之於僕御之間也。

晏子固重人之規過勸善者，否則，雖爲其親近左右之人，亦少寬假焉。「晏子使高糺治家三年而辭焉。儐者諫曰：高糺之事夫子三年，曾無以爵位而逐之，敢請其罪。晏子曰：若夫方立之人，維聖人而已，如嬰者仄陋之人也。若夫左嬰右嬰之人，不舉四維、四維將不正，今此子事吾三年，未嘗弼吾過也，吾是以辭之」。（外篇重而異者第七第廿三章）蓋祿仕之臣，「不能正其君」，晏子之所深惡，景公欲見高糺而用之，晏子對曰：「高糺與嬰爲兄弟久矣，未嘗干嬰之行，特祿仕之臣也，何足以補君乎」？（內篇雜上第五第廿八章）以是知晏子之以恩御下，非漫無標準，而狥情枉舉，以私害公也。

故晏子之道德，望重齊國，其人存，則民心安，其人去，則民心亂，莊公辭晏子後，闔門圖莒，國人擾，紿以晏子在，皆散兵而歸。（外篇不合經術者第八第十五章）晏子逝世，景公哭之痛，「謂齊國之社稷危矣，百姓將誰告夫？」（同上註篇第十六章）沒後十七年，猶謂「吾失晏子（……未嘗聞吾不善」，（同上註篇第十八章）因「飲諸大夫酒，公射出質，堂上唱善，若出一口」（同上註），公乃有是語，而嘆其滿朝皆諂諛之徒，祿仕之輩也。

吾人總括晏子之言行，曰忠、曰孝、曰愛、曰禮、曰智、曰勇、曰儉、曰仁、曰誠、曰義、曰情與恩，無一不屬於民族傳統道德之範疇，故余稱之曰道德家，且以其歷事齊之三公，名顯諸侯，亦可謂為事功家，殊難以或儒或墨或法限之也。

然明儒宋濂「釋儒有七種，即游俠之儒，文史之儒，瞻遠之儒，事功之儒，章句之儒，道德之儒，而其要在道德之儒，所謂道德之儒，即宋濂所說的備陰陽之和而不知其純，涵思神之秘而不知其深，達萬世之理而不知其遠，言足以為世法，行足以為世則，是之謂道德之儒」（見紐約文薈季刊二期）若以是而稱晏子為道德之儒或事功之儒，則吾又無間然矣。

韓非子的治道與治術

太史公曰：「韓非者，韓之諸公子也，喜刑名法術之學、而其歸本于黃老……與李斯俱事荀卿，斯自爲不如非，非見韓之削弱、數以書諫韓王，王不能用……故作孤憤，五蠹，內外儲，說林，說難十餘萬言」。(註一)世稱韓非子，漢志隋唐志云韓非子二十卷，五十五篇。秦王初見其書而悅之，欲用非，終爲李斯所害，客死于秦。非智慧辯博，學有師承，所謂「刑名法術」，殆指非所論之「治術」而言，至「本于黃老」，乃就非所論「治道」而言，玆據其書，分而論之。

壹、治　道

一、進化與進步

「道者，萬物之始，是非之紀也」。(韓非子主道篇)是以韓子論政，首重治道，治道之本，則在明今昔社會之不同，人情之有異，蓋昔日之社會人口稀少，物產豐富，今則進化爲人口衆多，自然之物產相對減少矣，少則不免于爭奪，此人情之常也。故曰：「古者丈夫不耕，草木之實足食也，婦女不織，禽獸之皮足衣也，不事力而養足，人民少而財有餘，故民不爭，是以厚賞不行，重罰不用，而民自治；今人有五子不爲多，子又有五子，大父未死而有二十五孫，是以人民衆而貨財寡，事力勞而供養薄，故民爭，雖倍賞累罰而不免于亂」。（五蠹篇）

社會進化既已由簡而繁，則古昔之治理，當不適用于今日，方可見政治上之進步，能與社會進化相輔而行，故曰：「上古之世，人民少而禽獸衆，人民不勝禽獸蟲蛇，有聖人作，構木爲巢，以避羣害，而民悅之，使王天下，號之曰有巢氏；民食果蓏蜯蛤，腥臊惡臭而傷害腹胃，民多疾病，有聖人作，鑽燧取火，以化腥臊，而民悅之，使王天下，號之曰燧人氏；中古之世，天下大水，而鯀禹決瀆；近古之世，桀紂暴亂，而湯武征伐；今有構木鑽燧于夏后氏之世者，必爲鯀禹笑矣，有決瀆于殷周之世者，必爲湯武笑矣，然則今有美堯舜湯武禹之道于當今之世者，必爲新聖笑矣。是以聖人不期修古，不法常可，論世之事，因爲之備」。（五蠹篇）

近世唯物論者謂政治隨經濟進化之情形而變動，一般意識形態，亦隨政治制度之設施而變動、韓非子似早見及此，而謂人心之辭讓爭奪，亦與經濟政治實況息息相關也。彼云：「堯之王天下也，茅茨不翦，采椽不斲，糲粢之食，藜藿之羹，冬日麑裘，夏日葛衣，雖監門之服養，不虧於此矣。禹之王天下也，身執耒臿，以爲民先，股無胈，脛不生毛，雖臣虜之勞，不苦于此矣。以是言之，夫古之讓天子者，是去監門之養，而離臣虜之勞也，故傳天下而不足多也，今之縣令，一日身死，子孫累世絜駕，故人重之，是以人之于讓也，輕辭古之天子，難去今之縣令者，薄厚之實異也。……故饑歲之春，幼弟不饟，穰歲之秋，疏客必食，非疏骨肉，愛過客也，多少之實異也，是以古易財，非仁也，財多也，今之爭奪，非鄙也，財寡也」。（五蠹篇）

韓子堅持此進化與進步之觀點，認爲古者道德仁義之說，不足以治今日之天下，而謂「古者大王處豐鎬之間，地方百里，行仁義而懷西戎，遂王天下，徐偃王處漢東，地方五百里，行仁義，割地而朝者，三十有六國，荊文王恐其害己也，舉兵伐徐，遂滅之。故文王行仁義而王天下，偃王行仁義而喪其國，是仁義用于古而不用于今也，故曰世異則事異。」（五蠹篇）

韓子對道德仁義禮之說，知之詳矣，謂「道也者……以與世周旋也，其建生也長，持祿也久，故曰有國之母，可以長久」。（解老篇）其在解老篇解釋仁義禮三字之義，亦「純乎儒者之言，精邃無匹」。（註二）其言治道，不主儒家道德仁義之說，而強調法治者，蓋亦循治道之進化的軌跡，由道而德，由德而仁，由仁而義，由義而禮，由禮而法，爲自然之趨勢，故本老子之說，而曰：「失道而後失德，失德而後失仁，失仁而後失義，失義而後失禮」（解老篇），失禮而後法，殆其必然之結論，所謂「治民無常，唯治爲法，法與時轉則治，治與世宜則有功，故民樸而禁之以名則治，世知維之以刑則從，時移而治不易者亂，能治衆而禁不變者削。故聖人之治民也，法與時移，而禁與治變，……故王術不恃外之不亂也，恃其不可亂也，恃外不亂而治立者削，恃其不可亂而行法者興」。（心度篇）

昔人不明韓子所持之進化理則，僅責其重法而輕仁義之不當，亦惑矣。

二、無爲與無見

韓非子之「進化與進步」觀點，殆由荀子「法後王」之論所啓發，而其「無爲與無見」之說，實歸本于老子哲學。老子之主「無爲而治」，人盡知之，其言「不見可欲，使民心不亂」（註三），韓子則引伸其義，以爲君主統治之道，亦在不見其欲，不見其意，方可收無爲而治之效。

蓋韓子所謂無爲，實欲使君主萬能，無所不爲，以致「聖人執要，四方來效」（揚權篇）之功。故曰：「明君無爲於上，羣臣竦懼乎下，明君之道，使智者盡其慮，而君因以斷事，故君不窮于智，賢者敕其材，君因而任之，故君不窮于能，有功則君有其賢，有過則臣任其罪，故君不窮于名，是故不賢而爲賢者師，不智而爲智者正，臣有其勞，君有其成功，此之謂賢主之經也」。（主道篇）因物之品類不齊，人之材具各異，「使鷄司夜，令狸執鼠，皆用其能」，「各處其宜，故上下無爲」。（揚權篇）

君上無爲之道，在致虛守靜，「虛則知實之情，靜者知動者正」（主道篇），虛靜之心存乎內，意欲之情方不見乎外，若「君見其欲，臣自將雕琢」，若「君見其意，臣將自表異」，（主道篇）是以「越王好勇而民多輕死，楚靈王好細腰，而國中多餓人，齊桓公妬而好內，故豎刁自宮以治內，桓公好味，易牙蒸其子首而進之，燕子噲好賢，故子之明不受國。故君見惡，則羣臣匿端，君見好，則羣臣誣能，人主欲見，則羣臣之情態得其資矣。……今人主不掩其情，不匿其端，而使人臣有緣以侵其主，則羣臣爲子之，田常不難矣，故曰去好，去惡，羣臣見素，羣臣見素，則大君不蔽矣」。（二柄篇）

韓非子爲充實其無爲無見之政理，更引申子六愼之說，以免人主惑于好惡，而爲臣下之射的，其言曰：「上明見，人備之，其不明見，人惑之，其知見，人飾之，不知見，人匿之，其無欲見，人司之，其有欲見，人餌之，故曰：吾無從知之，惟無爲可以規之。一曰申子曰：愼而言也，人且知女，愼而行也，人且隨女，而有知見也，人且匿女，而無知見也，人且意女，女有知也，人且臧女，女無知也，人且行女，故曰：惟無爲可以規之」。（外儲說右上）

無爲之道在于虛靜固矣，而虛靜之道，則在于「用一」與「執一」，而「用一之道，以名爲首，名正物定，名倚物徙，故聖人執一以靜，使名自命，令事自定，不見其采，下故素正，因而任之，使自事之，……因天之道，反形之理……虛以靜後，未嘗用己……道無雙，故曰一，是故明君貴獨道之容，君臣不同道，下以名禱，君操其名，臣效其形，形名參同，上下和調」（揚權篇），則無爲之理想可實現矣。

三、立國與正名

立國之本，在于得人，人才之源，在于名位，國家以詩賦取士，人才趨赴于詩賦，國家以八股取士，人才則揣摩八股，此殆名利之所在，上以是求，下必以是應，所謂「利者所以得民也，……名者，上下之所同道也」。（詭使篇）以是上之所貴，下必重之，然上之所貴，必合乎其立國之需要，否則，名不當治，「治不當名」必亂，因「上之所貴，與其所以爲治相反也。夫立名號，所以爲尊也，今有賤名輕實者，世謂之高，設爵位所以爲賤貴基也，而簡上不求見者，世謂之賢，威利所以行令也，而無利輕威者，世謂之重，法令所以爲治也，而不從法令爲私善者，世謂之忠，官爵所以勸民也，而好名義不進仕者，世謂之烈士，刑罰所以擅威也，而輕法避刑戮死亡之罪者，世謂之勇夫，民之急名也，甚其求利也，如此，則士之飢餓乏絕者，焉得無巖居苦身以爭名于天下哉？故世之所以不治者，非下之罪，上失其道也。常貴其所以亂，而賤其所以治，是故下之所欲，常與上之所以爲治相詭也」。（詭使篇）

依韓子之意，國家之名位，應統一于耕戰，凡無益于耕戰者，無論世俗寄以任何浮名虛望，皆非也。故曰：「畏死遠離，降北之民也，而世尊之曰貴生之士；學道立方，離法之民也，而世尊之曰文學之士；遊居厚養，牟食之民也，而世尊之曰有能之士。語曲牟知，僞詐之民也，而世尊之曰辯智之士；行劍攻殺，暴憿之民也，而世尊之曰磏勇之士；活賊匿姦，當死之民也，而世尊之曰任俠之士；此六民者，世之所譽也。赴險殉誠，死節之民，而世少之曰失計之民也；寡聞從令，全法之民也，而世少之曰樸陋之民也；力作而食生利之民也，而世少之曰寡能之民也；嘉厚純粹整穀之民也，而世少之曰愚戇之民也；重命畏事尊上之民也，而世少之曰怯懾之民也；挫賊遏姦明上之民也，而世少之曰讇讒之民也；此六民者，世之所毀也。姦僞無益之民六，而世譽之如彼，耕戰有益之民六，而世毀之如此，此之謂六反。布衣循私利而譽之，世主聽虛聲而禮之，禮之所在，利必加焉；百姓循私害而訾之，世主壅于俗而賤之，賤之所在，害必加焉，故名賞在乎私惡當罪之民，而毀害在于公善宜賞之士，索國之富強，不可得也」。（六反篇）

韓子所說的「循私利」之「布衣」與「私惡當罪之民」，蓋指「貴生」的「道家」，遊食文學的「儒家」，逞智鬥辯的「名家」與「縱橫家」，以及好勇犯禁的「任俠」，所謂「儒以文亂法，俠以武犯禁」（五蠹篇）。彼已公然予以指斥、至對墨家，其在「顯學」篇上，亦詆爲「愚誣之學」，「雜反之辭」，與儒家同科，人主不宜聽而行之。太抵韓子認彼輩皆天下之談士蠹民，其言足以害「名」，行足以亂常，各以其私說立名，以其私行立功，必爲禍國家。蓋「功名所生，必出于官法，法之所外，雖有難行不以顯焉，故民無以私名」。（八經篇類柄章」此韓子正名之本義也。

四、力行與耕戰

韓非反對儒墨諸家的空談，不徒責其害名而無當于治，且彼輩無官守職責，其言雖辯，亦不能證明其言之有當，猶之「人皆寐，則盲者不知，皆嘿、則喑者不知，覺而使之視，問而使之對，則喑盲者窮矣，不聽其言也，則無術者不知，不任其身也，則不肖者不知，聽其言而求其當，任其身而責其功，則無術不肖者窮矣……故無術者得于不用，不肖者，得于不任，言不用而自文以爲辯，身不任而自飾以爲高，世主眩其辯，濫其高，而尊貴之，是不須視而定明也，不待對而定辯也。」（六反篇）

且彼輩學者之言，「不務本作而好末事，道虛惠以說民」，是「不能具美食而勸餓人飯，不能爲活餓者也，不能辟草生粟，而勸貸施賞賜，不能爲富民者也」。（八說篇）、是以「博習辯智如孔墨，孔墨不耕耨，則國何得焉？修孝寡欲如曾史，曾史不戰攻，則國何利焉」？（八說篇）

「今境內之民皆言治，藏商管之法者家有之，而國愈貧，言耕者衆，執耒者寡也。境內皆言兵，藏孫吳之書者家有之，而兵愈弱，言戰者多，被用者少也。故明主用其力不聽其言，賞其功，必禁無用，故民盡死力以從其上。夫耕之用力也勞，而民爲之者，曰：可得以富也；戰之爲事也危，而民爲之者，曰：可得以貴也。今修文學，習言談，則無耕之勞，而有富之實，無戰之危，而有貴之尊，則人孰不爲也？是以百人事智，而一人用力，事智者衆則法敗，用力者寡則國貧，此世之所以亂也。」（五蠹篇）。

韓子謂「耕戰」乃人主之「公利」，文學言談，乃匹夫之「私便」，「不作而養足，不仕而名顯，此私便也，息文學而明法度，塞私便而一功勞，此公利也」。（八說篇）重公利，則農者力耕而實倉廩，戰士爭勇而廣城池，國家富強，悉于是賴，故韓子之治道，無論在政治上在經濟上，皆反對不勞而獲，「今世之學士語治者，多曰，與貧窮地，以實無資，今夫與人相若也，無豐年旁入之利，而獨以完給者，非力則儉也，與人相若也，無饑饉疾疚禍罪之殃，獨以貧窮者，非侈則墮也，侈而墮者貧，而力而儉者富，今上徵斂于富人，以布施于貧家，是奪力儉而與侈墮也，而欲索民之疾作而節用，不可得也。今有人於此，義不入危城，不處軍旅，不以天下大利易其脛一毛，世主必從而禮之，貴其智而高其行，以爲輕物重生之士也。夫上所以陳良田大宅，設爵祿，所以易民死命也，今上尊貴輕物重生之士，而索民之出死而重殉上事，不可得也」。（顯學篇）

吾人在第一節論韓子之「進化與進步」的觀點時，曾言其思想與近世唯物派觀點有相似處，然其結論則推重勞動與節儉之所得，誠屬偉見。因其根本思想，在富國強兵，彼意唯重農方可富國，貴戰始可強兵也。

貳、治　術

韓子之「治道」、已如上述，其「治術」，當本其刑名法術之論而推究之。

一、刑名法術之意義

（一）何謂刑名

刑與形通，韓非子書中「刑名」與「形名」亦互見。其言刑名也，曰：「人主將欲禁姦，則審合刑名者，言（名也）與異事（刑也）也——為人臣者，陳事而言，君以其言授之事，專以其事責其功，功當其事，事當其言，則賞，功不當其事，事不當其言，則罰，故羣臣其言大而功小者則罰，非罰小功也，罰功不當名也，羣臣其言小而功大者亦罰，非不說于大功也，以為不當名也，害甚于有大功，故罰。」（二柄篇）此種刑名理論，要使言論與事功，恰如其分，故言事之臣，受賞之機會只佔四分之一，受罰之機會，則佔四分之三（無功固罰，功小罰，功大亦罰），勢必使臣下皆拑口結舌而不敢言事，然韓子則持此以防羣臣之比周而越權，故曰：「昔者韓昭侯醉而寢，典冠者，見君之寒也，故加衣于君之上，覺寢而說，問左右曰：誰加衣者，左右對曰：典冠。君因兼罪典衣與典冠，其罪典衣，以為失其事也，其罪典冠，以為越其職也。非不惡寒也，以為侵官之害甚于寒。故明主之畜臣，臣不得越官而有功，不得陳言而不當，越官則死，不當則罪，守業其官，所言者貞也。（守業以當官，守官以當言，如此者，貞也。）則臣不得朋黨相爲矣」。（二柄篇）

其言形名也，則曰：「有言者自爲名，有事者自爲形，形名參同，君乃無事焉」。……羣臣陳其言，君以其言授其事，以事責其功，功當其事，事當其言則賞，功不當其事，事不當其言則誅。」（主道篇）法家多主循名責實者，「實」卽事功之形，「名」卽言論之號，然臣下之言，爲人主採納後，反成爲人主控制臣下之利器，故曰：「君操其名，臣效其形」（揚權篇）縱下不言事，人主有名器可假，可隨己意以事功責于臣下，所謂「因而任之，使自事之，因而予之，彼將自舉之，正與處之，使皆自定之，上以名舉之，不知其名，復修其形，形名參同，用其所生，二者（名形）誠信，下乃貢情」。（揚權篇）有此形名理論，縱羣臣畏罪不敢言事，人主亦可藉題爲名，「問其取舍以爲之責」，（南面篇）令羣臣不敢默然。而操縱役使之，勉赴事功矣。

（二）何謂法術

韓子對法術有極顯明之定義，而謂「人主之大物，非法則術也。法者，編著之圖籍，設之于官府，而布之于百姓者也。術者，藏之于匈中，以偶衆端，而潛御羣臣者也。故法

莫如顯，而術不欲見，是以明主言法，則境內卑賤，莫不聞知也，……用術，則親愛近習莫之能聞也。」（難三篇）

由是觀之，法之對象爲擧國臣民，術之對象，則爲左右羣臣，羣臣中之最得人主信任者，韓子名之爲「重人」，爲「當塗之人」，爲「專權大臣」，如亡齊之田氏，亡晉之六卿，皆是也。操法術以干人主者，卽在繩此輩以法，矯此輩以術，使泯其姦私之邪念，而轉爲效忠之良臣。蓋「智術之士，必遠見而明察，不明察不能燭私，能法之士，必強毅而勁直，不勁直不能矯姦，人臣循令而從事，案法而治官，非謂重人也，重人也者，無令而擅爲，虧法以利私，耗國以便家，力能得其君，此所謂重人也。智術之士，明察聽用，且燭重人之陰情，能法之士，勁直聽用，且矯重人之姦行，故智術能法之士用，則貴重之臣，必在繩之外矣」。（孤憤篇）法術之士用，賞罰之令行，「人主……循名實而定是非，因參驗而審言辭，……左右近習之臣，知詐僞之不可以得安也，必曰：我不去姦私之行，盡力竭智以事主，而乃以相與比周，妄毀譽以求安，是猶負千鈞之重陷于不測之淵而求生也，必不幾矣。百官之吏，亦知爲姦利之不可以得安也，必曰：我不以淸廉方正奉法，乃以貪汚之心枉法以取私利，是猶上高陵之顚、墮峻谿之下而求生，必不幾矣……是以臣得陳其忠而不蔽，下得守其職而不怨，此管仲之所以治齊，而商君之所以強秦也」。（姦刼弑臣篇）

二、刑名法術之關係

韓非子，法家也，其刑名法術之學，似應以『法』爲中心，何謂法？「編著圖籍」，「設于官府」，「布于百姓」，此僅就立法之程序言，尚未及其內容，李悝著法經，有盜法，賊法，囚法，捕法，雜法，具法六篇，尹文子謂「法有四呈，一曰不變之法，君臣上下是也，二曰齊俗之法，能鄙同異是也，三曰治衆之法，慶賞刑罰是也，四曰平準之法，律度權衡是也」。韓非子說：「法者，憲令著于官府，刑罰必于民心，賞存乎愼法，而罰加乎姦令者也」。（定法篇）則韓子之所謂法，卽尹文子的「治衆之法」。又言「行法則浮萌趨于耕農，而游士危于戰陳」（和氏篇），亦可謂「齊俗之法」，至其反對「人主之國小而家大，權輕而臣重」，「父兄大臣，祿秩過功，章服侵等，宮室供養大侈，……臣心無窮」，（亡徵篇）當申「不變之法」，且言，「有尺寸而無意度……使天下皆極智能于儀表，盡力于權衡，（安危篇）對「田常……下大斗斛而施于百姓」（二柄篇）認爲係篡國之陰謀，則其措意于「平準之法」可知也。

以是言之，法之範圍甚廣，「刑」僅言殺戮罰禁，可謂刑附屬于法，惟「名」無常稱，臣下「言」皆名也，主上之「意」亦名也，由「言」與「意」進而爲事功，當者賞之，不當者罰之，「故先王以道爲常，以法爲本，本治者，名尊，本亂者名絕」、（飾邪篇），因君操名者也，君能本法而責事功，則國強而君尊，如不依法以度事功，則國亡而君絕，尚何名之可云？以是「名」亦附麗于法者。

至「術」爲人主所獨擅，其運用之妙，存乎一心，言刑，言名，言法，皆可爲術之用，韓非子所謂人主所用之七術：「一曰衆端參觀，二曰必罰明威，三曰信賞盡能，四曰一聽責下，五曰疑詔詭使，六曰挾知而問，七曰倒言反事。」（內儲說上七術篇）皆不出刑，名，法三者之外，故就刑名法術四者之關係言：刑名俱屈從于法，而術又籠罩法與刑名三者，以圖表之：

若云韓子爲法家，不若稱之爲術士尤較當也。

有人謂申不害用術，商鞅用法，愼子用勢，韓子則集三家之大成，術法勢並用，是則「勢」與法術鼎足而三矣。然而不然。韓子固依據愼子「飛龍乘雲，騰蛇遊霧，雲罷霧霽，而龍蛇與螾螘同矣」之說，而謂「賢人而詘于不肖者，則權輕位卑也，不肖而能服于賢者，則權重位尊也，堯爲匹夫，不能治三人，而桀爲天子，能亂天下，吾以此知勢位之足恃，而賢智之不足慕也」。（難勢篇），第所謂勢位者，君主之權勢與地位也，刑名法術之道，實爲有勢有位者而言，若無勢無位，烏足以用刑名法術？韓子言勢之意，蓋欲勉人主乘勢運用法術，以致富強，故云：「抱法處勢則治」……棄隱栝之法，去度量之數，使奚仲爲事不能成一輪，無慶賞之功，刑罰之威，釋勢委法，堯舜戶說而人辯之，不能治三家」。(同上註）此言勢之足用，更有賴于刑法，則「勢」非爲治之具，乃爲治之體，不得與刑名法術四者相提並論也。

三、術之運用

「黃帝有言曰：上下一日百戰」（揚權篇），因「上位可寶，上利可貪，居下者，常有羨欲之心，欲靜則不能，欲取則不得，二者交戰，一日有百也」，是以「君臣之利異：……故臣利立而主利滅……姦臣苟成其私利，不顧國患」。（內儲說下六微權借一），人主免使身危國亡，不可使『大臣太貴，左右太威』，「所謂貴者，無法而擅行，操國柄而便私者也，所謂威者，擅權勢而輕重者也」（人主篇），「太貴」、「太威」之生，由于人主信任太過之故，故反爲左右所制，人臣于君，非有骨肉之親，固不可信，即妻子父兄亦不可信（備內篇），故有「同牀」、「在旁」、「父兄」等「八姦」之說。環伺于人主左右者，皆爲其想像中之敵人，故人主爲求福而免禍，求安而免危，當要講究自衛之「術」，庶幾身安而國治。

韓非之術，謗忠孝而薄仁義，以道德眼光視之，實有百非而無一是，然以實際上政治利害觀之，則持之有故，言之成理，且引據史實，以明其說，更使人不得不擊節讚嘆。

君以術御下，臣亦以術欺上，故韓非書中所言之術，對此均有提示，蓋欲使人主曉然于人心之陰詐而思有以禦防之也。玆擇其犖犖大者述之于下：

（一）二柄不失

「二柄者，刑德也，何謂刑德，曰殺戮之謂刑，慶賞之謂德」，（二柄篇）人主所以制其臣下者，卽在此二柄，如失其一，則君反常受制于臣，而有莫測之禍，「故田常上請爵祿而行之羣臣，下大斗斛而施于百姓，此簡公失德而田常用之也，故簡公見弒。子罕謂宋君曰：夫慶賞賜予者，民之所喜也，君自行之，殺戮刑罰者，民之所惡也，臣請當之，於是宋君失刑，而子罕用之，故宋君見刼」。（二柄篇）倘人主兩失之，其禍將更甚于簡公宋君也。

（二）大臣不專

國之大臣，雖才德俱全，亦不可任之專主國政，以防隱患。「齊桓公將立管仲，令羣臣曰：寡人將立管仲爲仲父，善者入門而左，不善者入門而右，東郭牙中門而立。公曰：寡人立管仲爲仲父，令曰：善者左，不善者右，今子何爲中門而立？牙曰：以管仲之智爲能謀天下乎？公曰：能。以斷爲敢行大事乎？公曰：敢。牙曰：君知能謀天下，斷敢行大事，因專屬之國柄焉，以管仲之能，乘公之勢，以治齊國，得無危乎？公曰：善。乃令隰朋治內，管仲治安以相參」。（外儲說左下）是大臣不可專任之明教也。

（三）強臣必削

謀萬乘之君者，必為千乘之家，謀千乘之君者，必為百乘之家，此春秋戰國時之常態也，故韓子謂「諸侯之博大，天子之害也，羣臣之太富，君主之敗也」。（愛臣篇）人主應時時予以遏制，「數披其木，毋使木枝扶疎，木枝扶疏，將塞公閭，私門將實，公庭將虛，主將壅圍；數披其木，無使木枝外拒，木枝外拒，將逼主處，數披其木，毋使枝大本小，枝大本小，將不勝春風，不勝春風，枝將害心」，（揚權篇）「昔者紂之亡，周之卑，皆從諸侯之博大也，晉之分也，齊之奪也，皆以羣臣之太富也」（愛臣篇），倘適時予以剪削，則可抑制強臣之野心矣，如其「勢不足以化則除之」，（外儲說右上）此所以有費仲諫紂王誅西伯昌之說也。（外儲說左下）

（四）外力必除

戰國之時，遊士謀臣，視君如傳舍，常假外力以自重，如『翟璜，魏王之臣也，而善于韓，乃召韓兵，令之攻魏，因請為魏王構之以自重」。「司馬喜，中山君之臣也，而善于趙，嘗以中山之謀，微告趙王。呂倉，魏王之臣也，而善于秦荊，微諷秦荊，令之攻魏，因請行和以自重」。「白圭相魏，暴譴相韓，白圭謂暴譴曰：子以韓輔我于魏，我以魏待子于韓，臣長用魏，子長用韓」。（內儲說下六微篇）此輩在朝，鄰國諸侯有事相交，如不與之聯繫，則不得結果，彼輩見疑本國，則外邦爲緩頰，故曰：「諸侯不因，則事不應，故敵國爲之訟」（孤憤篇）是以韓子謂：「大臣隆盛，外藉敵國……而人主弗誅者，可亡也」。（亡徵篇）

（五）壅臣必誅

「人主有五壅，臣閉其主曰壅，臣制財利曰壅，臣擅行令曰壅，臣得行義曰壅，臣得樹人曰壅。臣閉其主則主失位，臣制財利，則主失德，臣擅行令，則主失制，臣得行義，則主失名，臣得樹人，則主失黨，此人主之所以獨擅也，非人臣之所以得操也」。「擅爲者誅，國乃無賊」。（主道篇）此種國賊不誅，勢必釀成巨禍，將弒其主而代之，「故謂之虎」，「散其黨、收其餘，閉其門，奪其輔，國乃無虎」。（備內篇）此則誅除之術也。

（六）妻子不信

「人主之患，在于信人，信人則制于人……爲人主而大信其子，則姦臣得乘于子以成其私，故李兌傅趙王而餓主父；爲人主而大信其妻，則姦臣得乘于妻以成其私，故優施傅麗姬殺申生而立奚齊，夫以妻之近與子之親而猶不可信，則其餘不可信者矣。……后妃夫人適子爲太子者，或有欲其君之蚤死者……君不死，則勢不重，情非憎君也，利在君之死也，故人主不可以不加心于利己死者」。（備內篇）以是要注意食飲，並須「遠聽而近視，以審內外之失，省同異之言，以知朋黨之分，偶三五之驗，以責陳言之實，執後以應前，按法以治衆，衆端以參觀」（同上註），方能免于姦邪之暗算。

（七）左右要防

「人主左右，不可不慎也」（說疑篇）。第一要防其蔽賢，第二要防其納賄，第三要防其嫁禍，第四要防其「一口」。蓋人君之左右，可以相互比周而蔽惡于君，使有道之士，無由得入，「猶之酤酒者，家有猛狗，孺子持錢往酤，狗迓而齕之，致酒酸而不售，非明主不欲禮賢下士，國狗有以阻之也」。（外儲說右上）西門豹初爲鄴令，清廉自矢，秋毫無私，故不事君之左右，左右因相與比周而惡之，致君收其璽，豹請再治鄴，乃重斂百姓，急事左右，期年上計，魏文侯迎而拜之，豹曰：「往年臣爲君治鄴，而君奪臣璽，今臣爲左右治鄴，而君拜臣，臣不能治矣，遂納璽而去」。（外儲說左下）

羣臣之間，往往因利害衝突，互有恩怨，狡黠者，每能嫁禍栽誣，藉人主之手以殺之，不可不防，其例有三：「季辛與爰騫相怨，司馬喜新與季辛惡，因微令人殺爰騫，中山之君以爲季辛也，因誅之」。「犀首與張壽爲怨，陳需新入，不善犀首，因使人微殺張壽，魏王以爲犀首也，乃誅之」，「中山有賤公子，馬甚瘦，車甚弊，左右有私不善者，乃爲之請于王曰：公子甚貧，馬甚瘦，王何不益之馬食，王不許，左右因微令夜燒芻廐，王以爲賤公子也，乃誅之」。（內儲說下六微篇）

「一口」者，卽衆口一辭也，其交相譽交相毀之語，如出一口，使人主不能明其眞僞，而爲左右所惑，韓子對此取譬，滑稽突梯，令人噴飯。謂「燕人李季好遠出，其妻私有通于士，季突至，士在內中，妻患之，其室婦曰：令公子裸而解髮，直出門，吾屬佯不見也。於是公子從其計，疾走出門，季曰，是何人也？家室皆曰：無有。季曰：吾見鬼乎？婦人曰：然，爲之奈何？取五姓之矢浴之。季曰：諾，乃浴以矢，一曰浴以蘭湯」（同上註），人主對左右一口之言不察，亦李季而已！

（八）　穴隙要塞

「天下之難事，必作于易，天下之大事，必作于細，是以欲制物者，於其細也，故曰圖難于其易也，爲大于其細也。千丈之堤，以螻蟻之穴潰，百尺之室，以突隙之烟焚，故曰，白圭之行堤也，塞其穴，丈人之愼火也，塗其隙。是以白圭無水難，丈人無火患」。（喻老篇）「子夏曰：春秋之記臣殺君，子殺父者，以十數矣，皆非一日之積也，有漸而至矣，凡姦者，行久而成積，積成而力多，力多而能殺，故明主蚤絕之」。（外儲說右上）

，所謂「善持勢者，蚤絕姦萌」，善醫病者，早治微疾，如疾在腠理，湯熨能及之，在肌膚，鍼石能及之，在腸胃，火齊能及之，若在骨髓，乃司命之所屬，藥石無奈何矣，此所以扁鵲見桓公之沉疴，却步而走也。（喻老篇）

（九） 讒言無聽

商君車裂于秦，吳起枝解于楚，皆由「衆口鑠金，積毀銷骨」之故，鄭袖工讒，楚王劓美人之鼻，驪姬進毒，晉公殺太子申生，最足以發人深省者，爲春申君棄妻殺子之故實，「春申君有愛妾曰余，春申君之正妻子曰甲，余欲君之棄其妻也，因自傷其身，以視君而泣曰，得爲君之妾甚幸，雖然，適夫人，非所以事君也，適君，非所以事夫人也，身故不肖，力不足以適二主，其勢不俱適，與其死夫人所者，不若賜死君前，妾以賜死，若復幸于左右，願君必察之，無爲人笑。君因信妾余之詐，爲棄正妻。余又欲殺甲，而以其子爲後，因自裂其親身衣之裏以視君而泣曰：余之得幸君之日久矣，甲非弗知也，今乃欲強戲余，余與爭之，至裂余之衣，而此子之不孝，莫大於此矣。君怒而殺甲也。故妻以妾余之詐棄，而子以之死，從是觀之，父之愛子也，猶可以毀而害也，君臣之相與也，非有父子之親也，而羣臣之毀言，非特一妾之口也，何怪夫聖賢之戮死哉？」（姦劫弑臣篇）是以孟子謂「左右皆曰可殺，勿聽，諸大夫皆曰可殺，勿聽」（註四），謹防讒言也。

(十) 密言無洩

韓非子論國家之「亡徵」有四十八種，洩密卽其一也，所謂「淺薄而易見，漏泄而無藏，不能周密而通羣臣之語者，可亡也」。(亡徵篇)「堂谿公謂昭侯曰：今有千金之玉巵，通而無當，可以盛水乎？昭侯曰：不可。有瓦器而不漏，可以盛酒乎？昭侯曰：可。對曰：夫瓦器，至賤也，不漏可以盛酒，雖有千金之玉巵，至貴而無當，漏不可乘水，則人孰注漿哉？今爲人之主，而漏其羣臣之語，是猶無當之玉巵也。雖有聖智，莫盡其術，爲其漏也；昭侯曰：然。昭侯聞堂谿公之言，自此之後，欲發天下之大事，未嘗不獨寢，恐夢言而使人知其謀也。」(外儲說右上) 夢言猶恐人知，則公然洩密言者，尙能爲人君而成大事乎？項羽與沛公有隙，竟面告沛公謂『此沛公左司馬曹無傷之言』，(註五) 其一敗塗地，垓下自刎，不亦宜乎？

× × × × ×

術本乎智，智無窮，術亦無窮，則韓子之術，當不止此，姑舉以上十例，足見其人天資穎慧，智慮深沉，惜乎僅以理論家終，而未能如商鞅申不害在實際政治上，一顯其身手，實一千古恨事，後彼一千七八百年出世之西方政治思想家，曰馬基維尼者 (Machiavelli)，于一五一三年，著君王論 (或譯霸術)，教君王要有狐狸樣的狡猾，獅子樣的勇猛，表面裝作慈悲，仁愛，忠誠，守信義，信宗教，道貌岸然的樣子，但到了必要的時候，就反其道而行之。除了人民的財產與女人不可亂來外，什麼權術都可以玩，只要求其成功，正所謂爲目的不擇手段，有人說他「是一位出類拔萃，震驚世界的大思想家，立于空前絕後的政治地位，他能認識別人認識不清楚的，了解別人了解不到的，說出人家所不曾說穿的話，道盡人家所沒有道破的事，他敢以大膽的假設，和能夠用小心的求證，拿現實爲題材，歷史作引證，把經驗當思想，以實際技術爲方法，說出權謀的運用，以達到目的，其高超的智慧，卓越的思想，是常人所不能及的」。(註六) 這些恭維馬基維尼的話，如借以讚頌韓非子，實當之而無愧。馬氏的君王論，歐洲過去的政治家，常視爲典範，人手一册，我看韓非子的刑名法術之學，至今尙有其實用的價值，未可束之高閣，視爲古董也。

註一：史記老莊申韓列傳。
註二：陳澧：東塾讀書紀卷十二。
註三：老子第三章。
註四：孟子梁惠王章下。
註五：史記項羽本紀。
註六：劉成韶譯馬基維尼君王論。

老莊哲學與天人合一

周秦之際，世道陵夷，諸侯由輕王而稱王，大夫由專國而竊國，內既「上無道揆，下無法守」，外則「強凌弱，衆暴寡」，爭地爭城，干戈不息。此際因王官失守，私學勃興，而乘時崛起之「處士」，或悲天憫人，欲救生民于水火，或利慾薰心，欲登個人于青雲，均從維持現狀，效力統治階級之範圍內，挾策以干進，此無論爲講仁義之儒家，言刑賞之法家，倡兼愛之墨家，或主名實之名家，均爲政治上之保守派。

其不滿現狀者，亦有其人，概略言之，可分三派：

1. 積極派　彼輩非徒不滿現狀，尚欲以新學說，新理想，打破現狀，建立非貴族非世襲之政治體制，主張統治者「與民並耕而食，饔飧而治」。（註一）根本反對君子與小人，勞心與勞力之分，此卽許行，陳相，陳辛之徒，惜其調太高，其和太寡，經不起維持現狀派之反對與抵制，而銷聲匿跡。

2. 消極派　此派認當時政治腐敗，已達極點，無論何人，都無能爲力，只有避世避地，不求聞達，自食其力，視功名富貴如糞土。中國傳統文化，爲立德，立功，立言之三不朽，彼輩不僅不欲立功，卽立德立言，在彼輩內心深處，恐亦視爲多事，如幽默孔聖之楚狂接輿，長沮桀溺，晨門者，荷蕢者之徒，以及於陵子仲其人，恐皆此派之流亞。

3.中間派　此卽老莊型人物。雖不積極干祿，亦不絕對消極以遁世，尚有論事論人，談天說地之立言興趣，藉文思以抒胸中塊壘，假言談以諷世勵俗，實含有些許教化與立德意義，故老莊之個人思想，在當時雖高人一等，究未脫離中國文化傳統三不朽事業之大藩籬，其所以與儒墨名法四家相頡頏，而爲道家之聖者，亦有其道矣。

壹、老子哲學

老子姓李，名耳，字伯陽，諡曰聃，曾爲周室柱下史，楚苦縣人，其學以自隱無名爲務，孔子適周，曾問禮于老子，遭訓斥而不以爲侮，反稱道之爲不可名狀之龍。老子見周之衰，出函谷關而隱，關令尹喜強其著書，言道德之意五千餘言。卽現今所傳之道德經上下篇八十一章。有云老子卽老萊子，或太史儋者，世莫知其然否？（註二）世人多認老子生於莊子之前，錢穆博士則謂老子生於莊子之後，其學亦襲取於莊子，太史公生於二千年前，距古未遠，尚不能確定老子之身世，後人當更難有確論，甚至今本道德經是否卽爲老子昔日所著述者，亦不無可疑。惟就書論書，姑以今本爲據，而窺老子哲學之門徑。

一、宇宙論

（一）本體與現象

道德經開宗明義，即云：「道可道，非常道，名可名，非常名」，何謂常道？乃不變之道，如四時之運行，晝夜之交替，雨露之下降，日月星辰之照臨，萬古如斯，吾人對此自然法則，甚難問其所以然，故無可道。此自然法則，「視之不見」，「聽之不聞」，「摶之不得」，「迎之不見其首，隨之不見其後」（十四章）故曰：「道之爲物，惟恍惟惚，惚兮恍兮，其中有象，恍兮惚兮，其中有物，窈兮冥兮，其中有精，其精甚眞，其中有信，自古及今，其名不去」（二十一章），此象，此物，此精，此眞，此信，皆天行之常，有何可道？

混沌之際，常道已存於宇宙間，故曰：「有物混成，先天地生，寂兮寥兮，獨立不改，周行而不殆，可以爲天下母，吾不知其名，字之曰道，強爲之名曰大，大曰逝，逝曰遠，遠曰反。」（二十五章）王弼注：「逝：行也，遠：極也，周行無所不至，故曰逝也。周無所不窮極，不偏於一逝，故曰遠也」，反者，「不隨於所適，其體獨立」，有反身而求之意，道莫大焉。「故道大，天大，地大，王亦大，域中有四大，而王居其一焉。人法地，地法天，天法道，道法自然」。（十五章）此自然者，乃自然之理，理不可見，道亦不可見，是以關尹子說：「吾道如海，有億萬金投之不見，有億萬石投之不見，有億萬汚穢投之不見」。（一字篇）但其力大有容，「能運小蝦小魚，能運大鯤大鯨，合衆水而受之不爲有餘，散衆水而分之，不爲不足」。（同上註）

蓋「道者，萬物之所然也，萬理之所稽也，理者，成物之文也，道者，萬物之所以成也。故曰道，理之者也，物有理不可以相薄；物有理不可以相薄，故理之爲物、「之」(衍)制萬物各異理；萬物各異理而道盡。稽萬物之理，故不得不化；不得不化，故無常操；無常操，是以死生氣稟焉，萬智斟酌焉，萬事廢興焉。天得之以高，地得之以藏，維斗得之以成其威，日月得之以恆其光，五常得之以常其位，列星得之以端其行；四時得之以禦其變氣，軒轅得之以擅四方，赤松得之與天地統，聖人得之以成文章」。「以爲近乎？遊於四極，以爲遠乎？常在吾側，以爲暗乎？其光昭昭，以爲明乎？其物冥冥，而功成天地，和化雷霆，宇內之物，恃之以成，凡道之情，不制不形，柔弱隨時，與理相應，萬物得之以死，得之以生，萬物得之以敗，得之以成」。(韓非子解老篇)

故老子之所謂道，乃宇宙生存，運行之理，一切可效法之。至其所謂「常名」，亦卽不變之名，此不變之名，可謂萬物命名之「理」，胚胎於「無名」之中，「無名，天地之始」(第一章)，卽「理」爲天地之始，亦宇宙之本體也。「有名，萬物之母」(同上註)，卽理一而萬殊，由本體而化成現象也。「此兩者(始與母)同出而異名，同謂之元，元之又元，衆妙之門」(同上註)同出者，同出於理，理雖元之又元，謂衆象之所生也。

(二)　實質與功用

老子言常道，常名之後，續云「故常無欲以觀其妙，常有欲以觀其徼」(同上註)。王弼注：「妙者，微之極也，萬物始於微而後成，始於無而後生，故常無欲空虛，可以觀其始物之妙」，「徼，歸終也。凡有之爲利，必以無爲用，欲之所本，適道而後濟，故常有欲，可以觀其終物之徼也」。元吳澄注：「常卽常道常名之常，常無欲，謂聖人之性，寂然而靜者，此道之全體所在也」。「常有欲，謂聖人之情感物而動者，此德之大用所行也」。綜王吳二家注解之，「常無欲以觀其妙」者，言宇宙之實質，「常有欲以觀其徼者」，言宇宙之功用也。

就實質言，道爲虛靜之體，無所不包，無所不容，故曰：「道沖而用之，或不盈，淵兮似萬物之宗」(第四章)所謂天地之間，其猶槖籥乎？虛而不屈，動而愈出」。(第五章)「致虛極，守靜篤」。(第十六章)是以名之曰「谷神」，「玄牝」，王弼謂「谷以喩虛，虛則神存於中」，「牝以喩元氣之懦弱和柔，上加玄字，贊美之辭，玄牝者，萬物之母也」。故曰：「玄牝之門，是謂天地根」，(第六章)因「虛無自然，天地之所由以生也」。

就功用言：「天長地久，天地所以能長且久者，以其不自生，故能長久」(第七章)天地雖不自生，然萬物賴之以生，可是天地並不以生萬物爲己能己功，故曰：「萬物作而不辭，生而不有，爲而不恃，功成而不居，夫惟不居，是以不去。」(第二章)，故「道常無爲，而無不爲」(三十七章)，可以透澈貫通萬物之始終也。

二、人生論

儒家以「天道遠，人道邇」，故少言天道，多論人道，老子似以天人之道，有一貫之理，天主虛靜無爲，人亦應效之。故老子的人生哲學，總是從退一步着想，進一層去看，人欲爭強，老子則主守弱，人欲爭高，老子則主守下，蓋「弱者，道之用」，（四十章）「柔弱勝剛強」（三十六章），「天下之至柔，馳騁天下之至堅」（四十三章），而「反者，道之動」（四十章），因「高以下爲基，貴以賤爲本，有以無爲用，此其反也，動皆知其所無，則物通矣」（王弼注）。其理深邃，非透澈人生眞理者，難以服膺其說，實踐其言，故曰：「上士聞道，勤而行之，中士聞道，若存若亡，下士聞之，大笑之，不笑不足以爲道」。（四十一章），彼逞強肆意，暴厲恣睢，以爭「天下第一」而至死不悟者，殆皆下士之流也。

綜其人生觀，可作如是看法：

（一）韜光養晦

「明道若昧，進道若退，夷道若纇，上德若谷，大白若辱，廣德若不足，建德若偸，質眞若渝，……道隱無名，（四十一章），何以能致此，在「塞其兌，閉其門，挫其銳，解其分，和其光，同其塵，是謂元同」。（五十六章）元同者，上同於玄妙之道也，人不能親疏之，人不能利害之，人不能貴賤之，人亦不能生死之矣。

（二） 大智若愚

「知人者智，自知者明」（三十三章），何以知人自知。「衆人熙熙如享大牢，如登春臺，我獨泊兮其未兆，如嬰兒之未孩……衆人皆有餘，而我獨若遺，我愚人之心也哉？沌沌兮，俗人昭昭，我獨昏昏，俗人察察，我獨悶悶，澹兮其若海」（二十章）。故「大盈若沖……大直若屈，大巧若拙，大辯若訥」（四十五章）。所謂「知者不言，言者不知」（五十六章），「良賈深藏若虛，君子盛德容貌若愚」，（註三）恃智逞才，徒足以僨事而喪身，楊修之於孟德是也。

（三） 守虛抱樸

有生於無，實出於虛，「窮極虛無，得道之常」，其「道乃久」（十六章）；「三十輻，共一轂，當其無，有車之用，埏埴以爲器，當其無，有器之用，鑿戶牖以爲室，當其無，有室之用，故有之以爲利，無之以爲用」。（十一章）「古之善爲士者，微妙元通，深不可識；夫唯不可識，故強爲之容；豫焉若冬涉川，猶兮若畏四鄰，儼兮其若容，渙兮若冰之將釋，敦兮其若樸，曠兮其若谷，混兮其若濁，……保此道者不欲盈，夫唯不盈，故能敝不新成」（十五章），「凡物敝則缺，新則成，敝而缺者，不盈也，新而成者，盈也，保守此道之人，不欲其盈，故能敝缺不爲新成」（吳澄注），「是以聖人抱一爲天下式」（二十二章），一者少之極，樸之至，方能爲天下則。故要知雄守雌，爲天下谿，知榮守辱，爲天下谷，常德乃足，得歸於嬰兒樸質無華之天然境界也。（二十八章）

（四） 知足常樂

「吾所以有大患者，爲吾有身，及吾無身，吾有何患？」。（十三章），有身，則有生死之慮，榮辱之患，得失之憂，權利之爭，若均聽其自然，而視有身若無身，則有何患？雖然，名利得失，皆身外之物，其價值固未足與身比量，故曰：「名與身孰親？身與貨孰多？得與亡孰病？」（四十四章），世人爲追逐此身外之名利，而亡其身者，不知凡幾？是以老子教人要適可而止，「治人事天無若嗇」（五十九章），嗇則能「儉」，儉則知足，蓋「禍莫大於不知足，咎莫大於欲得，故知足之足常足矣」（四十六章），「知足不辱，知止不殆，可以長久」（四十四章）可以永樂，蓋「爲道日損」「損之又損，以至於無爲，無爲而無不爲」（四十八章）也。

三、政治論

老子之人生論，本於宇宙論，其政治論，則出於人生論。

就其政治最高理想言，爲虛靜無爲之道，道爲上德，他若仁義禮法，皆爲下德，故云：「上德不德，是以有德，下德不失德，是以無德，上德無爲而無以爲，下德爲之而有以爲」（三十八章），天地之生萬物，皆無爲而爲，故天地之生曰大德，標榜仁義以求施善政於民者，皆有所謂而爲，雖不失德，亦無德，「亦無德」者，無大德也，是以政治演進，每下愈況，「失道而後德，失德而後仁，失仁而後義，失義而後禮，夫禮者，忠信之薄，而亂之首。」（同上註）韓非子曰：「實厚者，貌薄、父子之禮是也……禮繁者，實心衰也，然則爲禮者，事通人之樸心者也，衆人之爲禮也，人應則輕歡，不應則責怨，今爲禮者，事通人之樸心，而資之以相責之分，能毋爭乎？有爭則亂，故曰：夫禮者，忠信之薄，而亂之首乎？」（韓非子解老篇）。

良以「大道廢，有仁義，慧智出，有大僞，六親不和，有孝慈，國家昏亂，有忠臣」，（十八章）若「絕聖棄智，民利百倍，絕仁棄義，民復孝慈，絕巧棄利，盜賊無有」，（十九章）盜賊之多，由於「法令滋彰」（五十七章），巧僞之生，由於民多智慧，「故聖人云：我無爲而民自化，我好靜而民自正，我無事而民自富，我無欲而民自樸」。（五十七章）

智者賢者，皆喜多事，故老子云：「不尚賢，使民不爭」（三章），又云：「以智治國，國之賊，不以智治國，國之福」。蓋「民之難治，以其智多」，「古之善爲道者，非以明民，將以愚之」（六十五章），至耳目口腹之養，慾壑難塡，故「不貴難得之貨，使民不爲盜，不見可欲，使民心不亂」（三章），「是以聖人之治……常使民無知無欲，爲無爲，則無不治」。（三章）

此種無知無欲之理想政治，以現今科學進化之理論之，固屬違反常情，然從人生眞正安樂境界言，亦有其深遠的哲理，固未可厚非也。

故老子主張「小國寡民，使有什伯之器而不用，使民重死而不遠徙，雖有舟輿，無所乘之，雖有甲兵，無所陳之，使人復結繩而用之，甘其食，美其服，安其居，樂其俗，鄰國相望，鷄犬之聲相聞，民至老死不相往來」。（八十章）

其理想如此，究用何術以達到此理想境界？老子亦言其治術焉。

「聖人無常心，以百姓之心爲心，善者，吾善之，不善者，吾亦善之，德善。信者吾信之，不信者，吾亦信之，德信。聖人在天下，歙歙爲天下渾其心，聖人皆孩之」。（四十九章），聖人視百姓若赤子，赤子有何善與不善，信與不信之可言，赤子唯知「飢思食，寒思衣」。聖人以保赤子之心而臨民，「故道生之，德畜之，長之育之，亭之毒之，養之覆之」。「生而不有，爲而不恃，長而不宰」（五十一章），否則，「以百姓爲芻狗」非仁者之心也。

小國寡民之政治，自亦有其組織，儒家論政，崇尚修齊治平，老子無爲之治，亦須各級施政者，皆尙無爲，方可臻其化域，故曰：「修之於身，其德乃眞，修之於家，其德乃餘，修之於鄉，其德乃長，修之於國，其德乃豐，修之於天下，其德乃普。故以身觀身，以家觀家，以鄉觀鄉，以國觀國，以天下觀天下」，（五十四章）從身到天下，均能「含德之厚，比於赤子」（五十五章），然後可以使「其政悶悶，其民湻湻（五十八章）。悶悶者，無刑無名，無事無政，否則，立刑名，明賞罰，檢姦僞，則「其政察察，其民缺缺」（同上註）矣。治小國如此，治大國亦然。所謂「治大國，若烹小鮮」（六十章）其國彌大，其政彌靜，不擾不躁，廣得衆心。

無論治大治小，「爲無爲，事無事，味無味」，爲其根本要圖，然事有大小，政有難易，其進行之方，在「圖難於其易，爲大於其細，天下難事必作於易，天下大事，必作於細，是以聖人終不爲大，故能成其大……多易必多難，是以聖人猶難之，故終無難矣」（六十三章）。「合抱之木，生於毫末，九層之台，起於累土，千里之行，始於足下」（六十四章），故「爲之於未有，治之於未亂」（同上註）「然後乃至大順」。（六十五章）

以上所論政治理想與政治方法，悉就內政言也。若就外事言，居「大國者下流」，王弼曰：「江海居大而處下，則百川流之，大國居大而處下，則天下流之，故曰大國下流也」。

「天下之交，天下之牝，牝常以靜勝牡，以靜爲下，故大國以下小國，則取小國，小國以下大國，則取大國，故或下以取，或下而取，大國不過欲兼畜人，小國不過欲入事人，夫兩者各得其所欲，大者宜爲下」（六十一章）。處下亦治道之本，蓋「道之在天下，猶川谷之於江海」（三十二章），「上善若水，水善利萬物而不爭，處衆人之所惡，故幾於道」。（八章）

斯道也，柔道也，以退爲進，以讓爲爭，越王入宦於吳，而勸之伐齊以弊吳，吳兵既勝齊人于艾陵，張之於江濟，強之於黃池，故可制於五湖，故曰：將欲禽之，必固張之，將欲弱之，必固強之，晉獻公將欲襲虞，遺之以璧馬，智伯將襲仇由，遺之以廣車，故曰：「將欲取之，必固與之」（韓非子喻老篇）。蘇俄建韃靼及日爾曼等少數民族共和國，一舉而吞併之，故曰：「將欲廢之，必固與之」（老十三十六章）。老子言此爲「微明」之術，「國之利器，不可以示人」。（同上註）後世則以此指老子爲陰謀家之祖，自非老子始料所及也。

要之老子治道，重柔而輕剛，主靜而惡擾，故曰：「重爲輕根，靜爲躁君」，「是以終日行不離輜重」（二十六章）。即處柔而用靜，以爲治本，猶軍之有輜重也。韓非子以輜重解爲人君之邦，不離位爲靜，是就其法家權勢主義找立論根據，未足爲訓。

四、戰爭論

老子的根本思想，是非兵反戰的，然如不得已而用兵，仍須本其柔弱勝剛強之一貫精神而爲之。

故云：「以道佐人者，不以兵強天下」（三十章），「夫佳兵者，不祥之器，物或惡之，故有道者不處，君子居則貴左，用兵則貴右，兵者不強之器，非君子之器不得已而用之，恬淡爲上，勝而不美，而美之者，是樂殺人，夫樂殺人者，則不可以得志於天下矣，吉事尚左，凶事尚右，偏將軍居左，上將軍居右，言以喪禮處之，殺人之罪，以哀悲泣之，戰勝以喪禮處之」。（三十一章）戰爭以殺人爲務，雖勝亦無足取，而且「師之所處，荆棘生焉，大軍之後，必有凶年」（三十章）。是戰爭不徒直接殺人，而且間接殺人，更甚於戰場，決非「天下有道」時之現象也。

然不戰則已，如不得已而戰，則必求所以戰勝之道，其道爲何？老子曰：「我有三寶，持而保之，一曰慈，二曰儉，三曰不敢爲天下先。慈故能勇，儉故能廣，不敢爲天下先，故能成器長。今舍慈且（取）勇，舍儉且廣，舍後且先，死矣。夫慈以戰則勝，以守則固，天將救之，以慈衞之。」（六十七章）若以淺義解之，慈者，仁義之師，愛己之人民亦愛敵之人民，理直而氣壯，內信而外服，當能戰勝攻取，無敵於天下；儉者節用儲財，糧足器利，故能擴大其軍事效果，增廣其土地人民；「不敢爲天下先」者，卽自處於柔弱之地，而以剛強之勢讓人，「先爲不可勝，以待敵之可勝」（孫子）。所謂「善爲士者不武，善戰者不怒，善勝敵者不與（爭），善用人者爲之下」（六十八章），「用兵有言，吾不敢爲主而爲客，不敢進寸而退尺，是謂行無行，攘無臂，扔無敵，執無兵」（六十九章），卽處處以謙退哀憫之狀以應敵，終於「抗兵相加，哀者勝矣」（同上註）。蓋「人之生也柔弱，其死也堅強，萬物草木之生也柔脆，其死也枯槁，故堅強者，死之徒，柔弱者，生之徒，是以兵強則不勝。木強則兵，強大處下，柔弱處上」。（七十六章），是老子以天道人道俱貴柔弱之理，貫通於戰爭哲學也。

顧天道循環，「禍兮福之所倚，福兮禍之所伏」（五十八章），戰勝之後，如何克保戰果，無使以福致禍，老子勉戰勝者，不應以兵力取強於天下，而耀武揚威，否則由強轉弱，由盛轉衰，而有「飄風不終朝，驟雨不終日」（二十三章）之勢。故曰：「善有果而已，不敢以取強，果而勿矜，果而勿伐，果而勿驕，果而不得已，果而勿強。物壯則老，是謂不道，不道早已」。（三十章）所謂「持而盈之，不如其已，揣而梲（銳）之，不可長保，金玉滿堂，莫之能守，富貴而驕，自遺其咎，功遂身退，天之道」。（九章），抑人之道，政治軍事之理，固皆如此，此誠天人合一之哲學也。

貳、莊子哲學

莊子名周，嘗爲蒙漆園吏，與梁惠王齊宣王同時，其學無所不闚，然其要本歸於老子之言，故其著書十餘萬言，大抵率寓言也……然善屬書離辭，指事類情，用剽剝儒墨，雖當世宿學，不能自解免也，其言洸洋自恣以適己，故自王公大人不能器之。楚威王聞莊周賢，使使厚幣迎之，許以爲相，莊周笑謂楚使者曰：千金重利，卿相尊位也，子獨不見郊祭之犧牛乎？養食之數歲，衣以文繡，以入大廟，當是之時，雖欲爲孤豚，豈可得乎？子亟去，無汚我，我寧游戲汚瀆之中自快，無爲有國者所羈，終身不仕，以快吾志焉。此太史公所撰之莊子傳略。可以想見其人其言，超世軼羣，有異凡俗，其所著術，現共三十三篇，內篇七，外篇十五，雜篇十一，讀莊者，謂除內篇係由莊子自撰外，餘多其門弟子所爲，史公謂莊子「作漁父盜跖，胠篋，以詆訿孔子之徒」，今漁父盜跖」，列於雜篇，「胠篋」列於外篇，是外篇與雜篇中亦有莊子自撰之文，尤以雜篇中之天下篇，可作全書之緒論，當爲莊子親撰，吾人研究莊子哲學，似可無庸辨析何篇出於莊手，何篇出於杜撰，本其書中各篇議論，而有一貫性者，求得認識莊子思想之全貌，庶幾得之矣。

一、宇宙觀

康德（Emmanuel Kant 1724-1804）的宇宙觀，認爲宇宙在時間上必有其起原，空間上必有其終止，故它是有限的，從反面看，宇宙却是永久的，同時也是無限的，這種矛盾理論，稱爲二律背反或背反律（Antinomie）。莊子對宇宙的看法也是矛盾的，一方謂「六合之外，聖人存而不論」，空間是無限的，一方謂「六合之內，聖人論而不議」（齊物論），則空間是有限的；就時間說：「有始也者，有未始有始也者，有未始夫未始有始也者」（齊物論），它是無限的，故「年不可擧，時不可止」，（秋水篇），但「消息盈虛，終則有始」（同上），既有終始，時間當是有限的。但此有限無限，莊子認爲可以統一的，蓋物之差等，視吾人之看法何如？「因其所大而大之，則萬物莫不大，因其所小而小之，則萬物莫不小」，（秋水篇）故「天下莫大於秋毫之末，而太山爲小，莫壽於殤子，而彭祖爲夭，天地與我並生，萬物與我爲一，既已爲一矣，且得有言乎？」（齊物論），且得有言乎大小長短，有限無限乎？此「一」也，即老子所謂「天得一以淸，地得一以寧」（老子三十九章）與「道生一」（四十二章）之一，所謂：「道無終始」，「萬物一齊，孰短孰長？」（秋水篇）。就莊子觀之，此道爲宇宙之本體，人生與政治之妙諦，亦存乎其中，故曰：「夫道有情有信，無爲無形，可傳而不可受，可得而不可見，自本自根，未有天地，自古以固存，神鬼神帝，生天生地，在太極之先，而不爲高，在六極之下，而不爲深，先天地生而不爲久，長於上古而不爲老，豨韋氏得之，以挈天地，伏羲氏得之，以襲氣母，維斗得之，終古不忒，日月得之，終古不息，堪坏得之，以襲崑崙，馮夷得之，以遊大川，肩吾得之以處大山，黃帝得之，以登雲天，顓頊得之，以處玄宮，禺強得之，立乎北極，西王母得之，坐乎少廣，莫知其始，莫知其終。彭祖得之，上及有虞，下及五伯，傳說得之，以相武丁，奄有天下，乘東維，騎箕尾，而比於列星」（大宗師篇），他說的這些得道的史例，或是神話，或是幻想，或是傳說，均無可定，不過他認爲道是「萬物之本」，「虛靜恬淡，寂漠無爲」，（天道篇）却無不爲，故曰：「天道運而無所積，故萬物成，帝道運而無所積，故天下歸，聖道運而無所積，故海內服」，（天道篇）故從莊子的宇宙觀，可以看出他對人生與政治的玄機。

依莊子之意，盈天地間，皆道也，它主宰一切，支配一切，「東郭子問於莊子曰：所謂道惡乎在？莊子曰：無所不在。東郭子曰：期而後可。莊子曰：在螻蟻。曰：何其下邪？曰：在梯稗。曰：何其愈下邪？曰：在瓦甓。曰：何其愈甚邪？曰：在屎溺。」（知北遊篇），雖「每下愈況」，而道却周徧萬物，無所不在，可是「視之無形，聽之無聲」，甚至不可言，不可名，只能以意會，而不能以言傳。「知謂無爲謂曰：予欲有問乎若？何思何慮則知道？何處何服則安道？何從何道則得道？三問而無爲謂不答也。非不答，不知答也。知不得問，……以之言也問乎狂屈，狂屈曰：唉，余知之，將語若，中欲言，而忘其所欲言，知不得問，……見黃帝而問焉？黃帝曰：無思無慮始知道，無處無服始安道，無從無道始得道」。（同上註），即「爲道者日損，損之又損，以至於無爲，無爲而無不爲也」

？(同上註)宇宙何以成？萬物何以生？乃自然之道，天然之理，非任何人爲力量所可妄贊其成也。故曰：「天地雖大，其化均也，萬物雖多，其治一也……通於一而萬事畢」，(天地篇)，一者何？道也，以其「覆載萬物」，莊子讚之曰：「洋洋乎大哉」！(同上註)此即莊子宇宙觀之梗概也。

二、人生觀

莊子的人生觀，胎胚於宇宙觀，含有極端的自然主義與無爲精神；語其極致，可以「超脫」二字概之，他不僅要超出禮法，且超出仁義道德，他不僅要擺脫名利權位，而且要擺脫是非，善惡，美醜，以及一切有形無形的束縛，揆其所以致此之由，須了解其對生物進化與生命存亡的看法。

他根據列子天瑞篇物種變化的理論，謂「種有幾，得水則爲㡭(水上塵未成苔者)，得水土之際，則爲鼃蠙之衣(靑苔)，生於陵屯，則爲陵舄(車錢草)，陵舄得鬱棲，(糞壤)則爲烏足(水邊草)，烏足之根爲蠐螬，(蝎蟲)，其葉爲蝴蝶，蝴蝶，胥也化而爲蟲，生於竈下，其狀若脫，其名爲鴝掇(蟲名)，鴝掇千日爲鳥，其名曰乾餘骨，乾餘骨之沫爲斯彌(蟲名)，斯彌爲食醯，頤輅生乎食醯，黃軦(蟲名)生乎九猷(蟲名)，瞀芮(瓜裡的黃甲蟲)生乎腐蠸，(螢火蟲)羊奚(一種草根像蕪菁)比乎不箰，久竹

生青寧（竹根上的蟲），青寧生程（一種赤蟲），程生馬，馬生人，人又反入於機，萬物皆出於機，皆入於機」。（至樂篇）

其所言究竟有無科學價值，但以物種由簡單而複雜，由低級而高級，植木生於水土，動物生於植物之理言之，實與近代科學發展之進化理論相符，然此不過一進化論的臆說而已，究其實，「化其萬物而不知其禪之者，焉知其所始？焉知其所終？」（山木篇）

以是莊子對於生命的看法，是「大塊載我以形，勞我以生，佚我以老，息我以死，故善吾生者，乃所以善吾死也。」（大宗師篇）因萬物相化而生，人之生命，亦由物種演化而來，其存其亡，悉由天定，故「古之眞人，不知說生，不知惡死，其出不訢，其入不距，翛然而往，翛然而來而已矣。不忘其所始，不求其所終，受而喜之，忘而復之，是之謂不以心捐道，不以人助天，是之謂眞人。若然者，其心忘，其容寂，其顙頯，凄然似秋，煖然似春，喜怒通四時，與物有宜而莫知其極。」（同上註）是以莊子妻死，鼓盆而歌也。

四時運行，一本自然，天不因人之畏寒而輟冬，亦不因人之惡暑而罷夏，「自適其適」，而不「適人之適」，故人亦應爲「天徒」，適性而行，無爲人役。故「行名失己，非士也，亡身不眞，非役人也，若狐不偕，務光，伯夷叔齊，箕子胥餘，紀他，申徒狄，是役人之役，適人之適，而不自適其適者也」。（同上註），因這些高士皆求世俗之名譽，而自喪其身，求名以喪身，乃違反天性之事，莊子不取也。求名者自傷其性，實咎由自取，導天下以仁義道德者，更使天下之人均失其性而爲人役，更爲莊子所憎惡。故云：「今世之仁人，蒿目而憂世之憂，不仁之人，決性命之情，而饕富貴，故意仁義其非人情乎，自三代以下者，天下何其囂囂也？且夫待鉤繩規矩而正者，是削其性，待繩約膠漆而固者，是侵其德也，屈折禮樂，呴俞仁義，以慰天下之心者，此失其常然也。天下有常然，常然者，曲者不以鉤，直者不以繩，圓者不以規，方者不以矩，附離不以膠漆，約束不以纆索，故天下誘然皆生，而不知其所以生，同焉皆得，而不知其所以得，故古今不二，不可虧也，則仁義又奚連連如膠漆纆索，而遊乎道德之間爲哉，？使天下惑也！夫小惑易方，大惑易性，何以知其然也？自虞氏招仁義以撓天下也，天下莫不奔命於仁義，是非以仁義易其性歟？」（駢拇篇）。蓋仁義道德名利皆身外之物，凡拘泥迷戀于此而有所犧牲其身心者，皆傷性之徒也。故曰：「三代以下者，天下莫不以物易其性矣，小人則以身殉利，士則以身殉名，大夫則以身殉家，聖人則以身殉天下，故此數子者，事業不同，名聲異號，其於傷性以身爲殉一也。臧與穀二人，相與牧羊，而俱亡其羊，問臧奚事？則挾筴讀書，問穀奚事？則博塞以遊，二人者，事業不同，其於亡羊均也。伯夷死名於首陽之下，盜跖死利於東陵之上，二人者所死不同，其於殘生傷性均也；奚必伯夷之是，而盜跖之非乎？」

（同上註）

適性而行，固足尙矣，然人各有志，各行其心之所安，亦未可厚非，故莊子將世俗之人的人生觀，分爲五種：

1. 刻意尙行，離世異俗，高論怨誹，爲亢而已矣，此山谷之士，非世之人，枯槁赴淵者之所好也。

2. 語仁義忠信，恭儉禮讓，爲修而已矣，此平世之士，教誨之人，遊居學者之所好也。

3. 語大功，立大名，禮君臣，正上下，爲治而已矣，此朝廷之士，尊主強國之人，致功并兼者之所好也。

4. 就藪澤，處閒曠，釣魚閒處，無爲而已矣，此江海之士，避世之人，閒暇者之所好也。

5. 吹呴呼吸，吐故納新，熊經鳥申，爲壽而已矣，此道引之士，養形之人，彭祖壽考者之所好也。

然此五種人生觀，莊子認爲卑不足道，故曰：「若夫不刻意而高，無仁義而修，無功名而治，無江海而閒，不道引而壽，無不忘也，無不有也，澹然無極，而衆美從之，此天地之道，聖人之德也。」故曰：「夫恬惔寂寞，虛無無爲，此天地之平，而道德之質也」。故曰：「聖人休休焉，則平易矣，平易則恬惔矣，平易恬惔，則憂患不能入，邪氣不能襲故其法全而神不虧」。故曰：「聖人之生也天行，其死也物化；靜而與陰同德，動而與陽同波；不爲福先，不爲禍始；感而後應，迫而後動，不得已而後起，去知與故，循天之理，故無天災，無物累，無人非，無鬼責，其生若浮，其死若休，不思慮，不豫謀，光矣而不耀，信矣而不期，其寢不夢，其覺無憂，其神純粹，其魂不罷，虛無恬惔，乃合天德」（刻意篇），此種天德人生觀，乃莊子人生理想之最高境界，其生也與天同德，其死也與物俱化，其嚮往之人生，爲藐姑射山所居之神人，「肌膚若冰雪，淖約若處子，不食五穀，吸風飲露，乘雲氣，御飛龍，而遊乎四海之外，其神凝，使物不疵癘，而年穀熟」。（逍遙遊篇），世固無其人，而心有其象，其意境大可逍遙於無何有之鄉矣！此亦人生之至樂也。

三、政治觀

政治是人爲的組織，爲了統治的效果，必然具有束縛性，歷史愈發展，時代愈前進，其束縛的方法也更嚴密，崇尙自由，獨往獨來，逍逍遙遙，無拘無束的莊子，對政治之不能發生好感，對愈晚近之政治愈加疾惡，那在他的人生觀上，也可說是必然的。然人旣羣居而生，就不能無政治，無已，只有望爲政者少用心機，聽民自理，庶幾可以無大咎戾。

在「應帝王」篇上，可以看出莊子對政治的根本態度。他說「天根遊於殷陽，至蓼水之上，適遭無名人而問焉，曰：『請問爲天下』？無名人曰：『去！汝鄙人也，何問之不豫也？予方將與造物者爲人，厭則又乘夫莽眇之鳥，以出六極之外，而遊無何有之鄉，以處壙垠之野，汝又何帛以治天下，感予之心爲？』」其反對政治，極爲坦率。

又說：「肩吾見狂接輿，狂接輿曰：『日中始何以語女』？肩吾曰：『告我君人者，以己出經式義度，人孰敢不聽而化諸』，狂接輿曰：『是欺德也，其於治天下也，猶涉海鑿河而使蚊負山也。夫聖人之知也，治外乎？正而後行，確乎能其事者而已矣，且鳥高飛，以避矰弋之害，鼷鼠深穴乎神丘之下，以避熏鑿之患，而曾二蟲之無知？』」。這是說聖人所作的禮義法度，是騙術，只能治外，不是正道，是強人之性以難爲，聖人自以爲這是爲人民求福免禍的，殊不知人民深知自己的利害，不用聖人越俎代庖，聖人不要以爲人民無識無知，而自作聰明，鳥鼠猶知自行避禍求生，人民縱無知，豈不若此二蟲乎？

故莊子大罵聖人，謂「聖人不死，大盜不止」，「故絕聖棄知，大盜乃止，擿玉毀珠，小盜不起，焚符破璽，而民朴鄙，掊斗折衡，而民不爭，殫殘天下之聖法，而民始可與論議，擢亂六律，鑠絕竽瑟，塞瞽曠之耳，而天下始人含其聰矣，滅文章，散五采，膠離朱之目，而天下始人含其明矣。毀絕鉤繩，而棄規矩。攞工倕之指，而天下始人有其巧矣。故曰：『大巧若拙』，削曾史之行，鉗楊墨之口，攘棄仁義，而天下之德始玄同矣」。（胠篋篇）莊子這種議論，似乎過激，然莊子當時目擊之政治現象，爲相爭相奪之局，統治者竊取種種名義，稱王稱霸，其僞裝若聖人，其行徑如盜跖，故莊子說：「爲之斗斛以量之，則並與斗斛而竊之，爲之權衡以稱之，則並與權衡而竊之，爲之符璽以信之，則並與符璽而竊之，爲之仁義以矯之，則並與仁義而竊之，何以知其然邪？彼竊鈎者誅，竊國者爲諸侯，諸侯之門，而仁義存焉，則是非竊仁義聖知邪？」(同上註)

因憎惡當時政治之醜惡，故嚮往於所謂「至德之世」，「昔者容成氏，大庭氏，伯皇氏，中央氏，栗陸氏，驪畜氏，軒轅氏，赫胥氏，尊盧氏，祝融氏，伏羲氏，神農氏，當是時也，民結繩而用之，甘其食，美其服，樂其俗，安其居，鄰國相望，鷄狗之音相聞，民至老死而不相往來，若此之時，則至治已」。(同上註)

極古政治所以有此現象，當由於地廣人稀之故，然莊子不從社會進化之軌跡上着想，而從施政之哲理上去發揮其政治理想，而曰：「遊心於淡，合氣於漠，順物自然而無容私焉，而天下治矣」(應帝王篇)，於是積極提出虛無政治的主張：「無爲名尸，無爲謀府，無爲事任，無爲知主，體盡無窮，而遊無朕，盡其所受於天，而無見得，亦虛而已！至人之用心若鏡，不將不迎，應而不藏，故能勝物而不傷。(同上註)所謂「明王之治，功蓋天下，而似不自己，化貸萬物，而民弗恃，有擧莫名，使物自喜，立乎不測，而遊於無有者也」。(同上註)此種思想，或亦係大同之說所本歟？

莊子雖有此政治理想，却不以爲這種思想能見行於當時，故對實際政治，毫無興趣，且恐為政治所害，避之唯恐不及，「莊子釣於濮水，楚王使大夫二人往先焉？曰：願以境內累矣。莊子持竿不顧。曰：吾聞楚有神龜，死已三千歲矣，王巾笥而藏之廟堂之上，此龜者寧其死為留骨而貴乎？寧其生而曳尾于塗中乎？二大夫曰：寧生而曳尾塗中，莊子曰：往矣！吾將曳尾於塗中。」（秋水篇）

莊子非不欲其理想見諸實行也，而當時之統治者，確不足以語此，故寧可逍遙以避世，在山木篇上，卽可看出莊子之眞意：「莊子衣大布而補之，正縻係履，而過魏王，魏王曰：何先生之憊邪？莊子曰：貧也，非憊也。士有道德不能行，憊也，衣弊履穿，貧也，非憊也，此所謂非遭時也。王獨不見夫騰猿乎？其得柟梓豫章也，攬蔓其枝，而王長其間，雖羿蓬蒙，不能眄睨也。及其得柘棘枳枸之間也，危行側視，振動悼慄，此筋骨非有加急而不柔也，處勢不便，未足以逞其能也。今處昏上亂相之間，而欲無憊，奚可得邪？此比干之見剖心，徵也夫！」

可惜時代愈進化，政治愈繁劇，有能的政府愈有為，無能的人民愈不知其所為而聽命於統治者，莊子若生於今日，欲過其自由自在之個人逍遙的生活，亦不可得，遑論其政治理想之實現乎？

四、智識觀

莊子似知其政治理想終無實現之日，故對智識亦發生懷疑，始而言知識之難求，眞知之難知，繼而言是非難定，智識無益，終而言智識有害於天下。

故曰：「吾生也有涯，而知也無涯，以有涯隨無涯，殆已！已而爲知者，殆而已矣。」（養生主篇），因人之智識，多從閱讀而來，書籍浩於瀚海，固不可盡讀，即盡讀亦不過得書中之皮毛，而難知其神髓所在。「桓公讀書於堂上，輪扁斲輪於堂下，釋椎鑿而上，問桓公曰：敢問公之所讀爲何言邪？公曰：聖人之言也。曰：聖人在乎？公曰：已死矣。曰：然之君之所讀者，古人之糟魄已夫！桓公曰：寡人讀書，輪人安得議乎？有說則可，無說則死。輪扁曰：臣也以臣之事觀之，斲輪徐則甘而不固，疾則苦而不入，不徐不疾，得之於手，而應於心，口不能言，有數存焉於其間。臣不能以喩臣之子，臣之子亦不能受之於臣，是以行老七十，而老斲輪，古之人與其不可傳也死矣。然則君之所讀者，古人之糟魄已夫！」（天道篇）

惟其所讀爲古人之糟魄，故於萬物之理，不能盡明。「齧缺問乎王倪曰：子知物之所同是乎？曰：吾惡乎知之？子知子之所不知邪？曰：吾惡乎知之。然則物無知邪？曰：吾惡乎知之。雖然，嘗試言之，庸詎知吾所謂知之，非不知邪？庸詎知吾所謂不知之，非知邪？且吾嘗試問乎女，民溼寢則腰疾偏死，鰌然乎哉？木處則惴慄恂懼，猨猴然乎哉？三者孰知正處？民食芻豢，麋鹿食薦，蝍且甘帶，鴟鴉耆鼠，四者孰知正味？猨猵狙以爲雌，麋與鹿交，鰌與魚游，毛嬙麗姬，人之所美也，魚見之深入，鳥見之高飛，麋鹿見之決驟，四者，孰知天下之正色哉？自我觀之，仁義之端，是非之塗，樊然殽亂，吾惡能知其辯？」（齊物論）

似乎知之難求難知，在莊子視之爲一定不易之理，且有事實之證明，以是眞知難定而是非難明。故曰：「既使我與若辯矣，若勝我，我不若勝，若果是也，我果非也邪？我勝若，若不吾勝，我果是也，而果非也邪？其或是也，其或非也邪？其俱是也，其俱非也邪？我與若不能相知也。則人固受其黮闇。吾使誰正之？使同乎若者正之，既與若同矣，惡能正之？使同乎我者正之，既同乎我矣，惡能正之？使異乎我與若者正之，既異乎我與若矣，惡能正之？使同乎我與若者正之，既同乎我與若矣，惡能正之？然則我與若與人，俱不能相知也，而待彼也邪？」（同上註）知識既不能明是非，是其無益也顯矣。

知識若徒無益，則已矣，若居上位者，專務求賢好知，必致天下大亂，「何以知其然邪？夫弓弩畢弋機變之知多，則鳥亂於上矣，鉤餌罔罟罾笱之知多，則魚亂於水矣，削格羅落罝罘之知多，則獸亂於澤矣，知詐漸毒頡滑堅白解垢同異之變多，則俗惑於辯矣。故天下每每大亂，罪在於好知，故天下皆求知其所不知，而莫知求其所已知者，皆知非其所不善，而莫知非其所已善者，是以大亂」。「故上悖日月之明，下爍山州之精，中墮四時之施，惴耎之蟲，肖翹之物，莫不失其性，甚矣夫，好知之亂天下也！」（胠篋篇）。今日科學昌明，智識競爭，奇技淫巧，日新月異，而天下洶洶，人心惶惶，若由莊子之觀點言，此殆必然之結果歟！因「天下皆知求其所不知，而莫知求其所已知者」，已知者爲何？想非至大至遠之天下萬物，乃至小至近之心性生命，吾人之智識如不以求心性之所安，生命之所適爲重心，而唯外物是務，則智識之於人，亦將害多而利少，成爲人生之桎梏，眞所謂「天刑之，安可解」也。（德充符篇）

×　×　×　×

老莊哲學，在中國思想史上，屬於出世的退隱派，與儒墨名法諸家急於用世。熱心政治之思想，大異其趣，惟儒法兩家思想，尤爲政治思想之主流，國人薰陶日久，幾乎人人都欲在政治上「分我一杯羹」，讀書人固如錢賓四先生所云，視做官爲其宗教，即一般目不識丁之徒，如陳涉吳廣者，亦欲稱王稱帝。縱覽中國歷史，往往亂時多，治時少，每一朝代甫行安定，即要發生政治上的大波動，如西周方行定鼎，而管蔡興兵作亂，秦方一統，而趙高陰謀竊國，漢初消滅西楚，諸呂即圖竊神器，西晉甫平東吳，八王相繼謀反，唐方削平羣雄，玄武門兄弟相殘，明初統一中原，而燕王倒戈，滿淸初王中土，三藩先後叛變，太平天國初建，諸王互相殘殺，民國甫行成立，洪憲稱帝，北伐方告統一，內而軍人作亂，外而共黨稱兵，其間所假藉之名義與興師動眾之理由，雖千奇百異，然主其事者醉心權利，貪羨名位，如出一轍。倘使此輩影響歷史人物，稍有老莊輕名賤位，知足知止之修養，則中國整個歷史上許多大亂鉅禍，或可消弭於無形；而且許多利慾逐逐，貪得無饜，以喜劇始而以悲劇終之梟雄，如希特勒之徒，亦可免令後人爲之長嘆息矣！故老莊哲學，實一切政治人物之清涼散，國家長治久安之安定劑也！幸無以其語多玄談而忽之。李白詩云：「有耳莫洗潁川水，有口莫食首陽蕨，含光混世貴無名，何用孤高比雲月？吾觀自古賢達人，功成不退皆殞身，子胥既棄吳江上，屈原終投湘水濱，陸機雄才豈自保？李斯稅駕苦不早。華亭鶴唳詎可聞，上蔡蒼鷹何足道？君不見吳中張翰稱達生，秋風忽憶江東行，且樂生前一杯酒，何須身後千載名？」此誠善讀老莊之才士，方能有此野鶴閒雲之人生意境也。

註一：孟子滕文公上。

註二：史記卷六十三老莊申韓列傳。

註三：同上。

中華哲學叢書
孔孟與諸子
1912

作　　者／張柳雲　著
主　　編／劉郁君
美術編輯／中華書局編輯部

出 版 者／中華書局
發 行 人／張敏君
行銷經理／王新君
地　　址／11494 台北市內湖區舊宗路二段181巷8號5樓
客服專線／02-8797-8396　　　傳　　真／02-8797-8909
網　　址／www.chunghwabook.com.tw
匯款帳號／兆豐國際商業銀行　東內湖分行
　　　　　067-09-036932　中華書局股份有限公司

法律顧問／安侯法律事務所
印刷公司／維中科技有限公司　海瑞印刷品有限公司
出版日期／2015年7月再版
版本備註／據1972年11月初版復刻重製
定　　價／NTD 350

國家圖書館出版品預行編目（CIP）資料

孔孟與諸子 / 張柳雲著. — 再版. — 台北市
: 中華書局, 2015.07
面 ; 公分. — (中華哲學叢書)
ISBN 978-957-43-2549-8(平裝)

1.先秦哲學 2.文集

121.07　　104010324

NO.B0034
ISBN 978-957-43-2549-8（平裝）